Der gesteuerte Mensch?

Gottfried Böhme

Der gesteuerte Mensch?

Digitalpakt Bildung – eine Kritik

EVANGELISCHE VERLAGSANSTALT
Leipzig

Bibliographische Information der Deutschen Nationalbibliothek
Die Deutsche Nationalbibliothek verzeichnet diese Publikation in der Deutschen Nationalbibliographie; detaillierte bibliographische Daten sind im Internet über http://dnb.dnb.de abrufbar.

Das Buch wurde auf alterungsbeständigem Papier gedruckt.

Cover: makena plangrafik, Leipzig
Coverbild: © Aneta Pawlik / unsplash, Markus Spiske / unsplash
Satz und Gestaltung: Steffi Glauche, Leipzig
Druck und Binden: CPI books GmbH, Leck

ISBN 978-3-374-06341-3
www.eva-leipzig.de

Vorwort

Keineswegs stand ich digitaler Technik ablehnend gegenüber, als sie in den 80er-Jahren allmählich für Privatpersonen erschwinglich wurde. In meinem Kollegium war ich der Vierte, der sich einen PC kaufte – und das als Geisteswissenschaftler. Ich genoss es, nicht mehr mit Tipp-Ex arbeiten zu müssen und Texte gestalten und speichern zu können, besaß also eine fantastische Schreibmaschine. Als sich etliche Jahre später das Internet durchsetzte und Recherchen ungemein erleichterte, war ich sehr angetan von der Arbeitsersparnis bei der Vorbereitung meines Unterrichts. Befördert hat dieses Interesse die Freundschaft mit einem Lehrer, dessen Lebenspartnerin mit Gleichgesinnten in Stuttgart eine Computerfirma gegründet hatte. Dieses Start-up entwickelte sogar ein Betriebssystem – dummerweise legten sich die Computerexperten darauf fest, dass beim Dateinamen das Programm vor dem Punkt steht, die persönliche Dateibezeichnung dahinter. Als sich MS-DOS endgültig durchgesetzt hatte, war zumindest der Traum vom ganz großen Geld ausgeträumt.

Erste Irritationen traten auf, als eine befreundete Musikerin von einer Tournee aus Japan zurückkehrte und belustigt erzählte, dass praktisch alle Passagiere des japanischen Hochgeschwindigkeitszugs Shinkansen, kaum hätten sie Platz genommen, in ihre Smartphones abtauchten. Damals schoben wir das noch auf eine nationale Eigentümlichkeit dieses technikaffinen Volkes. Wer zu dieser Zeit in Deutschland in der Öffentlichkeit mit einem Handy herumhantierte, wurde von Satirikern noch als »Handyman« verspottet.

Mit der Zeit mehrten sich Nachrichten, die darauf hindeuteten, dass sich gerade eine Umwälzung unserer gesamten Kultur und Gesellschaft vollzog, keineswegs nur der Textverarbeitung und des Telefonierens. Ich will hier nicht die ganze Kaskade beunruhigender Meldungen bis hin zum Facebook-Skandal auflisten – und belasse es bei den ganz wenigen, die zumindest mir signalisierten, dass es bei der neuen digitalen Technik um sehr viel mehr geht, als in Fabriken, Büros und Lehrerzimmern Arbeitserleichterungen anzubieten.

Ungläubig las ich irgendwann, dass sich der Google-Konzern, den ich bis dahin für den führenden Suchmaschinenspezialisten gehalten hatte, nun des Themas Mobilität durch selbstfahrende Autos angenommen hatte. Als ausgerechnet Mathias Döpfner, immerhin Vorstandsvorsitzender des Springer-Konzerns, 2014 in einem offenen Brief an seinen Kollegen Eric Schmidt, damals CEO von Google, resigniert einräumte, dass selbst ein Medienkonzern wie die Axel Springer AG von Google abhängig sei, läuteten bei mir die Alarmglocken. Der Google-Konzern plante vorübergehend, seine Unternehmenszentrale auf riesige Schiffe zu verlegen, die in internationalen Gewässern vor Anker gehen sollten, einzig deshalb, damit er nicht an nationale Gesetze gebunden ist. Was spielte sich da ab?

Das war die Zeit, in der sich auf deutschen Schulhöfen in den Pausen Trauben um die Jungen bildeten, die auf geeigneten elektronischen Endgeräten Computerspiele laufen ließen, statt selbst herumzulaufen. Und auf den Straßen begannen junge Frauen, immer öfter auf ihr Smartphone zu blicken statt in die Augen ihrer kleinen Kinder, die sie im Wagen vor sich her schoben.

Wir erleben gerade, wie sämtliche Bereiche unserer Wirklichkeit umgestaltet werden, und das in einem atemberaubenden Tempo. Es mehren sich die Stimmen der Zeitgenossen, die lapidar feststellen, dass dieser Prozess nicht aufzuhalten sei. Da jede dieser Techniken dem Nutzer in irgendeiner Weise Erleichterung verspricht, halten sie diese Entwicklung prinzipiell für gut. Aber das kann uns leider niemand garantieren.

Bisherige tiefgreifende Veränderungen der menschlichen Kultur haben sich noch nie so schnell und noch nie überall zugleich vollzogen. Als einige findige Vorfahren von uns auf die Idee kamen, Gras zu trocknen, also Heu zu machen, schufen sie die Grundlage für Viehhaltung auch in klimatisch raueren Breiten. Der Mensch wurde sesshaft, Städte entstanden, die Kultur erlebte einen ungeheuren Aufschwung. Aber es sollte noch Jahrtausende dauern, bis sich diese Existenzweise weltweit durchgesetzt hatte – und ganz vereinzelt trifft man sogar heute noch auf kleine Stämme, die allein von der Jagd leben. Unter den Migranten hingegen, die aus Zentralafrika übers Mittelmeer nach Europa gelangen wollen, findet man viele, die ihre Reise per Smartphone organisieren. Die Geräte sind bereits allgegenwärtig.

Und jetzt sollen sie bzw. digitale Technik auch in den Schulen zum Einsatz kommen. Das würde den Umbau unserer Kultur enorm forcieren. Sowohl die Risiken als auch die Chancen der Digitalisierung werden potenziert, wenn sich die Institution, die die Aufgabe hat, Menschen auf ihre Zukunft vorzubereiten, ganz in den Dienst des digitalen Wandels stellt. Wenn dieser etwas Positives ist, dann ist das gut. Wenn er aber ernsthafte Gefahren birgt, wenn man diese Gefahren nicht berücksichtigt, machen wir gerade einen riesigen Fehler. Dann wird die unseren Schulen verordnete Veränderung wie ein Brandbeschleuniger bei der Zerstörung unserer Kultur wirken.

Mancher Leser mag denken »so schlimm wird es schon nicht kommen«. Und er hat Recht – allerdings nur unter einer Voraussetzung: dass möglichst viele Menschen mit klaren Worten sagen, was ihnen an den Plänen nicht gefällt, die von Politik und Digitalwirtschaft zum Umbau unseres Schulsystems vorgelegt bzw. sogar bereits verabschiedet worden sind.

Es hat in der neueren Geschichte schon andere Beispiele dafür gegeben, dass der vermeintliche Fortschritt plötzlich eine hässliche Seite zeigt. So glaubte man vor 50 Jahren, mit der Kernkraft den Energiehunger der Welt stillen zu können. Noch im Jahr 1975 forderte eine Studie der Kernforschungsanlage Jülich die Errichtung von sage und schreibe 596 Reaktoren und 14 Wiederaufbereitungsanlagen allein in Westdeutschland. Heute zwingt uns der Ausstieg aus dieser Technologie, den die Bundesregierung nach der Katastrophe von Fukushima beschlossen hat, angesichts des Klimawandels zu einer wahrlich nicht billigen Energiewende.

Es kann nicht schaden, erst einmal in Ruhe nachzudenken, bevor mit dem Umbau der Schulen eine Entwicklung festgeklopft wird, von der niemand weiß, wohin sie führen wird. Während heute häufig darüber diskutiert wird, wie erfolgreich digitale Technik beim Lernen eingesetzt werden kann, wird über die tiefgreifenden Veränderungen, die diese Technik für das System Schule insgesamt hat, bisher weniger nachgedacht – es besteht also Nachholbedarf. Den versucht dieses Buch zu decken.

Zur Disposition stehen mit der Änderung der Rolle von *Schüler, Lehrer* und *Klasse* zentrale Elemente unserer Schulkultur: In vier philosophischen Abschnitten (Personalisierung – das Unwort des Jahrzehnts, Maria Montessoris »Selbst« – Geheimnis oder Illusion?, Identitätsbildung in Zeiten des Datenkapitalismus, Handeln – Freiheit – Kreativität) wird an grundlegende Begriffe unseres abendländischen Menschenbildes erinnert. In diesen Abschnitten verlässt der Gedankengang bisweilen den begrenzten Bereich der Schule und des Lernens. Erst eine solche Vergewisserung zentraler europäischer anthropologischer Bestimmungen macht deutlich, wie radikal die geplanten Eingriffe in die Schule und damit auch in die Gesellschaft uns selbst und unser Zusammenleben verändern würden. Zugespitzt wird dieses Thema im Abschnitt »Der heimliche Lehrplan: ein neues Menschenbild?«.

Dann geht es noch um die Schulcloud des Hasso-Plattner-Instituts (HPI), das gerade ein digitales Schulmodell mit dem Anspruch entwickelt, es zum führenden in unserem Land zu machen. Während sich Jörg Dräger von der Bertelsmann-Stiftung noch darum bemüht, uns zu erklären, warum digitale Schulmodelle den heute etablierten haushoch überlegen sein sollen, ist das HPI längst zur

Praxis übergegangen und entwickelt die technischen Bausteine, derer man bedarf, um eine »digitale Bildungsrevolution« zu initiieren.

Wer die Schule verändert, der verändert auch die Gesellschaft. Das machen die digitalen Akteure allein dadurch, dass sie ihr den Berufsstand des Lehrers entziehen wollen – aber auch dadurch, dass sie den Erziehungsauftrag verkürzen. Wenn es hauptsächlich nur noch darum geht, als Individuum Medienkompetenz zu erlangen, droht die Erziehung zum mündigen Bürger verloren zu gehen. Die Schüler werden dann nicht mehr in den Diskurs darüber einbezogen, wie sich unsere Gesellschaft die Rolle der neuen Medien vorstellt – und das ist etwas, was im gemeinsamen Strategiepapier aller 16 Kultusminister vom Dezember 2016 (*Bildung in der digitalen Welt*) tatsächlich keine Rolle spielt.

In diesem Buch sollen aber auch die auf ihre Kosten kommen, die in Sorge um Gesundheit und Sicherheit ihrer Kinder sind, wenn digitale Technik demnächst einen noch größeren Raum im Leben ihrer Kinder einnehmen sollte – und das wäre der Fall, wenn in den Schulen Tablets oder Whiteboards häufig zum Einsatz kämen. Genauso sollen solche Leser wenigstens orientierende Hinweise bekommen, die wissen wollen, ob digitale Technik den Lernprozess ihrer Kinder effektiver gestalten kann oder nicht. Vor allem im Kapitel »Qualitätssicherung, Risiken, Nebenwirkungen« bemühe ich mich darum, einen knappen Einblick in derartige Forschungsergebnisse zu geben.

Ganz praktisch sind die Hinweise darauf, was bei der Berufswahl im digitalen Zeitalter von Nutzen sein könnte

(Abschnitt »Was in den Rucksack gehört«), und die »Richtlinien für einen besseren Digitalpakt Bildung«. Mit ihnen in der Hand lässt sich in verschiedenen politischen oder schulischen Gremien eine Diskussion über die Art und Weise, wie Schulen bzw. der Unterricht digitalisiert werden sollte, leichter strukturieren. Insofern sind diese Richtlinien dann auch für Politiker, Lehrer und Schulleitungen von Interesse.

Leipzig, im Juni 2019 Gottfried Böhme

Inhalt

Die Digitalisierungswelle erreicht die Pforten der Schulen

2007 – das ist gerade einmal zwölf Jahre her – brachte die Firma Apple das erste Smartphone auf den Markt. Heute besitzen Milliarden Menschen ein solches Gerät – die Schätzungen reichen von 3.24 Milliarden bis zu 66 Prozent der Weltbevölkerung.[1] Was das bedeutet, wird erst so richtig deutlich, wenn man es mit der Ausbreitung des Fernsehens vergleicht: Die BBC war der erste Sender, der ein Fernsehprogramm ausstrahlte. Das war 1931. Im Jahr 1961 gab es dann weltweit über 100 Millionen Fernsehempfänger[2], das bedeutet, dass nach drei Jahrzehnten grob geschätzt gerade einmal drei bis vier Prozent von damals rund drei Milliarden Menschen auf der Welt ein solches Gerät besaßen.

Diese Zahlen verdeutlichen, dass wir es beim Smartphone mit der erfolgreichsten Vermarktung eines technischen Gerätes zu tun haben, die die Welt je gesehen hat. Das muss seinen Grund in der Bedürfnisstruktur des Menschen haben. Jeder zweite Erdenbürger scheint den Eindruck gewonnen zu haben: Es geht nicht ohne!

Eine ganze Generation ist inzwischen in einer von digitalen Techniken durchsetzten Alltagswelt herangewachsen – weshalb immer mehr der nach 1970 Geborenen sich als Digital Natives bezeichnen – also als so etwas wie die Ureinwohner unserer digitalen Welt. Sie organisieren ihr Leben mittels digitaler Geräte, fühlen sich schnell in ihren

Sozialkontakten eingeschränkt, wenn diese Technik einmal nicht zur Verfügung steht, und zeichnen sich häufig durch geringe kritische Distanz zu ihr aus. Solange sie nur für sich agieren, stehen sie daher selten für Aktionen zur Verfügung, die etwa den Gebrauch digitaler Netzwerke einer wie auch immer gearteten Kontrolle unterwerfen wollen, sondern wehren sich häufig dagegen, manchmal sogar auf der Straße. Immerhin haben diese neuen technischen Möglichkeiten häufig eine wichtige Funktion gehabt, als sie sich in der Pubertät von ihren Eltern abgrenzten, und sind so ein Teil ihrer Identität geworden. In atemberaubendem Tempo hat sich damit auf allen Kontinenten unsere Kultur verändert. In diesem Kontext ist es Facebook, Google, Bertelsmann und anderen Unternehmen gelungen, eine Stimmung zu verbreiten, nach der die Zukunft digital ist.

Das ist jedoch alles andere als selbstverständlich. Zunächst einmal »ist« die Welt nicht digital, immer noch nicht und auch in Zukunft wird sie es nicht sein. Die Mütter und Väter unter den Lesern werden sich erinnern: Als ihr Kind geboren wurde, war dies kein digitaler Vorgang. Und sie kommunizierten mit ihm auch nicht digital. Als sie es heranwachsen sahen, haben sie seine Blicke absolut analog wahrgenommen. Analog spürten die älter gewordenen Kinder die aufregende Wirkung von Schmetterlingen im Bauch. Analog rührten sich Ängste in ihnen. Und wenn sie Handlungen planen oder ausführen, dann erinnert dieses Substantiv daran, dass diese von unserer Sprache der »Hand« zugeordnet werden. Das Tasten und Fühlen, die ursprünglichste Art, mit der Welt Kontakt aufzunehmen, ist *der* analoge Vorgang schlechthin. Unser Kontakt zur Welt ist ganz überwiegend analog. Analog ist alles, was echt ist. Analog ist das Leben.

Seit wenigen Jahrzehnten aber gibt es Verfahren, die Zug um Zug sämtliche ursprünglichen Informationen über unsere Wirklichkeit in eine digitale Sprache umschreiben. Diese Sprache lässt sich technisch und wirtschaftlich viel besser nutzen. Kein Wunder, dass in der Industrie immer häufiger digitale Technik zum Einsatz kommt. Der aufblühende Digitalkapitalismus hat sich innerhalb kürzester Zeit auf nahezu alle Bereiche des menschlichen Denkens, Fühlens und Handelns ausgebreitet. Immer wenn in der Konzernzentrale von Google/Alphabet die Einrichtung einer weiteren Unternehmenssparte bekannt gegeben wird, hat ein neuer Eroberungsfeldzug begonnen.

Der Zündfunke für den raketenhaften Aufstieg dieser neuen Ökonomie war die Idee, den »Datenabfall«, der entsteht, wenn jemand eine Suchanfrage startet, als Rohstoff für eine äußerst erfolgreiche Werbestrategie zu nutzen. 15 Jahre nach dieser Entdeckung setzte sich der Konzern vorübergehend an die Spitze der reichsten Unternehmen der Welt.

Diese Machtstellung basiert auf einer aggressiven Eroberung aller denkbaren Schürfgebiete, in denen Nutzer – gewollt oder ungewollt – Informationen über sich preisgeben. Die Harvard-Professorin Shoshana Zuboff schreibt:

> »Die Erweiterung sucht jeden Winkel, jede Ritze, jede Äußerung, jede Geste in die mythische ›Cloud‹ hineinzusau-

> gen und damit zu enteignen. Alles Belebte hat seine Fakten herauszugeben. Alles muss ausgeleuchtet werden, es kann keine Schatten geben, keine Dunkelheit. Unbekanntes ist nicht tragbar. Für sich zu bleiben ist verboten.«[3]

Aber nicht der enorme Reichtum eines Jeff Bezos oder Mark Zuckerberg ist das eigentliche Problem – mal abgesehen davon, dass die gigantischen Gewinne etlicher Internetfirmen bei gleichzeitigen äußerst erfolgreichen Steuervermeidungsstrategien den Gerechtigkeitssinn manches Zeitgenossen empfindlich reizen –, sondern die Veränderungen, denen unsere Gesellschaften durch den Einsatz von Big Data ausgesetzt sind. Ständig werden neue Apps entwickelt, die dem Nutzer ermöglichen, mit geringstem Zeitaufwand bei einfachster Bedienung an Informationen heranzukommen, die ihm vielleicht nützen, die ihn vielleicht nur interessieren: Will ich in einer Sommernacht wissen, welches Flugzeug sich gerade über mir durch den Sternenteppich pflügt, so halte ich das Smartphone gen Himmel und die App sagt mir, welcher Flieger da gerade über mir blinkt und wann er wo landen wird. Interessiere ich mich für Mythologie, so zeigt mir eine andere eher unpoetische App, welche der Sterne da oben ich mit welchen anderen durch Linien verbinden muss, um beispielsweise den Orion zu erkennen.

Das ist sehr beeindruckend und die Ingenieure solcher phantasievollen Softwareprogramme sind zu beglückwünschen. Grund zur Freude über den Fortschritt – gäbe es da nicht eine Schattenseite: Immer dann, wenn es gelungen ist, ein Wissensgebiet zu digitalisieren, verlieren die an Bedeutung, die aufgrund ihres Spezialwissens bisher gefragte Fachleute waren. Beim Schachprogramm ist das harmlos, weil die Gruppe der Schachweltmeister relativ überschaubar ist. Aber wie verkraften es die Ärzte, dass der elektronische Dr. Watson sie aufgrund zigfacher digitalisierter Krankheitsverläufe bezüglich der Diagnosefähigkeit wahrscheinlich bereits heute locker aussticht? Was werden die Anwälte sagen, wenn eine zukünftige Juristen-App es jedem User ermöglicht, sich direkt aus dem Netz Beistand zu holen? Dieser Beistand dürfte bald kaum noch hinter dem zurückstehen, was standardmäßig in Kanzleien zusammengestellt wird.

Als der mechanische Webstuhl die Handweber brotlos machte, traf es einfache Handwerker. Heute trifft die Welle der Digitalisierung die Mittelschicht. Viele Berufe verlieren an Ansehen und mit ihnen ungezählte Menschen ihre Autorität. Ob das gerechtfertigt ist, welche Rolle der Faktor Mensch in der Medizin oder bei der Rechtsprechung in Zukunft spielen wird, diese sozial- und arbeitspsychologische Frage kann ich als medizinischer und juristischer Laie nicht beantworten.

Es gibt allerdings eine Branche, bei der der digitale Wandel mit Sicherheit nicht nur Konsequenzen für die Beschäftigten hat, sondern für sehr viel mehr Menschen: Das ist der Bildungssektor – und da kann ich mithalten, denn ich war über vier Jahrzehnte Lehrer. Die Schule durchlaufen alle, die später auf den verschiedensten Sektoren der Gesellschaft als was auch immer tätig sind, außerdem haben Schulen den Auftrag, den Menschen zu einem mündigen Bürger heranzubilden.

Bisher war die Schule ein in sehr überschaubarem Umfang von elektronischen Medien geprägter Raum. Es gab Computerkabinette und es wurde schon einmal im Internet recherchiert. In diversen Fächern wurden von engagierten Kollegen spezielle Apps genutzt – beispielsweise, wenn ein Biologielehrer seinen Schülern zeigte, wie man Vogellaute mit Hilfe einer App identifizieren kann. Die Schüler lernten professionelles Präsentieren (Power Point), auch für kreative Projekte wurden Medien genutzt, Filme geschnitten, Hörspiele produziert. Ansonsten galt: Zurückhaltung! Wahrscheinlich ist es gegenwärtig sogar in den meisten deutschen Schulen verboten, während des Unterrichts sein Smartphone oder Handy zu benutzen, immer häufiger gilt das auch für die Pausenzeiten.

Die Stunden und Jahre, die ein Jugendlicher in der Schule verbringt, sind deshalb gegenwärtig der größte Bereich unserer menschlichen Wirklichkeit, der von den Datenkapitalisten kaum eingesehen wird. Dieses Terrain zu erobern, muss diejenigen fürchterlich jucken, die sich dem Projekt verschrieben haben, über die Akkumulation *sämtlichen* verfügbaren Wissens, *sämtlicher* verfügbarer Informationen endgültig zur Macht zu gelangen, denn Wissen ist Macht. Es geht da um sehr viel mehr als das Kapellchen und die kleine Hütte der alten Eheleute Philemon und Baucis in Goethes *Faust*, die den nach Weltherrschaft gierenden Greis derart reizt, dass er sie mit Hilfe seiner finsteren Gesellen niederbrennen lässt. In den Blick geraten sind ganz im Gegenteil die Daten von Menschen, die den größten Teil ihres Lebens noch vor sich haben.

Jetzt also greift Big Data nach der Schule. Sie soll eine ganz andere, sie soll durch eine »digitale Bildungsrevolution« von Grund auf umgekrempelt werden – und dieser Begriff ist ernst zu nehmen. Alle Elemente der Schule sollen einer gründlichen Revision unterzogen werden. Es geht um die Rolle, die in Zukunft Klassen, Lehrer und besonders Schüler einnehmen sollen. Digitale Medien sollen den Schulalltag bestimmen, sollen zur dominierenden Unterrichtsform werden. Es geht nicht um eine *Ergänzung* des Unterrichts, es geht um die *Neudefinition* dessen, was Schule heißt. Die Digitalwirtschaft tritt mit dem Anspruch auf: Wir machen alles neu! Alles muss anders werden. Und sie muss auch keine Mordbuben beauftragen wie der greise Faust, im Gegenteil, es blinkt und ploppt, wenn die Schüler die Lernprogramme nutzen, während ihre Verhaltensdaten abgeschöpft werden.

Politik, Digitalwirtschaft und Wissenschaft zum Thema

Es sind drei Texte, die in meinem Buch eine besondere Rolle spielen. Der erste stammt von Politikern, der zweite repräsentiert die Vorschläge der Digitalwirtschaft, den dritten hat eine philosophisch reflektierende Wissenschaftlerin geschrieben. Die ersten beiden habe ich deshalb gewählt, weil ihre Verfasser jeweils zu den führenden Köpfen unter den für Bildung zuständigen Politikern und Wirtschaftseliten gehören.

Der erste Text ist das Strategiepapier *Bildung in der digitalen Welt*, das die Kultusministerkonferenz (KMK) am

08.12.2016 beschlossen hat.[4] Zweifellos sind unsere Kultusminister unter allen Politikern diejenigen, die qua Amt am meisten für die Bildung in diesem Land zuständig sind. Ihr Papier ist die wichtigste aktuelle amtliche Verlautbarung bezüglich der Absichten, die in der Bildungspolitik verfolgt werden. Es bildet den Hintergrund für den *DigitalpaktD* oder *Digitalpakt Schule*, der die Beteiligung des Bundes an den Ausgaben der Länder bei der digitalen Ausstattung ihrer Schulen regelt.

Auch wenn die KMK keine unmittelbare legislative Funktion hat, kommt an dem, was die jeweils amtierenden 16 Kultusminister beschließen, keine nachgeordnete Bildungseinrichtung vorbei. Die Kabinette aller Bundesländer werden sich damit genauso beschäftigen wie ungezählte Ministerialbeamte aller deutschen Kultusministerien, Schulleiter, Lehrerkonferenzen usw.

Beim zweiten Text handelt es sich um ein Buch der beiden Autoren Jörg Dräger und Ralph Müller-Eiselt mit dem Titel *Die digitale Bildungsrevolution – Der radikale Wandel des Lernens und wie wir ihn gestalten können.*[5] Dräger ist im Vorstand der Bertelsmann Stiftung, Müller-Eiselt befasst sich als Experte der Stiftung laut Selbstbeschreibung mit den Chancen und Risiken der Digitalisierung. Ihr Buch wird bzw. wurde von den Landeszentralen für politische Bildung umsonst abgegeben. Das ist angesichts der Tatsache, dass es sich bei Bertelsmann um den größten deutschen Medienkonzern handelt, der gerade dabei ist, weltweit Lernsoftware aufzukaufen, nicht ohne Brisanz. Der Vorstandsvorsitzende der Bertelsmann AG, Thomas Rabe, weist darauf hin, dass »der Bildungsmarkt

[…] weltweit ein Volumen von mehr als fünf Billionen US-Dollar [hat]. Knapp ein Fünftel davon entfällt auf private Anbieter, Tendenz steigend.«[6] Wenn er dann fortfährt: »Global wächst die Nachfrage nach Bildung. Und durch Digitalisierung wird Bildung verfügbarer und bezahlbarer«[7], signalisiert er seinen Aktionären, dass die Bertelsmann AG gewillt ist, sich ein Stück vom Kuchen zu sichern. Und das scheint am besten mit digitalisierter Bildung zu gehen.

Die Bertelsmann AG hat eine bemerkenswerte Aktionärsstruktur. Ihr Hauptaktionär ist nämlich niemand anderes als die Bertelsmann Stiftung. Immer wenn der Konzern hohe Gewinne erzielt, profitiert auch die Stiftung. Wen wundert es da noch, dass sie sich seit Jahren in die Diskussion um das, was zeitgemäße Bildung sein soll, einmischt. Wundern muss man sich eher darüber, dass die Stiftung trotz dieser Interessenverzahnung als gemeinnützig anerkannt wird. Ich wundere mich vor allem darüber, dass ein Hauptaktionär, der sich aus den Gewinnen eines Medienkonzerns finanziert, als unabhängiger Ratgeber zum Thema digitale Ausstattung der Schulen so viel Beachtung findet.

Ich möchte exemplarisch an diesen beiden mit Bedacht ausgewählten Texten zeigen, was uns die Vertreter einer digitalen »Bildungsrevolution« versprechen, wie sich die Schule ihrer Meinung nach verändern soll und was der Preis ist, den Schüler, Lehrer, Eltern und die Gesellschaft dafür zahlen müssten. Um das zu erkennen, muss man diese Texte nur absolut ernst nehmen und genau lesen: Es steht alles drin. Um dies hieb- und stichfest zu belegen, werde ich sie immer wieder zitieren. Den unvorbereiteten Leser mag die euphorische Rhetorik von Dräger und Müller-Eiselt verwirren, aber sobald man solche verbalen Ranken wegschneidet, sobald man sich zu einer nüchternen Bestandsaufnahme der vorgeschlagenen Rezepte durchringt, kommt der bohrende Verdacht auf, dass die anvisierten Eingriffe in die Schulkultur unsere Jugend gerade nicht angemessen auf das digitale Zeitalter vorbereiten, sondern sie ihm eher geschwächt und uninformiert ausliefern.

Neben diesen Texten, die Anlass zur Kritik geben, möchte ich voller Bewunderung auf das 700 Seiten starke Mammutwerk *Das Zeitalter des Überwachungskapitalismus* von Shoshana Zuboff[8] hinweisen. Was diese Harvard-Professorin alles zusammengetragen hat, kann mit Fug und Recht als eine aktualisierte Fassung des *Kapitals* von Karl Marx verstanden werden – allerdings ohne dessen Geschichtsoptimismus zu teilen. Ihr Buch wird uns helfen, zu verstehen, wie diese neue Variante des Kapitalismus funktioniert.

Wer die Digitalkapitalisten stoppen könnte

Karl Marx hat vor genau 151 Jahren in seinem Hauptwerk *Das Kapital* eine detaillierte Untersuchung des Kapitalismus seiner Zeit vorgelegt. Er sah nur noch Katastrophen auf die Menschheit zukommen, wenn diese Wirtschafts- und Gesellschaftsordnung ihre Macht behalten sollte. Parallel zur Analyse ihrer Strukturen und Mechanismen suchte Marx deshalb nach einem Subjekt, das in der Lage sein sollte, die Bourgeoisie zu stürzen. Er glaubte dieses Subjekt im Arbeiter gefunden zu haben, der »nichts mehr zu verlieren hat als seine Ketten« und deshalb am ehesten bereit sein dürfte, das lebensgefährliche Wagnis einzugehen, die herrschende Klasse zu stürzen.

Heute glauben viele, dass sich Marx trotz vieler profunder Einsichten in die Destruktivkraft des Kapitalismus in mancherlei Hinsicht geirrt hat. Vor allem unterschätzte er die Wandlungsfähigkeit des Kapitalismus. Er ahnte nicht, dass ein Henry Ford im Arbeiter den Konsumenten entdecken würde. Zwar waren auch die Ford-Arbeiter an die Ketten des ruckelnden Fließbandes gefesselt, aber sie hatten bald sehr viel mehr zu verlieren als diese Ketten: nämlich Autos und Eigentumswohnungen, Fernseher und am Ende gar elektrische Zahnbürsten.

Seit den Zeiten eines Henry Ford ist der Kapitalismus nicht stehen geblieben. Wieder hat er neue Formen der Kapitalakkumulation hervorgebracht und neue noch weitgehend unerschlossene Ressourcen entdeckt, die man ausbeuten kann: Daten über unser Verhalten. Es hat eine Weile gedauert, bis diese Mechanismen und Strategien durchschaut wurden. Mit dem Erscheinen solcher Bücher wie *Das Zeitalter des Überwachungskapitalismus* ändert sich das gerade.

Im Gegensatz zu Karl Marx tut sich Shoshana Zuboff schwer, ein revolutionäres Subjekt auszumachen, das sich gegen diese neue Form der Ausbeutung und Entfremdung wehren könnte. Sie hofft darauf, dass »das Volk« irgendwann sagt: »Jetzt reicht's.« Ihr Vorbild ist dabei die Friedliche Revolution: »Die Berliner Mauer fiel aus vielen Gründen, vor allem aber weil die Menschen in Ostberlin sich sagten: ›Jetzt reicht's!‹«[9] In der Einleitung ihres Werks schreibt sie: »Nur ein entschiedenes ›Wir, das Volk …‹ vermag diese Entwicklung noch umzukehren.«[10] Aber »Wir, das Volk« ist ein sehr heterogenes Subjekt. Teile dieses Volkes haben sich längst in eine viel zu große Abhängigkeit von den neuen Medien begeben, die das Instrument sind, mit dem der Datenkapitalismus seinen Einfluss auf unser aller Geschick immer weiter ausbaut, um noch in der Lage zu sein, gegen ihn aufzubegehren. Was dem amerikanischen Fließbandarbeiter des frühen 20. Jahrhunderts sein Ford T, das ist dem heutigen jugendlichen Internetnutzer sein Smartphone. Wer einmal süchtig ist, lässt sich vermutlich als Letzter dazu bewegen, seine Dealer an den Pranger stellen zu lassen.

Wer also könnte das Subjekt sein, das die dringend gebotene Bewegung gegen solche neuen Formen der Macht anführt? Hier mein Vorschlag: Das Subjekt eines friedlichen Aufbegehrens kann niemand anderes sein als Sie, liebe Eltern.

Um das zu begründen, hole ich ein wenig aus: Eines der schönsten Lieder von Gerhard Gundermann ist eine Liebeserklärung der besonderen Art. Hört man die ersten Zeilen, erwartet man noch ein ganz »gewöhnliches« Liebeslied. Wir hören, dass ein »Du« ins Herz des Sängers gefallen sei »wie in ein verlassnes Haus«, worauf es dort wieder licht und hell geworden sei. Aber schon wenige Zeilen weiter kommt der Verdacht auf, dass hier ein Vater seine neu geborene Tochter besingt: »Du bist so ne laute Braut«.

Der Vater, der da singt, ist in keiner guten Verfassung, als die Tochter zur Welt kommt. Der Verfasser des Liedes war es auch nicht. Immerhin hat er 1993 auf derselben Schallplatte, auf der »Linda« erschien, seine Verstrickung in den Überwachungsstaat der DDR angedeutet (»Sieglinde«). Das machte nicht nur seinen Freunden und Fans zu schaffen, sondern vor allem auch ihm selber. Im Lied klingen sogar Selbstmordabsichten an: »Meine Pistole war geladen mit dem allerletzten Schuss.«

Aber dann kommt Linda zur Welt. Und – seltsam – nicht der Vater beschützt das Kind, sondern das Kind rettet den Vater. In der letzten Strophe keimt bei ihm die Hoffnung auf, dass dieses laute Kind »sein Lotse« sein könnte. Nicht der Vater nimmt die Tochter bei der Hand, vielmehr bittet er die Tochter, ihn an der Hand zu halten. Weil er jetzt die Verantwortung für das Kind hat, vergräbt er den Revolver unter einem Baum im Garten. Diese Verantwortung übernimmt er, weil ihm dieses Kind so lieb und teuer ist.

Sicher ist es etwas anderes, eine Selbstverpflichtung als IM bei der Stasi zu unterzeichnen oder am Ende ellenlanger schnell durchgescrollter Geschäftsbedingungen ein Kreuz zu setzen beziehungsweise seinen Kindern ein Smartphone zu schenken. Den Stasi-Überwachungsstaat und den Überwachungskapitalismus sollte man nicht gleichsetzen. Während wir bei ersterem immer genauer wissen, wie grausam er war und was er für ein Elend im Leben vieler Menschen angerichtet hat, wissen wir beim letzteren noch nicht, wohin er uns führen wird. Mir reicht indes schon, was ich heute erlebe, wo diese historische Erscheinung gerade mal im Pubertätsalter ist. Wenn ich das extrapoliere, dann wird es gruselig. Trotzdem habe ich meinen beiden Kindern internetfähige Geräte geschenkt.

Und deshalb kann ich so gut mit Gundermann mitfühlen: mit seinem Entsetzen über sich selber und seiner Bereitschaft zum Verrat. Aber auch damit, dass die Existenz einer Tochter ihn alle Selbstmordabsichten beiseite schieben lässt und ihn dazu drängt, neue Verantwortung zu übernehmen.

Gundermanns Stimmungsumschwung gibt mir die Idee ein, dass es gerade die Eltern sein könnten, die trotz problematischer elektronischer Geschenke an ihre Kinder angesichts mancher Pläne der Digitalwirtschaft rufen: »Jetzt reicht's!« Aus dem Verantwortungsgefühl für die Zukunft ihrer Kinder heraus könnten sie sich in so etwas wie ein »revolutionäres Subjekt« verwandeln, das weiteren Eroberungsphantasien großer Datenkonzerne einen Riegel vorschieben will – wenigstens bezüglich der Digitalisierung der Schulen.

Was Eltern sich wünschen, das ist die Besinnung darauf, wie man mit Augenmaß darangehen kann, die Lehrinhalte und Unterrichtsformen zu finden, die unsere Kinder stark für eine Welt machen, in der immer mehr Prozesse digital gesteuert werden – aber nicht, um sie diesem Trend zu opfern, sondern um ihnen die Souveränität über diese Prozesse zurückzugeben.

Der digitale Schulumbau: Eine Herausforderung für die protestantische Kirche

Von Anfang an ist die protestantische Kirche mit der Entwicklung des allgemeinen Schulwesens in Deutschland eng verbunden – und so müsste man eigentlich vermuten, dass sie zur Stelle ist, wenn Akteure auftreten, die das Schulwesen von Grund auf verändern wollen. Mindestens würde man erwarten, dass sich die Protestanten in den Parteien, in politischen Ämtern und den Vertretungsorganen der Elternschaft zu Wort melden, wenn das Erbe protestantischer Bildungsanstrengungen zur Disposition gestellt wird. Sie haben das getan, als es um die Ganztagsschule ging und um Inklusion, Protestanten waren selbstverständlich dabei, als es notwendig war, syrischen Flüchtlingen Deutsch beizubringen, und aus protestantischen Elternhäusern heraus startete manche Initiative zur Gründung freier Schulen, die es z. B. Kindern im ländlichen Raum weiter ermöglichen, in der Nähe der elterlichen Wohnung ihrer Schulpflicht nachzukommen. Da fällt die Zurückhaltung angesichts des Themas »digitale Umgestaltung der Schule« auf.

Das gilt umso mehr, als die Veränderungen Kernelemente protestantischer Bildung betreffen. Denn es geht neben der Neudefinition der Rolle von Lehrern, Schülern und Klassen eben auch darum, dass mit der Installierung des neuen Mediums Internet ganz im Sinne Marshall McLuhans eine Botschaft verkündet wird, die Christen gar nicht gefallen kann: Unter der Hand findet ein neues Menschenbild immer mehr Verbreitung, nach dem sich der Unterschied zwischen Mensch und Maschine allmählich auflöst.

Dies ist einzelnen Protestanten durchaus schon aufgefallen, aber dass in der evangelischen Kirche eine besonders lebhafte Debatte über künstliche Intelligenz und diese Neuinterpretation des Menschen geführt würde, kann ich nicht erkennen. Bisher sind die Stimmen selten, die sich da zu Wort melden. Ähnlich sieht das auch der Publizist Klaus-Rüdiger Mai, der einer der wenigen ist, die dieses Thema ansprechen:

> »Gerade an dieser Stelle findet tatsächlich ein Generalangriff auf das christliche Menschenbild statt, gerade hier müsste die Kirche den Menschen als Geschöpf Gottes verteidigen und eine große Debatte in Gang setzen.«[11]

Die Kirche verkenne

> »die große Gefahr, die von der konzerngetriebenen Digitalisierung für die Demokratie, die Freiheit und für die Menschlichkeit ausgeht. Dieses Thema hat die Kirche ausgehend von Luthers Entdeckung des Individuums, ausgehend von der Verantwortung der Christen für die Schöpfung offensiv anzugehen. Weder der Mensch noch Gott, der Schöpfer, sind ein Schürfgebiet für Daten.«[12]

Es ist vielleicht nützlich, angesichts dieser Zurückhaltung noch einmal daran zu erinnern, wie sehr sich gerade Martin Luther um das öffentliche Schulwesen in Deutschland verdient gemacht hat. Diese Erinnerung mag dazu anspornen, dass es in Zukunft wieder mehr Protestanten sind, die den Eltern bei ihren Bemühungen um eine sinnvolle Vorbereitung ihrer Kinder auf eine von digitaler Technik durchsetzte Welt zur Seite treten.

Luther als Pionier weltlicher Schulbildung

Bevor Martin Luther begann, durch spektakuläre Aktionen wie den Versand seiner 95 Thesen die Kirche zu reformieren, waren die Klöster die wichtigsten, in weiten Teilen Deutschlands sogar die einzigen Einrichtungen, die Bildung organisierten. Ein nicht beabsichtigter Nebeneffekt der Kritik Luthers am Mönchstum war der Niedergang dieser Bildungseinrichtungen. Einerseits war dies dem Reformator ganz recht, denn er verband mit diesen Klosterschulen keine guten Erinnerungen:

> »Wahrlich, was hat man denn gelernt in hohen Schulen und Klöstern, als nur ein Esel, ein Klotz und ein Block zu werden? Zwanzig, vierzig Jahre lang hat einer gelernt und hat doch weder Lateinisch noch Deutsch beherrscht. Ich schweige über das schändliche, lästerliche Leben, durch das die kostbare Jugend so jammervoll verdorben worden ist.«[13]

Andererseits war nach mehreren Jahren des Niedergangs der Klosterschulen erkennbar, dass in gewissen Alterskohorten bereits spürbar gut ausgebildete Fachleute fehlten, das Land also dringend Alternativen brauchte, nicht nur um Pfarrer, sondern auch um Schulmeister, Juristen, Verwaltungsleute, Ratgeber der Fürsten, Ärzte usw. auszubilden. Luther führte insbesondere bezüglich der Besetzung der Pfarrstellen regelrechte Kalkulationen durch, bei denen er berücksichtigte, dass es einige Jahre dauern würde, um die Lücke zu schließen. Er war da weitsichtiger als heutige Kirchenleitungen oder Kultusministerien, die ähnliche Prognosen bezüglich der Pfarrer bzw. Schulmeister verschlafen haben. Sogar ein sich abzeichnender Küstermangel beschäftigte ihn.

> »Ich möchte gern sehen, woher man in drei Jahren Pfarrer, Schulmeister, Küster nehmen will. Werden wir nun nichts dazu tun und besonders die Fürsten sich nicht darum kümmern, daß sowohl Knabenschulen als auch hohe Schulen in rechter Weise eingerichtet werden, so wird ein solcher Mangel an Personen entstehen, daß man drei oder vier Städte einem Pfarrer und zehn Dörfer einem Kaplan wird anvertrauen müssen, wenn man sie dann überhaupt noch bekommen kann.«[14]

Vordringlich mussten also Schulmeister gefunden werden, die diese Aufgabe bewältigen konnten, denn Schulen sind eine Voraussetzung, um all die anderen gesuchten Experten auszubilden. Aber es mussten auch die Bürger – und durchaus auch die Bauern – davon überzeugt werden, dass sie ihre Kinder wieder in die Schule schicken sollten, besonders diejenigen, denen man anmerkte, dass sie helle Köpfe sind. In den protestantischen Landen gab es für die Eltern nach dem Wegfall vieler Klosterschulen oder nachdem deren

Ruf schwer ramponiert war, keine Möglichkeit mehr, den Kindern eine schulische Ausbildung zu organisieren.

Luther geht allerdings – wenn schon, denn schon – gleich weiter und strebt eine grundsätzliche Lösung an: Er möchte die Entscheidung, ob ein Kind zur Schule geht oder nicht, den Eltern entziehen, indem er als erster in Deutschland für die Einführung der allgemeinen Schulpflicht plädiert:

> »Ich halte aber dafür, daß auch die Obrigkeit nun schuldig sei, die Untertanen zu zwingen [!], ihre Kinder zur Schule zu schicken [...] Denn sie ist wahrlich verpflichtet, die oben genannten Ämter und Stände zu erhalten, damit Priester, Juristen, Pfarrer, Schreiber, Ärzte, Schulmeister und dergleichen bleiben, denn man kann sie nicht entbehren. Kann sie die Untertanen zwingen, die dazu taugen, daß sie Spieße und Büchsen tragen, auf die Mauern laufen und anderes tun, wenn man Krieg führen muß, wieviel mehr kann und soll sie hier die Untertanen zwingen, daß sie ihre Kinder zur Schule schicken.«[15]

Eine bemerkenswerte Facette dieser Forderung war, dass Luther durchaus nicht nur an die Jungen dachte, sondern ausdrücklich auch dafür eintrat, dass die Mädchen die Schulen besuchen sollten. Freilich ging er nicht so weit, für sie die Laufbahn einer Theologin oder einer Schulmeisterin vorzusehen. Dennoch: Mit der Öffnung der Schulen für das weibliche Geschlecht war ein erster Schritt in Richtung Gleichberechtigung von Mann und Frau in der Kirche getan.

Zwei Gründe veranlassten ihn, so intensiv für die Errichtung von allgemeinbildenden Schulen zu werben. Erstens hatte er ein theologisches Interesse: Er wollte sicherstellen, dass so viele Menschen wie möglich in der Lage sind, selbst die Bibel zu lesen. Auf Deutsch, wenn sie einfache Menschen waren. In der Originalsprache, also auf Griechisch oder Hebräisch, wenn sie zu den Begabten gehörten. Der Pfarrer sollte die Bibel in der Originalsprache lesen können. Luther war also nicht so eitel, zu meinen, dass mit seiner Bibelübersetzung ein Studium des Originaltextes überflüssig geworden wäre. Als Folge der These vom allgemeinen Priestertum erwog er sogar, dass auch andere Gemeindemitglieder entsprechende Sprachkenntnisse haben sollten, damit sie einspringen könnten, falls der Pfarrer aus welchen Gründen auch immer nicht zur Verfügung steht. Das veranlasste Luther, intensiv dafür zu werben, an den kommunalen Schulen die alten Sprachen zu unterrichten.

Der zweite Grund ist in unserem Zusammenhang interessanter: Luther war nämlich davon überzeugt, dass ein Land vor die Hunde geht, wenn nicht überall da, wo es eines größeren Sachverstandes bedarf, als ihn die elterliche Erziehung gewährleisten kann, gut ausgebildete Fachleute tätig sind. Nur so kann die Ordnung aufrechterhalten werden. Luther hält die Ständegesellschaft durchaus für gottgewollt, und so müssen Christen versuchen, nach Kräften die jeweils vorgefundenen oft gar nicht erfreulichen Verhältnisse zum Guten zu wenden. Sie sind gefragt als juristische Ratgeber und Verwaltungsfachleute der Fürsten. Sie sollen Medizin studieren, um kranken

Menschen helfen zu können. Und sie sollen vor allem Lehrer werden, denn das Lehramt ist für Luther nach dem Pfarramt der wichtigste Beruf, wie er selbst sagt:

> »Aber ich, wenn ich vom Predigtamt und anderen Dingen lassen könnte oder müßte, so wollte ich kein Amt lieber haben, als Schulmeister oder Knabenlehrer zu sein. Denn ich weiß, daß dieser Beruf nächst dem Predigtamt der allernützlichste, wichtigste und beste ist.«[16]

Diese doppelte Aufgabenstellung ist typisch für Lutheraner: Sie sind gerade nicht nur auf ihr individuelles Seelenheil aus, sie übernehmen Verantwortung für diese Welt, solange sie besteht – denn sie ist ja von Gott geschaffen. Um dieser Verantwortung gerecht zu werden, muss man sich bilden. Ohne Bildung sind die Ratschläge, die man den Mächtigen geben kann, stümperhaft, werden die Kranken nicht gesund und leidet die Gerechtigkeit. Das ist 1530 Luthers große Sorge: Deutschland verwandelt sich, wenn man keine Schulen aufbaut, in ein Land, wo der Mensch zu verrohen droht. Eile ist geboten.

> »Wo die Theologen verschwinden, da verschwindet Gottes Wort, und es bleiben lauter Heiden, ja, lauter Teufel; wo die Juristen verschwinden, da verschwindet das Recht samt dem Frieden, und es bleibt lauter Raub, Mord, Frevel und Gewalt, ja, lauter wilde Tiere.«[17]

Luther erkennt klar und deutlich, dass das Versagen im Bildungsbereich anders als beispielsweise die damals befürchtete »Türkeninvasion« auf besonders subtile Weise zum Niedergang eines Landes führen muss. In seiner mittelalterlich geprägten Bildsprache drückt er den Schaden, den ein Land erleidet, das sich nicht oder zu wenig um Bildung kümmert, so aus:

> »[...] hier steht gewiß ein ärgerer Krieg bevor mit dem leidigen Teufel, der im Sinne hat, daß er Städte und Fürstentümer heimlich so aussaugen und von tüchtigen Personen entleeren will, bis er den Kern ganz ausgebohrt hat und eine leere Hülse da stehen läßt von lauter unnützen Leuten, mit denen er spielen und Possen treiben kann, wie er will. Das heißt ungehindert eine Stadt oder ein Land aushungern und ohne Kampf innerlich verderben, ehe man sich umsieht.«[18]

Nahezu 500 Jahre sind vergangen, seit diese Worte niedergeschrieben wurden – aber mir scheint, sie haben nichts von ihrer Wahrheit eingebüßt.

Bildungsrevolution oder Bildungsputsch?

Im Jahr 1989 gingen in der gesamten DDR immer mehr Menschen auf die Straße, um für politische Veränderungen zu demonstrieren. Sie sind dazu von der Regierung nicht aufgefordert worden, ganz im Gegenteil: Die SED-Diktatur hat alle Mittel – von einem verbalen Trommelfeuer in Zeitungen, Funk und Fernsehen bis hin zur Mobilisierung ihrer Kampfverbände – aufgeboten, um diese

Demonstrationen zu unterbinden. Am Ende waren es zu viele, die auf der Straße waren, so dass das SED-Regime es dann doch nicht wagte, Gewalt anzuwenden. Die Weltöffentlichkeit war aufmerksam geworden, und die Sowjetunion verweigerte dem Regime anders als in früheren ähnlichen Situationen ihre Hilfe – da dämmerte es selbst den Greisen des Politbüros, dass sie sich vor aller Welt zu sehr ins Abseits stellen würden, wenn sie diese Menge blutig, mit Schüssen von der Straße drängen würden. 1989 fand eine Revolution statt, zum ersten Mal in der Geschichte eine friedliche. Bei richtigen Revolutionen versuchen immer mehr Menschen *gegen* den Willen der Herrschenden ihre Forderungen auf der Straße durchzusetzen, und dies kann sogar gelingen, wenn sie sich jeder Gewalt enthalten.

Anders ist es beim Putsch. Putschisten kümmern sich nicht um die Meinung der Menschen eines Landes, sie verfolgen eigene Interessen. Auch Putschisten ignorieren die herrschenden Gesetze eines Landes – aber in dem Fall ist das für die Bürger von Nachteil, denn die Gesetze sind allemal besser als der Zustand der Rechtlosigkeit, den man erwarten muss, wenn Putschisten die Macht ergreifen.

Aber so, wie das 20. Jahrhundert eine neue Variante von Revolution hervorgebracht hat, zeigt uns das 21. Jahrhundert eine neue Art von Putsch: Was sich gerade auf allen digitalisierbaren Feldern des gesellschaftlichen Lebens beobachten lässt, kommt auf sanften Pfoten daher. Was wir heute erleben, ist der smarte Putsch der Datenkapitalisten. Panzer und Bomben sind da nicht mehr nötig. Dies ist zumindest die Meinung von Shoshana Zuboff: Der Aufstieg des im Silicon Valley entwickelten modernen Kapitalismus sei »als unblutiger Putsch geplant; statt gegen unsere Körper gerichteter Gewalt« gleiche die Umgestaltung unserer Gesellschaften »eher einer Dressur«.[19]

Dräger und Müller-Eiselt betiteln ihr Buch *Die digitale Bildungsrevolution*. Aber in welcher deutschen Stadt gab es in den letzten Jahren Demonstrationen – oder gar Massendemonstrationen – auf denen Eltern, Lehrer oder Schüler lautstark den digitalen Umbau der Schulen gefordert hätten? Viele Eltern waren vielmehr sehr einig mit den Lehrern und Schulleitern, wenn diese Beschlüsse gefasst hatten, dass im Unterricht, aber auch in den Pausen, Smartphones nichts zu suchen haben. In Frankreich gilt ein entsprechendes Verbot sogar landesweit. Nein, der Ruf nach einer Veränderung kommt von Teilen unserer Eliten: Insbesondere die Digitalwirtschaft wird nicht müde, für eine digitale Bildungsrevolution zu werben, und viele Bildungspolitiker – besonders unbeirrt die der FDP – haben sich angeschlossen. Die Veränderung wird von oben, nicht von unten betrieben, und zwar erstaunlich ungestüm und unreflektiert. Da passt die Bezeichnung »Bildungsputsch« sehr viel besser.

Ein hektischer Schulumbau muss vermieden werden

Die digitalen Protagonisten verbreiten Hektik. Ständig versuchen sie das Gefühl zu vermitteln, Gesellschaft und Politik reagierten viel zu langsam und viel zu spät auf neue Herausforderungen – und behaupten unentwegt, dass der digitale Wandel auf jeden Fall kommen werde, egal ob wir ihn uns wünschen oder nicht. Genau diese Botschaft wird von Dräger und Müller-Eiselt vermittelt:

> »Die digitale Bildungsrevolution hat bereits begonnen und wird nicht aufzuhalten sein. In Deutschland [...] ist davon allerdings noch wenig zu spüren. Die Schulen liegen bei der Nutzung von Computern im internationalen Vergleich weit zurück, viele Pädagogen äußern Bedenken, was ihren Einsatz im Unterricht betrifft. Doch Skepsis oder gar Ablehnung werden den Wandel nicht stoppen.«[20]

Nicht weniger alarmistisch wird der Leser von der ICILS-Studie (*International Computer and Information Literacy Study*) aus dem Jahr 2013 mit Zahlen bombardiert: In Kanada nutzten 73 Prozent der Lehrer täglich Computer, in Holland seien es 57,8 Prozent, in Kroatien 16,8 Prozent – und das Schlusslicht sei Deutschland mit 9,1 Prozent.[21] Die Befürworter der Digitalisierung reiben uns, den Eltern, Politikern und Pädagogen ständig unter die Nase, wie weit bestimmte Städte oder Staaten (New York! Estland!! Uruguay!!!) bereits mit der Digitalisierung der Schulen wären, und dass Deutschland diese Entwicklung zu »verschlafen« drohe.

»Wer zu spät kommt, den bestraft das Leben«, sagte einst Gorbatschow, als die SED zäh an ihrer Macht festhielt, bevor ihr Staat unterging. Aber manchmal ist es umgekehrt, dann werden die bestraft, die zu früh vorpreschen. Es gibt nämlich auch digitale Schulversuche, die abgebrochen wurden, und sogar ganze Staaten, die all die

Tablets wieder eingesammelt haben, die sie wenige Jahre zuvor für viel Geld an ihre Schüler ausgeteilt hatten. Das würde man Deutschland gerne ersparen.

Mahnende Beispiele für vergeudete Milliarden

Wenn ein Explosivgeschoss bereits im Rohr detoniert, dann hat man nicht nur nichts erreicht, sondern sogar die eigene Mannschaft gefährdet. Artilleristen wissen, dass eine der möglichen Ursachen für solche Unfälle eine Überhitzung der Rohre durch Dauerbeanspruchung ist, eine andere, dass die Munition Fehler aufweist.

In der Bildungspolitik ist in den letzten Jahrzehnten eine Sau nach der anderen durchs Dorf getrieben worden, was durchaus Züge einer gefährlichen Dauerbeanspruchung hat. Weniger Hektik wäre angebracht. Aber es ist auch die Munition, die gerade geladen wird, die fehlerhaft sein könnte, sodass am Ende durch einen Rohrkrepierer die Schule selbst beschädigt wird. Dass die sich andeutende Art und Weise, wie unser Bildungssystem auf das digitale Zeitalter vorbereitet wird, eher einem Rohrkrepierer als einer Revolution ähnelt, davon bin ich in der Tat überzeugt. Zu abwegig sind viele der vorgestellten Ideen, zu vernünftig die Einwände, die gegen sie erhoben werden, zu gering ist letztlich auch die Bereitschaft, die für eine funktionstüchtige Infrastruktur notwendigen Gelder aufzubringen. Dennoch wird es in den nächsten Jahren unzählige Initiativen von Seiten der Wirtschaft wie auch der Politik geben, einen erheblichen Anteil der Bildungsetats von Bund, Ländern und Gemeinden in dieses Projekt zu investieren. Unzählige Fortbildungen und Konferenzen werden sich dem Thema widmen, viel Energie, die für Schulentwicklung generell gebraucht wird, wird deshalb gebunden sein. Das kann in der Summe dazu führen, dass viel von dem, was an deutschen Schulen gut lief und läuft, empfindlich gestört wird – ohne dass etwas an seine Stelle gesetzt würde, das diese Schäden wenigstens wettmacht.

Selbstverständlich gibt es sehr sinnvolle digitale *Ergänzungen* unserer Schulkultur, kann der gezielte Einsatz digitaler Medien überaus fruchtbar sein. Hier soll nicht dafür plädiert werden, die Schulen zu digitalfreien Zonen zu machen. Es versteht sich, dass die Schülerinnen und Schüler das reflektieren müssen, was bereits heute an digitaler Technik ihren Alltag beherrscht, dass sie sich vorbereiten müssen auf eine Berufs- und Bürgerwelt, in der das Internet eine immer größere Rolle spielen wird, und dass deshalb auch ganz praktisch diese neue Technik im Unterricht zum Einsatz kommen muss. Aber schon die Vorstellung, dass es so eine Vorbereitung zwingend erforderlich macht, jedem Schüler ein Tablet in die Hand zu drücken und in jedem Klassenzimmer ein Whiteboard an die Wand zu schrauben, ist nicht zu begründen und wird diese Aufgabe eher erschweren.

Warum kann man nicht über die subversive Macht von Facebook mit den Schülern nachdenken, ohne selbst einen Account bei Zuckerberg zu besitzen? Wäre dem nicht so, dann könnte man über Drogenmissbrauch nur reden, wenn man selbst Drogen konsumiert. Auch bezüglich des

Themas digitale Berufswelt gilt: Die Methode, mit der man sich ihm nähert, ist frei wählbar. Es scheint mir sehr gut denkbar, dass man selbst bei diesem Thema erhebliche Lerneffekte erzielen kann, ohne dass ein einziges Tablet im Klassenzimmer eingeloggt ist. Der Sinn oder Unsinn eines digitalen Einsatzes ist so wie bei jedem anderen Schulstoff von Fall zu Fall separat zu ermitteln.

Wir brauchen keine digitale »Bildungsrevolution«, wir brauchen kein Methodendiktat. Was wir brauchen, ist ein pädagogisches Konzept, mit dem wir auf die Herausforderungen, vor die uns der Umbau der Welt durch die großen Internetkonzerne stellt, im Unterricht reagieren. Dass die Autoren von Bertelsmann das anders sehen, verwundert nicht. Dass sich aber die Kultusminister ihrer Rhetorik in erheblichem Maße angeschlossen haben, schon. Das ist der Skandal! Übrigens ein teurer Skandal. Es gibt Situationen, in denen eine staatliche Körperschaft – ob Kommune, Land oder Bund – oder auch ein Konzern beschließt, viel Geld in die Hand zu nehmen, um eine Zukunftsinvestition zu tätigen, die allen Beteiligten unvermeidlich erscheint. Das gilt im Bereich der Energiesicherung oder der Mobilität ebenso wie in dem der Bildung. Wenn die Investition dann greift und beginnt, sich zu rechnen, sind alle Beteiligten zufrieden.

Anders sieht es aus, wenn das Projekt von Anfang an umstritten ist und am Ende sogar scheitert – wie etwa der Schnelle Brüter in Kalkar. Sieben Milliarden Euro – eine Sieben mit neun Nullen – sind dort verbaut worden, und die Anlage hatte noch kein einziges Watt ins Netz eingespeist, als per Richterbeschluss das endgültige Aus verfügt wurde. Kalkar wurde zu Deutschlands größter Investruine. Bisher.

So etwas passiert immer dann, wenn sich während der Bauzeit die Schwierigkeiten häufen, wenn neue Sicherheitsrisiken publik werden und immer mehr Bürger juristische Einwände erheben. Der Finanzierungsrahmen wird fortlaufend gesprengt – und am Ende haben sich all die Mühen und all der Ärger nicht einmal gelohnt. Dann haben alle verloren: der Steuerzahler sein Geld, die Politiker ihr Gesicht und oft auch die Natur ihr Gleichgewicht.

Bei der Umwandlung der Schullandschaft in das gewünschte digitale Lernparadies geht es auch um gewaltige Investitionen, und es gibt auch hier gewaltige Sicherheitsbedenken – selbst wenn viele Eltern heute noch nicht einmal ahnen, worin diese im Detail bestehen. Im Digitalpakt zwischen Bund und Ländern wurde vereinbart, dass der Bund den Ländern bei der technischen Aufrüstung der Schulen mit 5 Milliarden Euro hilft, von denen 3,5 bereits in dieser Legislaturperiode bereitgestellt werden sollen. Die Länder geben noch einmal 500 Millionen dazu – und da in Deutschland eigentlich die Kommunen für Gebäude und Ausstattung zuständig sind, wird auch von dieser Seite Geld in den Topf geworfen, zumindest von den Städten, die sich das leisten können. Alles in allem ist damit schon Kalkar-Niveau erreicht. Zunächst einmal klingt das nach sehr viel Geld. Wenn man allerdings berücksichtigt, dass es in Deutschland insgesamt etwa 40 000 Schulen gibt, verliert die Zahl etwas an Glanz. Umso mehr, wenn man sich vor Augen führt, dass die vom Bund ausgelobte Summe von 5 Milliarden Euro für fünf Jahre lediglich rund 25 000 Euro pro Schule und Jahr bedeutet. Dabei wird es nicht bleiben. Vergleicht man nämlich diese Summe mit der, die Fachleute für nötig halten, um digitale Schulen zu finanzieren, wird das Dilemma überdeutlich. Im November 2017 erschien dazu eine aufschlussreiche Studie, die die Bertelsmann Stiftung in Auftrag gegeben hat. Deren Verfasser kommen zu folgendem Ergebnis, das sich *allein auf die technische Ausstattung und den technischen Support* bezieht: »Rund 2,8 Mrd. Euro würden jährlich [sic!] anfallen, wenn alle Grund- und weiterführenden Schulen mit lernförderlicher Computertechnik ausgestattet werden.«[22] Gebraucht würde das Geld für funkbasierte Schulnetze und einen breitbandigen Internetzugang, für moderne Hardware, Lernsoftware und -medien sowie internetbasierte Dienste und Lernplattformen. Das sind 1,8 Milliarden Euro mehr, als der Bund beizusteuern versprochen hat – und zwar pro Jahr.

Grundschulen müssten nach einer Modellrechnung der Studie *zusätzlich* noch etwa 20 000 Euro pro Jahr investieren, an weiterführenden Schulen wären es satte 275 000 Euro. Und die 25 000 Euro des Bundes bekommen sie nur, wenn sie sich verpflichten, auch in den Jahren für Betrieb und Wartung der IT-Infrastruktur aufzukommen, in denen der Pakt längst ausgelaufen ist – da wird es dann noch teurer.

Ein ganz großer Unsicherheitsfaktor ist auch die von Bund und Ländern empfohlene Installierung einer Schulcloud. Firmen, die eine solche Dienstleistung anbieten, machen sich schnell systemrelevant. Ab da diktieren sie die Preise.

Die Ungleichheit der Bildungsverhältnisse in Deutschland würde das mit Sicherheit verstärken – denn woher sollen klamme Kommunen mit geringem Gewerbesteueraufkommen für die zahlreichen Schulen das Geld nehmen? Es gelingt etlichen von ihnen ja nicht einmal, für eine Sanierung der Toiletten zu sorgen, die gelegentlich in einem Zustand sind, der sich mit Menschenwürde nicht mehr vereinbaren lässt. Die Schüler in reichen Bundesländern werden also in den Genuss exzellenter digitaler Ausstattung kommen, während Schüler in ärmeren Ländern das Nachsehen haben.

Offensichtlich laufen viele Schulen Gefahr, ihre Handlungsfähigkeit zu verspielen, wenn sie sich auf den Digitalpakt Bildung einlassen. Aber es gibt noch mehr Baustellen an der Schule – ist da nicht zu befürchten, dass diesem einen Aspekt von Schulentwicklung andere, ebenfalls sehr wichtige geopfert werden?

Ich wage zudem die Prognose, dass im Laufe der digitalen Ausstattung immer mehr Eltern Sicherheitsbedenken anmelden werden und den Staat verklagen könnten, weil sich erweisen wird, dass trotz aller Bemühungen Datenlecks nicht zu vermeiden sein werden, die die Biographien ihrer Kinder schwer schädigen. Dies wäre vor allem der Fall, wenn der Staat, um zu sparen, private *Endgeräte* der Schüler zulässt. So ein privates Endgerät ist zweifellos ein Einfallstor für Datenklau, denn es hat häufig unzählige undurchsichtige Apps, Cookies oder gar Trojaner an Bord. Wenn diese unbemerkt aus dem Bauch der smarten Pferde herausklettern und die Türen und Tore zum Diebstahl der privaten Lerndaten öffnen, wird es sehr ungemütlich. Alle

Erfahrung lehrt: Wenn jemand behauptet, dies ließe sich in der Fläche durch Datenschutz definitiv verhindern, dann lügt er.

Die Geschichte leider allzu vieler Großprojekte lehrt eines ganz deutlich: Wenn man einmal angefangen hat zu investieren, dann taucht eine unvorhergesehene Schwierigkeit nach der anderen auf, und jede erzwingt geradezu, dass immer mehr Geld nachgeschossen werden muss, um das ganze Projekt nicht zu gefährden.

Am 17. Mai 2019 unterzeichnete Bundesministerin Anja Karliczek den Digitalpakt Schule. Aber schon ein paar Tage *vor* dieser Unterzeichnung forderte die FDP-Bundestagsfraktion bereits einen *zweiten* Digitalpakt. Katja Suding begründete das so: »Wir brauchen daher dringend einen ergänzenden Digitalpakt 2.0, der sicherstellt, dass die Schulen die Investitionen aus dem ersten Digitalpakt überhaupt sinnvoll einsetzen können.«[23]

Das Erstaunliche ist, dass Deutschland gerade voller Enthusiasmus auf den digitalen Schulexpress aufspringt, während andere Länder längst die Notbremse gezogen haben: zum Beispiel Australien. Es spricht sehr für die Charakterstärke der Politiker in Canberra, dass sie die Laptops, die sie jedem australischen Schüler zur Verfügung gestellt hatten, 2017 wieder einsammelten, als sich herausstellte, dass der Unterricht durch sie eher gestört als bereichert wurde. 2,4 Milliarden Dollar wurden in den Sand gesetzt.[24] Eine recht teure Investruine, die man den deutschen Steuerzahlern gerne ersparen würde.

Nicht besser erging es einem privaten Bildungsunternehmen in den Niederlanden, das sich der digitalen Schulbildung verschrieben hatte: Der Internet-Guru Maurice de Hond hatte dort die Gründung der sogenannten Steve-Jobs-Schulen initiiert, deren zentrales Element die Nutzung von Tablets in einem individualisierten Unterricht war. Er behauptete: »Wenn Maria Montessori noch leben würde – dies wäre ihre Schule.«[25] Aber diese Schulen haben sich ganz schnell als Flop erwiesen, wie die Focus-Online-Redakteurin Petra Apfel berichtet:

> »Hundert Schulen mit dem Namen des von de Hond bewunderten Apple-Gründers sollte es bis 2016 in den Niederlanden geben. […] Heute sind kaum mehr iPad-Schulen übrig, den Namen ›Steve Jobs‹ tragen sie längst nicht mehr.«[26]

Der Schulträger sei zahlungsunfähig, Maurice de Hond reagiere nicht auf Anfragen. Dies berichtet der Focus am 10.10.2018. Am 23.11.2018, keine fünf Wochen später, beschließt der Deutsche Bundestag, die gesetzlichen Voraussetzungen zu schaffen, damit 5,5 Milliarden Euro in den Schulen eingesetzt werden können, um diese mit digitaler Technik auszustatten.

Menschen wie de Hond – aber auch unsere Bundestagsabgeordneten – haben offensichtlich übersehen, dass Steve Jobs, der Namenspatron der holländischen Schulen, seinen eigenen Kindern den Gebrauch von iPads verbot. Im Silicon Valley pflegt man seine Kinder lieber auf Waldorfschulen zu schicken. Chris Anderson, CEO von 3D Robotics, begründet das damit, dass die Eltern »die Gefahren von Technologie aus erster Hand erfahren haben. Ich sehe es an mir selbst. Ich will nicht, dass meinen Kindern das passiert.«[27] Eine erschreckende Aussage, zeigt sie doch, dass man allen anderen Kindern das zumutet, was man den eigenen ersparen will.

Ich kenne Schulen, die haben auf einen Streich in sämtlichen Klassenzimmern die alten Tafeln herausgerissen und durch Whiteboards ersetzt. Heute weiß man nicht nur, wie störanfällig sie sind, sondern auch, dass man mit einem an der Decke angebrachten Beamer, der mit einem normalen vielseitig verwendbaren Computer vernetzt werden kann, fast denselben Effekt erzielt. Zudem lässt sich nahezu alles, was das Board kann, durch ein sehr viel billigeres Computerprogramm realisieren. Nur eines kann die Kombination von Rechner und Beamer nicht: die Daten speichern, die Lehrer oder Schüler auf die Tafel schreiben. Und auf genau die haben es viele der Unternehmen, die uns mit entsprechender Software beliefern, abgesehen.

Die Boards sind nicht billig. Für die robusten Ausführungen, die man in Schulen benötigt, muss man u. U. schon mit einem hohen vierstelligen Betrag rechnen. Wenn sie dann wieder abmontiert werden, fallen nicht nur dafür, sondern auch für die Neuanschaffung anaolger Tafeln Kosten an. Aber vermutlich lohnt sich so ein Rückbau dennoch: Die Boards sind wie gesagt störanfällig. Manchmal erscheint das, was ein Schüler mit einem elektronischen Stift hinschreibt, versetzt um 20 cm, manchmal finden Schüler heraus, wie man sie per Funkmaus und Ministick hackt (Heiterkeit im Klassenraum), oft stürzen sie ab. Dann hilft nur: ausschalten, neu hochfahren, warten, warten, Unruhe ertragen, Ärger runterschlucken.

An der Schule, an der ich unterrichtete, war man vorsichtiger. Nur in zwei Klassenräumen wurden die teuren Whiteboards angebracht. Nach wenigen Jahren Probelauf stand fest: Es werden keine weiteren angeschafft. Der Schule ist eine sinnlose Rieseninvestition erspart geblieben.

Eine Schule ohne Klassen, eine Schule ohne Lehrer

Bisher: Schule ist, wo Schüler auf Lehrer trifft

Wenn ich eine ganz knappe Definition davon geben soll, was Schule bis heute war und immer noch ist, dann schlage ich vor: *Schule ist, wo Schüler auf Lehrer trifft*. Die gendergerechte Langfassung klingt so: Schule ist, wo Schülerinnen und Schüler in einem Klassenzimmer auf Lehrerinnen bzw. Lehrer treffen. Der Plural ist treffender: denn der Einzelunterricht, den im 18. und 19. Jahrhundert viele deutsche Dichter und Denker den Söhnen und Töchtern des Adels erteilt haben, war zwar Unterricht, aber noch keine Schule. Sicher hat bereits Alexander der Große davon profitiert, dass ihn Aristoteles erzog – und die Kinder von Susette Gontard liebten ihren Hauslehrer Hölderlin – aber mit Schule hatte das nichts zu tun.

Wenn man sich ansieht, was in den zahlreichen Konferenzen und Teamtreffen, mit denen die Lehrer einen zunehmend größeren Teil ihrer Arbeitszeit zubringen, besprochen wird, scheint die von mir vorgeschlagene Schuldefinition widerlegt: Bei solchen Zusammenkünften wird viel mehr über das geredet, was sich Funktionsstelleninhaber in ihren ruhigen Zimmern oder einfache Angestellte in ihrem Büro ersonnen haben. Aber all das, was dort als Verbesserung oder Verschlimmbesserung des Schullebens konzipiert, geplant und den Kollegen anschließend zur Umsetzung vorgegeben wird, ist nur dann wirklich förderlich, wenn es am Ende die Rahmenbedingungen verbessert, unter denen die entscheidende Begegnung stattfindet: die zwischen Schüler und Lehrer.

Dieses Verständnis von Schule war schon immer ein gewisses Ärgernis für diejenigen, deren Bedeutung dadurch geschmälert wird: etwa den Schulleiter. Oder den Verwaltungsleiter und -mitarbeiter. Oder den Beratungslehrer und den Sozialarbeiter. Oder gar den Hausmeister. Für sie ist immer mehr oder weniger klar gewesen, dass sie es sind, die das Eigentliche zum Schulleben beitragen. Wenn ich nicht dafür sorge, dass es in den Räumen warm ist, dann sinkt der Lernertrag spürbar – sagt der Hausmeister. Wenn ich nicht Fortbildungen über neue Methoden oder Inklusion organisiere, dann fallen wir gegenüber anderen Schulen zurück und fühlen uns schnell völlig von neuen Problemen überfordert – sagt die Schulleitung. Und der Sozialarbeiter ergänzt: Wenn ich kein Drogenkonzept für die Schule entwickle, geht all das verloren, was wir den Schülern beibringen, weil sie sich ihre Gesundheit mit Crystal Meth ruinieren. Und sie haben alle recht: Damit eine Schule gut funktioniert, bedarf es vieler verschiedener Mitarbeiter. Bloß dass der Kern von dem, was Schule ist, nicht durch das Drogenkonzept, die Verpflichtung zu Fortbildungen oder die Temperatur in den Klassenzimmern umschrieben wird, sondern durch das, was durch all diese Begleitumstände verbessert, gesichert und geschützt werden muss: die pädagogisch motivierte Begegnung von Schüler und Lehrer.

In Zukunft: Schule ist, wo Schüler auf Algorithmus trifft

Dieses Modell von Schule soll durch die digitale »Bildungsrevolution« in ein anderes verwandelt werden. Im Kern soll nach dieser »Revolution« gelten: *Schule ist, wo Schüler auf Algorithmus trifft.* Die Langfassung heißt dann: Schule ist, wo ein Schüler oder eine Schülerin auf Lernalgorithmen trifft.

Es geht in der gegenwärtigen Situation also nicht allein um die Frage, ob digitale Technik das Lernen fördert und den Unterricht bereichern kann – das kann sie, sinnvoll und dosiert eingesetzt, ganz sicherlich – und genauso kann sie sich als kontraproduktiv erweisen, insbesondere wenn der Einsatz ohne ein gut ausgearbeitetes pädagogisches Konzept erfolgt. Wer so fragt, der will die Schule ja auch nicht revolutionieren, sondern an passenden Stellen verbessern. Das ist sicher sinnvoll und allemal zeitgemäß.

Wer von Revolution spricht, will jedoch den grundsätzlichen Umbau der Schule. Es scheint den Autoren von Bertelsmann darum zu gehen, die Sozialisationsinstanz Schule durch eine individuelle Weise des Lernens und der Bildung zu ersetzen. Die meisten Schüler, Lehrer oder Eltern können sich heute nicht vorstellen, dass Schule derart »entkernt« werden könnte, dass das gemeinsame Lernen in Klassen, vor denen ein Lehrer steht, durch eine personalisierte Form der Wissensaneignung ersetzt werden könnte. Bedenkt man jedoch die ungeheure Wucht, mit der sich Digitaltechniken in nahezu jeden Bereich unserer Gesellschaft hineindrängen, könnte das, was heute noch als ferne Utopie – oder eben Dystopie – erscheint, schneller Realität werden, als uns lieb ist. Erst (so macht man das) werden Versuchsschulen eingerichtet, dann verbreiten sich die Modelle über die Fläche.

Wer die Schule ändert, der ändert die Gesellschaft. Die Schule ist eine sehr empfindliche Stellschraube. Wer an ihr dreht, der bewegt sehr viel mehr als nur Schüler. Bildung ist der Kitt, der in einer säkularen Gesellschaft nicht nur die Generationen, sondern auch die verschiedenen Bevölkerungsschichten besser verbinden kann als alles andere. Schulen sind nach dem Elternhaus schließlich die wichtigste Sozialisationsinstanz. Sie sind keineswegs nur Lernorte. Hier kann die Gemeinschaft von Lehrern und Mitschülern den jungen Menschen zum mündigen Bürger erziehen. Das ist mehr, als ihn auf den Beruf vorzubereiten, und für ein demokratisches Gemeinwesen unverzichtbar. Und das sollen in Zukunft Algorithmen gewährleisten? Die Auswirkungen eines radikalen Umbaus der Schule wären gewaltig. Die Sorge, dass ein solcher Umbau kulturrevolutionäre Ausmaße annehmen könnte, ist durchaus berechtigt.

Auch wenn derartige Sorgen manchem geradezu abenteuerlich erscheinen, die Digitalfirmen *haben* solche Visionen, das wird erkennbar, wenn man ihre nicht immer ganz offen und ehrlich geäußerten Intentionen ermittelt, wie das Shoshana Zuboff getan hat. Gelegentlich reden sie allerdings Klartext, und auf den stoßen wir, wenn wir das Buch der beiden Autoren von Bertelsmann ernst nehmen und uns nicht anstecken lassen von der Euphorie, mit der die beiden digitale Lernstrukturen vorstellen.

Was soll aus einigen der zentralen Elemente von Schule werden, wenn die Pläne von Dräger und Müller-Eiselt verwirklicht werden? Wie soll sich die Rolle der Schulklasse, der Lehrer – und selbstverständlich der Schüler – verändern, wenn das umgesetzt wird, was sie vorschlagen?

Die Auflösung der Schulklasse

Zunächst soll nach der Vorstellung der Bildungsexperten der Bertelsmann Stiftung die *Klasse* wegfallen. Eine Klasse ist eine Lerngemeinschaft für den Unterricht in mehreren Schulfächern. Sonst handelt es sich um einen Kurs oder noch weniger. Dräger und Müller-Eiselt legen auf die Klasse keinen Wert. Sie wollen gerade nicht »surfende Klassenzimmer« wie Olaf Köller, der geschäftsführende wissenschaftliche Direktor des Instituts für die Pädagogik der Naturwissenschaften in Kiel,[28] sondern als Grundeinheit surfende Individuen. Voller Enthusiasmus berichten sie in ihrem Buch von einer *School of One*: einer Schule für jeden Einzelnen – man könnte auch sagen: nur für den Einzelnen, einer Schule, deren Lernprogramm nicht auf eine Klasse, sondern auf den einzelnen Schüler zugeschnitten ist.[29] Genau genommen sind die Besucher der David A. Boody Schule in New York keine Schüler mehr, sondern User der Internet-Plattform *New Classroom*. Sie nutzen – jeder für sich – ein Onlineangebot des gleichnamigen Unternehmens, das sich auf die Entwicklung von Lernsoftware spezialisiert hat. Dieses Programm führt sie durch den Lernstoff. Die Algorithmen, die dieses Lernprogramm generiert, sind also das Rückgrat dieses Schultyps der Zukunft. Dräger und Müller-Eiselt drücken das wie folgt aus:

> »Das Herz von *New Classrooms* schlägt in Manhattan. Dort sitzen die Experten und dort stehen die Computer, die jeden Nachmittag für jeden Schüler individuell errechnen, an welchen Themen er noch weiter arbeiten muss und welches die beste Lernmethode für ihn ist. So ermittelt der Computer den passenden Lernplan für den nächsten Tag.«[30]

Die Datenbasis für die Erstellung der personalisierten Lernprogramme scheint hauptsächlich darin zu bestehen, dass täglich ein sogenannter »exit slip«, eine kurze Onlineprüfung, abgelegt werden muss. Umgekehrt bedeutet das, dass das System extrem viele Informationen über jeden einzelnen Schüler und sein Lernverhalten sammelt. Ohne diese Sammelwut gäbe es keine Personalisierung der Lernprogramme.

Auch dass diese vielen einzelnen User in der New Yorker Schule in einer Art Großraumbüro sitzen, zeigt überdeutlich, dass die Schulklasse keine Rolle mehr spielt. In einem Stockwerk der Schule wurden alle Wände herausgerissen, um auch architektonisch zu unterstreichen, dass hier »modern« gelernt wird, und durch flexible Trennwände ersetzt – die freilich den Schall nur teilweise dämmen.

In dem kritischen Sachbuch über die Digitalisierung der Schule *Die Lüge der digitalen Bildung. Warum unsere*

Kinder das Lernen verlernen warnen die beiden Autoren Gerald Lembke und Ingo Leipner aus gutem Grund davor, dass sich unter derart personalisierten Lernbedingungen »derselbe Sozial-GAU wie zu Hause« ereigne: »Alle sitzen vereinzelt vor Rechnern, um durch ›soziale‹ Netzwerke die Fähigkeit einzubüßen, realen Umgang mit echten Menschen zu pflegen. Und das jetzt auch noch in der Schule!«[31] Dräger und Müller-Eiselt bzw. die Betreiber von *New Classrooms* haben ganz offensichtlich ignoriert, dass Lernen eben auch eine soziale Seite hat. Dies drückt Nicole Flindt, die mit einer Arbeit über E-Learning promoviert wurde, so aus: »Gelernt wird am besten in Zusammenarbeit mit anderen Lernenden und im Austausch der Lernenden untereinander.«[32]

Lembke und Leipner verweisen auf eine besonders eindrucksvolle Studie, die 2014 unter der Federführung von Yalda Uhls entstand.[33] In dieser wurden zwei Gruppen von 10- bis 12-jährigen Kindern verglichen. Die eine verbrachte fünf Tage in einem Naturcamp, wo es weder Fernsehen noch Computer gab und die Mobiltelefone ausgeschaltet blieben. Die Kontrollgruppe durfte ihre digitalen Medien wie gewohnt nutzen. Beide Gruppen bekamen vorher und nachher Bilder und Videos von Menschen mit Emotionen gezeigt, die die Kinder jeweils entschlüsseln sollten – »der ist traurig«, »der ist wütend«, »die guckt schadenfroh« etc. Bei beiden Gruppen verbesserte sich die Fähigkeit, Emotionen am Gesichtsausdruck zu erkennen – wohl als Folge des Übungseffektes. Aber bei der Gruppe, die fünf Tage medienabstinent gelebt hatte, etwa doppelt so stark wie bei der Kontrollgruppe – und das schon nach fünf medienfreien Tagen! Dies stützt die naheliegende Vermutung, dass uns der direkte Umgang mit den Menschen, die uns umgeben, spürbar besser für deren Gefühlslage sensibilisiert als der heute um sich greifende Umgang mit Bildschirmgesichtern. Bis heute war es üblich, die Gesichter der Mitschüler und Lehrer genauestens zu studieren – man hatte ja jeden Schultag etliche Stunden Zeit dafür. Aber je mehr Kinder auf Mediengesichter statt auf lebende Gesichter in ihrer Umgebung starren, desto schlechter gelingt ihnen diese Zuordnung von Gesichtsausdruck und Emotionen.

Wie kann man auf die Idee kommen, dass die Auflösung des Klassenverbandes etwas Gutes sein könnte? Schulklassen sind für die meisten Kinder die ersten größeren sozialen Gebilde nach der Familie und der Kindergartengruppe, in denen sie auf Gleichaltrige stoßen, die sie sich nicht selbst ausgesucht haben. Das ist für die Entwicklung sozialer Umgangsformen von großer Bedeutung. Wie bedeutungsvoll diese Erfahrungen sind, merkt man daran, dass sich viele dieser Klassen noch nach Jahrzehnten treffen, um über die Erfahrungen zu reden, die man damals gemeinsam gemacht hat. Die ersten halböffentlichen Auftritte finden in bzw. vor der eigenen Klasse statt. Das eigene Verhalten den Mitschülern und Lehrern gegenüber wird intensiv beobachtet und zurückgespiegelt. Die ersten Fahrten ohne elterliche Begleitung starten meist von hier aus. Und es soll auch gemeinsame Lernerlebnisse geben, die man sein Leben lang nicht vergisst. Vor allem ist man vereint in der gemeinsamen Bewunderung oder Ablehnung der Eigenarten der Erwachsenen, die da vor einem herumturnen. Ein gewaltiger Erfahrungsschatz, eine Quelle großen Amüsements auch noch nach Jahrzehnten. Und das soll jetzt also der Ökonomie des digitalen Lernens geopfert werden? Ein sehr hoher Preis.

Vor allem auch deshalb, weil die Einsamkeit, die sich leicht einstellt, wenn man sich z. B. bei der Vorbereitung eines Referats im Internet in ein Thema vertieft, sogar Gefahren birgt. Diese kommen bei Dräger und Müller-Eiselt nicht zur Sprache. Die Verstärkereffekte, die bei jeder Google-Recherche bald einsetzen, haben es in sich. Sie sind zum Politikum geworden, weshalb ich ihnen im Abschnitt »Wer die Schule ändert, ändert die Gesellschaft« genauer nachgehen werde.

Sicher: auch in dieser *School of One* gibt es Phasen, in denen sich Gruppen von Usern bilden, um sich auszutauschen – aber das ist nicht das Grundmodell, sondern eine gelegentlich unter mehreren möglichen gewählte Lernform, die letztlich alle vom Programm überwacht werden müssen, sonst funktioniert das Ganze ja nicht richtig.

Man kann nicht deutlich genug betonen, dass es das Wesen des digitalen Kapitalismus ist, alle Instanzen zwischen User und Internetfirma auszuschalten. iTunes schaltet den Zwischenhandel aus und führt zu einem Kahlschlag im Musikhandel, zu einem Sterben all der kleinen und größeren Läden, die früher einmal Schallplatten, später CDs im Angebot hatten. Amazon macht dasselbe mit ungezählten anderen Warensegmenten. Und jetzt kamen also findige Digitalunternehmer darauf, wie man auch den Schüler direkt mit Algorithmen kurzschließen kann. Am liebsten wäre es ihnen, wenn sie alle Schüler in eine Cloud hineinziehen könnten – SAP hat dafür bereits ein Konzept. Aber muss man denn wirklich in einer Cloud arbeiten, wenn man den Umgang mit digitaler Technik lernen will?

Wenn eine Schule ein Medienstudio einrichtet, dann können die Schüler in diesem digitale Technik erproben, ohne in einer Cloud zu arbeiten. Wenn eine Klasse oder eine Gruppe von Schülern dort ein Videoclip erstellt, dann lernen sie den Umgang mit Medien, ganz ohne sich den Datenfirmen auszuliefern – und gleichzeitig lernen sie den produktiven Umgang miteinander. Die ist zweifellos eine Bereicherung des Unterrichts. Es ist bezeichnend, dass solche Beispiele in den Verlautbarungen der Datenkapitalisten nicht auftauchen. Es geht ihnen gar nicht generell um die Nutzbarmachung digitaler Medien – sie wollen vielmehr eine ganz bestimmte Art der Nutzung: eine, die das Individuum an sie bindet. Alle anderen Formen digitalen Unterrichts sind für sie uninteressant.

Wie alle Revolutionäre bedienen sich die Befürworter der digitalisierten Schule einer Sprache, die alles Alte verächtlich macht. In der *David A. Boody School*, die nach dem Konzept von *New Classrooms* arbeitet, entdecken Dräger und Müller-Eiselt Lehrer und einen Schulleiter, die zusammen den Mathematikunterricht »umkrempeln«: Die alten Schulbücher werden »weggeworfen«, das »jahrhundertealte Lehrer-Schüler-Modell entstaubt«. Das Alte ist vollkommen unbrauchbar geworden – das sagt uns diese Wortwahl. Ob das stimmt, darüber müssen Evaluierungen entscheiden. Das wird noch Thema sein. Jetzt möchte ich auf das staubige »jahrhundertealte Lehrer-Schüler-Modell« eingehen.

Der authentische Lehrer

Die zweite einschneidende Veränderung besteht darin, dass die »digitale Bildungsrevolution« den Lehrer abschaffen will.

Wahrscheinlich gibt es kein Land, in dem die Gesellschaft ein so ambivalentes Verhältnis zu ihren Lehrern hat, wie in Deutschland. Man denke nur an die Fülle von Romanen und Erzählungen, in denen es um die Schule bzw. das Verhältnis von Lehrern und Schülern geht. Vorab die Klassiker: Heinrich Manns *Professor Unrat*, Hermann Hesses *Unterm Rad*, Robert Musils *Die Verwirrungen des Zöglings Törless* oder Ödön von Horvaths *Jugend ohne Gott*. Ganz böse ist das Portrait, das Bernward Vesper in *Die Reise* von seinem Deutschlehrer zeichnet – schon der Name, den er ihm verleiht, spricht Bände: Schweinchen Schlau. Und in Uwe Johnsons *Ingrid Babendererde* gibt es sowohl linientreue Lehrer als auch solche, die unter den Augen der SED-Diktatur ihre Würde bewahrt haben. Schauen wir auf aktuelle Literaturlisten: Da finden sich z. B. *Lehrerzimmer* von Markus Orths oder *Der Hals der Giraffe* von Judith Schalansky. Und das ist wirklich nur eine ganz kleine Auswahl aus einer schier unerschöpflichen Literatursparte – vielleicht wird hierzulande nur über das Thema Liebe bzw. Beziehungskrise mehr geschrieben.

Manche sagen, die Deutschen seien ein Volk von Lehrern – und weil sie zu sich ein ambivalentes Verhältnis haben, haben sie es auch zu ihren Lehrern. Einerseits wird deren Arbeit in hohem Maße geachtet – andererseits misstrauen die Deutschen ihnen, pöbeln sie an. Unvergessen, dass sie sogar von höchster Stelle als »faule Säcke« tituliert wurden. Diese Verachtung mag dazu beigetragen haben, die Position des Lehrers zu untergraben. Eine Schule ohne diesen Berufsstand mag deshalb manchen besonders attraktiv erscheinen. Und so eine Schule gerät nun in Sichtweite.

Die Ambivalenz von Misstrauen und Faszination hat auch viele von denen geprägt, die in meiner Generation diesen Beruf gewählt haben. Natürlich wollten wir es ganz anders machen als unsere eigenen Lehrer. Ich selbst bin da keine Ausnahme. Wir hatten häufig nur Geringschätzung übrig für die älteren Kollegen, die unter Literaturunterricht verstanden, dass man eins der damals noch fad-weißen Reclam-Bändchen Szene für Szene vorlesen ließ und dann kommentierte. Dabei orientierte sich das Lehrer-Schüler-Verhältnis bisweilen noch an militärischen Kommandostrukturen.

Auch wir wollten die Schule radikal verändern – und das sowohl, was die Lehrinhalte, als auch, was die Methoden angeht bzw. was das Verhältnis von Lehrer und Schüler betrifft. Viele der älteren Kollegen waren ja tatsächlich gebrochene Kreaturen mit schrecklichen Kriegserfahrungen und Verstrickungen in eine grausame Diktatur. Sie hielten die Autorität des Lehrers für das A und O des Berufsstandes – auch dann, wenn sie persönlich keine ausstrahlten, was durch Strafen, Notendruck und Zynismus kompensiert wurde. Eine meiner ersten Schulbeurteilungen bestand buchstäblich zur Hälfte daraus, dass der Prüfer detailliert auflistete, an welchen Stellen im Unterricht ich nicht streng genug auf Verhaltensweisen von Schülern reagiert hatte, die mehr ihn als mich störten, zum Beispiel, während ich einen Satz ausgedruckter Materialien austeilte. Erinnern kann ich mich auch an die Prophezeiung eines Kollegen, der mir wohlmeinend riet, doch strenger mit den Schülern umzugehen, sonst würde ich in dem Beruf nicht alt. Er irrte sich.

Nach meiner festen Überzeugung sind es primär zwei Merkmale, die ein Lehrer mitbringen muss: Er muss einen Draht zu den Schülern haben und er muss sein Fach lieben. Wenn er dann noch Ideen zur Unterrichtsgestaltung mitbringt, kann eigentlich nichts schiefgehen. Konnte. Denn bald gelten andere Regeln.

Die eine Fraktion der engagierten Lehrergeneration der 70er und 80er Jahre legte den Schwerpunkt auf neue Umgangs- und Lernformen in der Schule, die andere eroberte inhaltliches Neuland. Beides war in hohem Maße möglich und wurde immer häufiger toleriert. Von heute aus gesehen erweist sich die Bildungslandschaft der damaligen Zeit nämlich als erstaunlich liberal. Man ließ uns gewähren. Vor allem die Eltern trauten uns zu, dass wir in unserem Eifer schon meist das Richtige auswählen, die wichtigen Themen und neue erfolgreiche Methoden finden würden. Sie spürten das Engagement und begegneten unseren Ideen meist wohlwollend.

Diese günstige Konstellation führte dazu, dass die

Schüler häufig Lehrer kennenlernten, die authentisch waren. Sie standen hinter dem, was sie im Unterricht vermittelten, es war für sie nicht nur austauschbarer Stoff, um Kompetenzen einzuüben, nein, viel mehr: In mancher Stunde sollte der Stoff sogar eine Katharsis bewirken – wenn wir Auschwitz ins Klassenzimmer holten, den Weltkrieg oder die Schrecken des Rassismus, die Ausbeutung der Dritten Welt, all die Erbärmlichkeiten des 20. Jahrhunderts oder der europäischen Geschichte. Unser eigenes Entsetzen über die jüngere deutsche Vergangenheit, die sich ja auch uns in ihrer ganzen Komplexität erst wenige Jahre zuvor enthüllt hatte, machte uns selbst letztlich zu Teilnehmern an dieser reinigenden Beschäftigung mit den Untiefen der deutschen Seele.

Aber dabei blieb es nicht, dies war nur die Spitze des Eisbergs: Mindestens die beiden großen Themen Gleichberechtigung von Mann und Frau und Ökologie erweiterten das Spektrum und bewegten zusehends Lehrer und Schüler, Lehrerinnen und Schülerinnen, muss man an dieser Stelle hinzufügen.

Erst später wurde dieses vielfältige Engagement in neue Lehrpläne gegossen und eroberte den Zeitgeist. Fortbildungen wurden organisiert, in denen überaus kundige Referenten diese neuen Inhalte vertieften, didaktisch durchstrukturierten, kurz: unterstützten.

Was ich damit zeigen will: Der Impuls zur Veränderung der Schule war nicht verordnet, er kam nicht von oben, sondern von all den vielen, vielen Lehrern, die sich verantwortlich fühlten für die Bildung der ihnen anvertrauten Schüler, für ihre Erziehung zu mündigen Bürgern, letztlich für die Zukunft. Um dies zu gewährleisten, verließ sich der engagierte Lehrer nicht auf Lehrpläne (die galt es geschickt zu verbiegen) oder auf das eingeführte Schulbuch, sondern auf seine Fähigkeit, geeignetes Material, bessere Quellen, wichtigere Themen zu finden.

Das kostete Energie. Viele meiner Kollegen tippten sich die Finger wund, weil sie unzufrieden waren mit den Texten der eingeführten Lehrwerke und es damals noch keine Kopierer gab. Entdeckten wir Texte, die uns unentbehrlich erschienen, hieß es, bis in die Nacht hinein Blaumatrizen zu beschreiben, die dann am nächsten Morgen im Lehrerzimmer durch den Spiritusdrucker genudelt werden mussten.

Damals kamen die Schulbuchverlage auf die Idee, den etwas bequemeren Lehrern Vorschläge zu machen, wie man Unterrichtseinheiten durchstrukturiert. Der Klett Verlag gab z.B. sogenannte *Stundenblätter* zu allen möglichen Themen heraus. Darin wurde ein didaktisches Konzept vorgeschlagen, wie man Stunde für Stunde ein Stoffgebiet im Unterricht behandeln könnte – bis hin zu Vorschlägen für Tests oder Themen für Gruppenarbeitsphasen.

Vielleicht war das von heute aus gesehen *der* Sündenfall während dieser großen gemeinsamen Anstrengung meiner Generation, der Schule ein neues Gesicht zu geben. Ich entsinne mich an ein privates Gespräch zwischen zwei älteren Referenten am Rande einer der von mir so geschätzten Fortbildungsveranstaltungen, bei der sich die beiden voll Verachtung über diese neue Unsitte unterhielten. Ganz offensichtlich war es für sie unter der Würde eines Lehrers, im Unterricht auf derartige Ausarbeitungen eines Verlages zurückzugreifen: denn Materialauswahl und didaktische Aufbereitung gehörte für sie ganz selbstverständlich zum Kerngeschäft des Lehrers. Das traf mich – hatte ich doch selbst zwei oder drei dieser gelben Hefte erworben und neugierig studiert. Und ich zog die Konsequenz, so weit wie möglich nur noch eigene Materialien zu verwenden. Und daran habe ich mich in den nächsten drei Jahrzehnten auch gehalten. Schulbuchverlage haben nicht viel an mir verdient.

Vielleicht war ich da ein besonders krasses Exemplar einer Generation, die die Schule nicht nur neu denken, sondern praktisch verändern wollte. Aber mehr oder weniger war das der Anspruch, den damals viele Kollegen an sich stellten. Es war *ihr* Unterricht, den sie hielten. Sie fühlten sich verantwortlich für das, was die Schüler lernten. Sie durchkämmten den Lebensbereich, den ihr Schulfach abdecken sollte – ob das Politik war, Philosophie, Biologie oder Deutsch – auf das hin, was sie für wichtig und zukunftstauglich hielten.

Unsere Kollegen im anderen Teil Deutschlands hatten es deutlich schwerer, wenn sie sich so wie wir dafür verantwortlich fühlten, dass die Schülerinnen und Schüler, die sie unterrichteten, ein ehrliches, nicht ideologisch überformtes Bild der Wirklichkeit – ob der Literatur oder der Geschichte – vermittelt bekamen. Die Schulbehörde, die sie überwachte, war nicht belastet mit Vertretern einer vergangenen Diktatur, sondern durchsetzt von linientreuen Genossen, die bereit waren, auch gute Lehrer zu opfern, wenn sie sich als ideologisch unzuverlässig erwiesen. Die Zahl der Kollegen, die die Schule aufgrund solcher Konflikte verlassen musste oder freiwillig verließ, ist noch nicht ermittelt worden, aber praktisch jeder Bürger der neuen Bundesländer, der damals die Schule besuchte, kann sich an solche Fälle erinnern.

Zusammengefasst: Jeder Lehrer, der etwas auf sich hielt, wählte in Ost und West in nicht unerheblichem Umfang das Material, das er im Unterricht verwenden wollte, selbst aus. Nicht anders war es bei den Methoden. Damals war Gruppenarbeit noch etwas Aufregendes, das von der Aura des Unerhörten umgeben war. Misstrauisch beäugten ältere Kollegen dieses neumodische Zeugs. Es war unser Unterricht, für den wir Tag für Tag in der Schule geradestanden. Damit soll jetzt Schluss sein.

Materialbeschaffung light

Sucht man im KMK-Papier zur *Bildung in der digitalen Welt* nach Aussagen darüber, ob der einzelne Lehrer so wie früher überhaupt noch zuständig sein soll für die Materialbeschaffung, so stößt man auf folgenden Befund: Die Autoren des Papiers gehen davon aus, dass es inzwischen ein Überangebot an Materialien gibt, das von gewerblichen Anbietern stammt oder auf öffentlichen Plattformen bereitliegt und heruntergeladen werden kann. Es muss nicht mehr erstellt, sondern nur noch gesichtet und ausgewählt werden. Es liegt in der Logik dieser Betrachtungsweise, dass klassische Medien wie die Zeitung oder auch Bücher gar nicht mehr auftauchen. Das, was mein

Leben als Lehrer begleitete – die ständige Suche nach besonders anschaulichen Zeitungsartikeln oder auch das Exzerpieren von Büchern, die besser sind als unsere Schulbücher, kommt ihnen gar nicht mehr in den Sinn. Auf S. 26 der KMK-Vereinbarung lesen wir: Lehrende sollten unter anderem in der Lage sein »aus der Vielzahl der angebotenen Bildungsmedien [...] anhand entsprechender Qualitätskriterien für die Einzel- oder Gruppenarbeit geeignete Materialien und Programme zu identifizieren [...].« Dass sie selbst auch solche Materialien erstellen könnten, taucht nur in dem Zusammenhang auf, dass man ja aufgrund des Internets die Möglichkeit der Kooperation bzw. »Kollaboration« bei der Entwicklung von »Lern- und Unterstützungsangeboten« habe. Es ist die einzige Stelle, an der ein schwacher Abglanz dieser ehemaligen Kernkompetenz der Lehrer Erwähnung findet.

Noch härter geht der schon erwähnte Olaf Köller mit dieser aus seiner Sicht offensichtlich veralteten Kernkompetenz ins Gericht. Auf die Frage, wer »auf der Basis fachdidaktischer und unterrichtspsychologischer Forschung lernförderliche digitale Materialien« entwickeln solle, antwortet er:

> »International geschieht das typischerweise gewinnbringend in Kooperation zwischen Fachdidaktik, Psychologie, Erziehungswissenschaft, Informatik und Design. In Deutschland überlässt man das Feld den Schulbuchverlagen und sonstigen kommerziellen Anbietern, deren Produkte hinsichtlich ihrer Wirksamkeit kaum überprüft sind.«[34]

Selbst Schulbuchverlage sind für Köller nur zweite Wahl, Lehrer finden nicht einmal mehr Erwähnung.

Woher kommt der Glaube, dass die von ihm genannten Experten die Welt besser durchdringen als die vielen, vielen Lehrer, die sich früher einen Kopf gemacht haben, was in ihr wirklich wichtig ist? Woher kommt zweitens der Glaube, dass digitale Lernprogramme besser funktionieren als die Druckwerke bewährter Schulbuchverlage? Weil es hier öfter blinkt und piept? Nicht immer ist das Neuste auch das Beste. Heute noch trauern etliche Lehrer naturwissenschaftlicher Fächer den Lehrbüchern nach, die zu DDR-Zeiten von Auflage zu Auflage optimiert wurden. So unbrauchbar die der geisteswissenschaftlichen Fächer waren (weil rot imprägniert), so erprobt waren die in den Naturwissenschaften.

Eine objektive Evaluierung der Qualität von Lernsoftware ist bis heute selten, schließlich ist die Branche noch sehr jung. Warum auch sollten Softwaredidaktiker ihren analog arbeitenden Konkurrenten überlegen sein, die auf Jahrzehnte schulischer Praxis oder eine lange Schulbuchtradition zurückblicken können? Sie behaupten, dass die Algorithmen ihre Programme aufgrund der vielen gesammelten Lerndaten ständig automatisch verbesserten. Aber stimmt das überhaupt?

Gut schneiden nach Ansicht vieler Schüler etliche der kurzen Youtube-Videos ab, in denen komplizierte Sachverhalte anschaulich erklärt werden. Sie ergänzen oder ersetzen für manchen Schüler die Bemühungen ihrer Lehrer – die bekanntlich nicht alle pädagogische Supertalente sind. Aber diese Videos sind gerade keine interaktiven

Lernprogramme, sondern orientieren sich letztlich sogar an der verpönten Methode des Frontalunterrichts – bloß dass dieser nicht vor der Klasse, sondern im Netz gehalten wird.

In dem Abschnitt ihres Buches, in dem Dräger und Müller-Eiselt das weiter oben erwähnte Modell von *New Classrooms* vorstellen, gibt es einen bemerkenswerten Satz: »Experten haben aus 80 000 Lerneinheiten 10 000 geeignete herausgefiltert – und diese frisch aufbereitet und digitalisiert.« Da klingt er wieder durch, der Grundton von Big Data: Alles lässt sich zentralisieren, sobald es digitalisiert ist und das Speichervolumen reicht. Dann lässt sich nicht nur das Lernprogramm der Schüler einer Schule (im Falle der *David A. Boody School*), sondern das Lernprogramm der Schüler beliebig vieler Schulen zentral verwalten. Am Ende ist es nur noch eine Frage der Serverleistung, ob das die einer Stadt, eines Landes, eines Kontinents oder eben der Welt sind.

Von *Google Expeditions* werden jetzt schon mehr als 800 »virtuelle Klassenreisen« angeboten. Hier streckt der zweitreichste Konzern der Welt seine Fühler aus, um sich in den Kampf um das beliebteste Materialportal für Schulen einzumischen. Die Vorzüge der Google-Lernfilme werden anschaulich geschildert:

> »Mit Haien schwimmen, den Weltraum erkunden, das Klassenzimmer in ein Museum verwandeln – das alles und vieles mehr ist möglich, ohne das Klassenzimmer zu verlassen. Kursleiter und Kursteilnehmer nutzen Mobilgeräte und Virtual-Reality-Geräte, um direkt vom Klas-

> senzimmer aus eine Kunstgalerie oder ein Museum virtuell zu erkunden, Tauchgänge zu unternehmen oder durchs Weltall zu fliegen.«[35]

Natürlich gibt es bereits einen anerkannten deutschen Partner, der »kostenlos begleitendes methodisch-didaktisches Unterrichtsmaterial« anbietet: ausgerechnet die *Stiftung Lesen*.[36] Auf der Homepage der *Stiftung Lesen* lässt sich unter »Digitale Lesewelten« Folgendes entdecken:

> »Mit dem Projekt ›Virtuelle Klassenreisen mit Google Expeditions‹ setzt die Stiftung Lesen gemeinsam mit der Google Zukunftswerkstatt auf eine erfolgreiche Anregung des Lern- und Wissenserwerbs durch digitale Medien.«[37]

Hervorgehoben wird, dass mithilfe einer »kostengünstigen Cardboardbrille« virtuelle Welten wie Museen, Naturschauspiele oder andere Sehenswürdigkeiten erkundet werden könnten. »Diese virtuellen Reisen machen vor allem eines: Spaß!«[38] So weit ist es bereits gekommen: Eine Stiftung, die unter der Schirmherrschaft des deutschen Bundespräsidenten steht und ursprünglich das Lesen fördern wollte, ebnet den Weg für Google und seine hoch gepriesenen lesefernen Medienangebote in die Klassenzimmer. Das macht wirklich –»Spaß«!

Der Google-Mutterkonzern Alphabet ist momentan das zweitreichste Unternehmen der Welt. Wenn dieses Unternehmen ein Aktionsfeld aufrollen will, dann ist dafür eine Menge Geld vorhanden. *Google Expeditions* könnte durchaus in der Lage sein, die besten Drehbuchschreiber, Kameraleute usw. zu engagieren, um Unterrichtsfilme und in der Folge auch Unterrichtsmaterialien bereitzustellen, die die Konkurrenz an die Wand drücken.

Geht es nach den Architekten solcher Bildungsplattformen, dann wird der Inhalt von Bildung weltweit bald im Silicon Valley definiert. Dann verblassen die Reste von nationalen Bildungstraditionen ganz schnell.

Im Moment schlägt »das Herz« von *New Classrooms,* wie sich Dräger und Müller-Eiselt ausdrücken, noch in Manhattan und nicht im Silicon Valley. Aber das kann sich schnell ändern, denn die Großen der Branche kaufen ständig Start-ups auf. Die New York Times spricht bereits von einer »Googlification« des Klassenzimmers – heute würden bereits mehr als 15 Millionen nordamerikanische Kinder *im Unterricht* Google-Apps nutzen – ungefähr die Hälfte aller Schulkinder. Die Zeitung zitiert Hal Friedlaender, der früher für das New York City Department of Education tätig war: »Google etabliert sich selbst als Faktum in den Schulen.«[39] Will heißen: Ohne Google läuft da nichts mehr.

Filme wie die von Google bereitgestellten vermitteln keine Kompetenzen, sie liefern Inhalt, »Content«, wie es heute heißt. Wird hier gerade an einer Welt-Bildungs-Agentur gebastelt, die qua Masse die Standards wie die Inhalte vorgibt, die weltweit in den Schulen eingesetzt werden? Droht uns ein *Google World Education*?[40]

Wenn Schule ist, wo Schüler auf Algorithmus stößt, steht dem technisch nichts mehr im Weg.

Mit Freude werden viele Lehrer hören, dass ihnen im digitalen Zeitalter etwas abgenommen wird, das ihr Leben zweifellos periodisch trübt: das Korrigieren. Köller schwärmt im bereits zitierten Artikel davon, wie gerecht und effektiv in Zukunft Aufsätze korrigiert werden können – das macht Kollege Computer.[41] Im digitalen Wunderland Amerika werde dies bereits so praktiziert.

40 Jahre lang habe ich Deutsch-Aufsätze korrigiert. 40 Jahre lang habe ich darunter gelitten. Der Lehrer muss gerade den Teil seiner »Freizeit« für das Korrigieren einplanen, in dem er am klarsten im Kopf ist. Diese Zeit würde er wahrlich gerne für anderes nutzen. Aber er muss jederzeit damit rechnen, dass er in den vor ihm liegenden Aufsätzen auf ihm fremde Gedanken stößt, die die Originalität des Schülers unter Beweis stellen. Erspart er sich das, hakt er im Halbschlaf nur Punkt für Punkt gemäß einem vorgefertigten Erwartungsbild ab, fallen gerade die Gedanken aus dem Raster und werden am Ende sogar als wirr, unverständlich oder falsch aussortiert, für die der Schüler eine besonders gute Note verdient hätte, weil sie unorthodox bzw. originell sind und seine Kreativität unter Beweis stellen. Und Kreativität ist nun mal die Königsklasse der Leistungen, die ein Schüler erbringen kann. Im Jargon heutiger Didaktiker heißen sie – eine Verballhornung – »Transferleistung«.

Genau so wurde von linientreuen Lehrern in DDR-Schulen korrigiert. Im DDR-Lehrplan stand bisweilen sogar, wie bestimmte literarische Werke zu verstehen seien.

Jede Interpretation konnte letztlich auf »richtig« oder »falsch« heruntergebrochen werden. Das Klassenkampfschema war da unerbittlich. Und jetzt erfahren wir, dass es amerikanische Computer gibt, die Aufsätze ebenfalls ganz objektiv korrigieren können. Das können sie aber nur, wenn sie klaren Vorgaben folgen. Und die schließen geradezu kategorisch sowohl alles Unerwartete, Originelle, Individuelle, Sperrige aus wie auch das Erkennen poetischer, witziger Formulierungen – denn Schüler können manchmal ganz entzückende Sätze produzieren. Computer besitzen nach wie vor keine echte Kreativität, darin sind sich alle Experten einig. Und sie können diese auch nicht erkennen. Sie bewegen sich in der begrenzten Welt ihrer Muster. Mehr ist nicht drin. Ihre Objektivität ist systembedingte Ungerechtigkeit – so wie der Schüler ungerecht beurteilt wurde, der den ideologischen Vorgaben des SED-Kaders nicht entsprach, weil er eigenständig dachte. Gott sei Dank gab es in den 40 Jahren DDR-Schule viele Lehrer, die sich über dieses Klassenkampfschema hinwegsetzten und für originelle, gar gewagte und vielleicht sogar verquere Gedanken gute Noten erteilten. Computer sind da unerbittlicher – es gibt unter ihnen keine heimlichen Systemgegner. Sicher, Verstöße gegen die Regeln der Orthografie werden objektiv erkannt. Aber das kann uns kaum beruhigen.

Diese Korrektur-App und eine recht skurrile »Kompetenz«, auf die ich noch zu sprechen kommen werde (ich bezeichne sie als »Auslagerungskompetenz«), sind übrigens die einzigen konkreten Beispiele aus dem Schulalltag, die uns Köller in seinem Artikel anbietet, um uns die digitale Schule schmackhaft zu machen.

Lehrer sind wichtige Bezugspersonen

Lehrer haben eine ganz wesentliche Funktion, die in den Tätigkeitsprofilen des Berufsstandes in der Regel nicht aufgelistet wird: Sie sind für die meisten Schülerinnen und Schüler die ersten Erwachsenen, die die Kinder bzw. jungen Leute außerhalb der Familie und der Kinderbetreuungseinrichtungen genauer kennen lernen. Sie spielen also eine Rolle als Sozialisationspartner. Sie prägen damit das Bild vom Erwachsenen. Insofern ist es gut, wenn Schüler auf ein breites Spektrum von Charakteren treffen: Männer und Frauen, eher distanzierte und eher mitfühlende, Vorbilder und Menschen, an denen sich der Jugendliche reibt. Und dieses Kennenlernen wird erst dadurch so richtig spannend, dass es sich vor und in einer Klasse vollzieht, die an dieser Begegnung von Jugendlichen und Erwachsenen zustimmend oder ablehnend teilnimmt. Verlässlich haben Lehrer einen Teil des Lebensweges von uns allen begleitet, weil sie Schule prägten und weil es Klassen gab. Lernen ist ein soziales Phänomen und bedarf des Biotops aus Mitschülern und Lehrern.

Wer den Lehrer durch Algorithmen ersetzt, bekommt viel weniger: Algorithmen haben keinen Charakter. Man kann sie weder lieben noch hassen. Im Umgang mit ihnen wird es dem jungen Menschen nicht gelingen, selbst zu reifen. Was für ein Verlust!

Roberto Simanowski schreibt sehr human über die Rolle des Lehrers:

> »Dazu wurden Schulen geschaffen: dass ausgebildete Ältere ihre Kenntnisse in organisierter Form an die Jüngeren weitergeben. Bildung, das wissen ihre Experten, die Lehrer, ist immer an Menschen und Dialog gebunden. Die Präsenz der Lehrer ist die Präsenz ihrer Persönlichkeit, die den Schülern die Möglichkeit bietet, im Dialog mit dieser Persönlichkeit von ihr verstanden zu werden.«[42]

Der kritische Medienwissenschaftler geht davon aus, dass gute Lehrer immer auch sich selbst als Personen mit einer je eigenen Biographie und eigenen Erfahrungen zu erkennen geben und oft sogar in einen entsprechenden Zusammenhang mit dem zu behandelnden Stoff bringen. An solche von sich erzählenden Lehrer kann sich fast jeder Erwachsene erinnern, wenn er an seine Schulzeit zurückdenkt.

> »Diese Erzählung, die der Lehrer verkörpert und die [...] seine Erzählung ist, hat er den Schülern in jeder Schulstunde, in jedem Schuljahr, im Verlauf ihrer Schulzeit anzubieten: sich selbst also, das, was aus ihm als Lernender und Erkennender geworden ist.«[43]

Eltern täten gut daran, sich im Sinne der Entwicklung ihres Kindes für den Erhalt des Voll-Lehrers einzusetzen und seine Degradierung zum Lernbegleiter zurückzuweisen.

Lernbegleiter können Lehrer nicht ersetzen

Als ich Referendar war, hatten Lehrer drei Kernaufgaben zu bewältigen: Sie waren zuständig für die Materialauswahl und -beschaffung, sie verantworteten die didaktische Ausgestaltung des Unterrichts und sie mussten die Leistung des Schülers bewerten. Schon durch die Umstellung auf einen kompetenzbasierten Unterricht verschob sich hier etwas. Die Bedeutung der Materialbeschaffung wurde deutlich herabgestuft, die Didaktik dafür massiv aufgewertet. Dennoch waren das nur graduelle Veränderungen. Was jetzt droht, ist etwas ganz anderes:

Alle drei Funktionen werden den Lehrern durch die »digitale Bildungsrevolution« entzogen. Dann sind sie natürlich keine Lehrer mehr. Denn das, was jetzt noch übrig bleibt, können Menschen erledigen, die eine ganz andere Ausbildung haben – mit Sicherheit eine flachere, denn dem Berufsprofil sind ja wesentliche Tätigkeitsfelder genommen worden.

An die Stelle dessen, was man traditionell Lehrer genannt hat, soll in Zukunft etwas ganz anderes treten: ein *Lernbegleiter*. Bei Dräger und Müller-Eiselt liest sich das so:

> »In der neuen Bildungswelt verändern sich auch Rolle, Aufgaben und Status der Lehrkräfte. Ihre Rolle wandelt sich, da sie von Wissensvermittlern zu Lernbegleitern werden: Wenn hochwertige Software und Videos Standardwissen vermitteln, dann müssen Lehrer und Professoren sich künftig weniger darum kümmern, sondern können stärker den Lernprozess stimulieren.«[44]

Bleiben wir kurz bei der Sprache, die hier verwendet wird. Wenn Lehrer künftig stärker den »Lernprozess stimulieren«, dann erinnert das an Skinners Rattenversuche. Der Lehrer also als Laborassistent, der die Probanden zu einem bestimmten Lernverhalten treibt? Früher redete man von motivieren. Heute von stimulieren. Menschen muss man motivieren. Tiere werden stimuliert. Willkommen im Menschenlabor. Dabei stimmt das Bild nicht einmal, denn genau genommen sollen doch die Programme selbst die Stimuli enthalten, die den Schüler an den Touchscreen fesseln. Und genau dies ist die Strategie der Lernsoftwareindustrie, wenn sie z. B. Elemente der Gamerszene in ihre Programme integriert.

Auch der Begriff »Lernbegleiter« hat es in sich. Er klingt zunächst sehr nach Zuwendung zum einzelnen Kind. Statt eine Klasse zu unterrichten, begleitet der Dienstleister hier die Lernprozesse einzelner Schüler, die nicht er, sondern ein Algorithmus gestaltet hat. Nur da, wo dieser versagt, springt er ein. Das ist so ähnlich wie in modernen Produktionsstätten der Industrie. Das Publikum kann die neue Funktion des Mitarbeiters einer modernen Autofabrik z. B. in Dresdens *Gläserner Manufaktur* besichtigen, wo der VW-Konzern seit 2017 vor den Augen des Besuchers Elektroautos montiert. Es sind nicht mehr ölverschmierte Arbeiter, die hier Schrauben festziehen, sondern Roboter. Die wesentliche Aufgabe des Mitarbeiters besteht jetzt hauptsächlich darin, einzugreifen, wenn es mal klemmt, wenn Störungen auftreten. In Dresden sind das noch etwa 380 technisch versierte Fachkräfte, die Tag für Tag die Herstellung von 72 Autos überwachen.

Dräger und Müller-Eiselt scheinen die digitale Fabrik für ein Modell zu halten, das man auf die Schule übertragen kann. Natürlich findet sich auch eine Kollegin ein, die diese Art des Unterrichtens sogar »genießt«. In dem Fall heißt sie Kelly Basacci und erklärt uns Folgendes:

> »In traditionellen Schulen ist man als Lehrer oft auf sich allein gestellt. Hier arbeiten wir alle zusammen, sprechen ständig miteinander, wie man mit einem bestimmten Schüler umgehen sollte, wie man eine Lektion am besten rüberbringt. Weil die Räume so offen sind, kann ich manchmal hören, wie es die anderen machen. Dann denke ich mir: Das ist eine gute Idee, und ich benutze [die Methode] auch in meinem Unterricht.«[45]

Frau Basacci holt uns da ab, wo wir uns wohlfühlen. Kollegiale Zusammenarbeit ist zweifellos eine sinnvolle Sache. Aber dann wird der Text merkwürdig: »Zwar erfahre sie den Plan für den nächsten Tag erst gegen 17 Uhr, wenn die Kinder ihre Exit Slips abgegeben haben. Aber sie wisse immer genau, wo es bei den Einzelnen noch hakt.«[46]

Sowohl der »Plan für den nächsten Tag« als auch das Material kommen weder vom Kollegen noch von ihr selbst, sondern von der Lernsoftwareplattform, die alles unter Kontrolle hat. Ausgearbeitet wird der Plan, wenn die Schüler ihre »Exit Slips« abgegeben haben. Damit sind nicht ihre Schlüpfer gemeint, das englische Wort »slip« hat überaus verschiedene Bedeutungen. Sie reichen vom Unterrock über die Panne bis zum Fehltritt. Aber in gewisser Weise ist es gar nicht so abwegig, davon auszugehen, dass sich die Schüler nackig machen müssen, weil die Datenplattform täglich unbarmherzig alles zugespielt bekommt, was sie sich am Computer geleistet oder was sie verpatzt haben. Momentan scheint es so zu sein, dass Frau Basacci immerhin noch eingreift, wenn die Software ein Lernproblem nicht meistert – ähnlich den Monteuren in der Gläsernen Manufaktur, die intervenieren, wenn es irgendwo im Produktionsablauf eine Störung gibt. Aber wenn sich die Algorithmen aufgrund des kontinuierlichen Feedbacks weiter verbessert haben, wird sie immer weniger zu tun haben. Da wird die Zusammenarbeit mit den Kollegen immer überflüssiger.

An die Stelle dieser menschlichen Zusammenarbeit tritt etwas, was immer häufiger »Kollaboration« genannt wird: die Zusammenarbeit mit digitaler Technik. Einen hervorgehobenen Platz bekommt das Wort im Leitsatz der *Peer-2-Peer-University*: »Die Zukunft des Lernens liegt nicht in neuen Technologien. Sie entspringt der Macht der menschlichen Kollaboration«[47] mit ihnen. Das Wort verwende ich nicht, um die Anbieter dieser Technik zu diffamieren, vielmehr wird es ganz offensichtlich von ihnen selber benutzt. Sogar im Digitalpapier der KMK taucht es auf. Auf S. 25 heißt es: »die Fähigkeit und die Bereitschaft zu Kooperation und Kollaboration [sic] von Lehrkräften müssen im Studium und im Vorbereitungsdienst erworben und ausgebaut werden.« Wobei sich der Begriff »Kollaboration« auf die davor erwähnten »externen Partner« – dazu gehören in diesem Text der KMK zweifellos auch digitale Akteure – bezieht.

Laut Duden kann »Kollaboration« zwar einfach Zusammenarbeit bedeuten, aber zumindest in Europa schwingt immer auch die zweite Bedeutung mit: nach dieser meint Kollaboration die »gegen die Interessen des eigenen Landes gerichtete Zusammenarbeit mit dem Kriegsgegner, mit der Besatzungsmacht«. Ich weiß nicht, ob die US-Amerikaner diese Verwendung des Wortes auf unserem gebeutelten alten Kontinent kennen, aber ein Unternehmen, das in seinem Leitsatz zur »Kollaboration« auffordert, wird hierzulande zumindest bei Älteren Stirnrunzeln hervorrufen.[48]

Dass Bildungspolitiker so leichtfertig wie in diesem Fall Begrifflichkeiten der Digitalwirtschaft übernehmen, irritiert mich. Ist es nicht gerade ureigenste Aufgabe von Politik in einer Demokratie, die Distanz zu den verschiedenen Akteuren zu wahren, um das Gemeinwohl nicht aus den Augen zu verlieren? Sprache ist da oft verräterisch. Das sollten sich unsere Politiker zu Herzen nehmen.

Früher oder später werden die Einstellungsbehörden darüber nachdenken, welches Gehalt man Menschen zahlen muss, die als Digital-Kollaborateure immer weniger mit Materialbeschaffung, didaktischer Ausarbeitung des Stoffes und sogar der Leistungsmessung zu tun haben, und deren Ausbildung deshalb auch erheblich abgespeckt werden könnte. Es gehört nicht viel Phantasie dazu, zu prognostizieren, dass die Finanzminister der Länder hier Einsparpotential wittern. Dräger und Müller-Eiselt deuten es ja selber an, wen sie im eingangs des Kapitels zitierten Abschnitt darauf hinweisen, dass sich auch der »Status« der Lehrkraft ändern werde.

Angesichts solcher finanzieller Perspektiven, aber mehr noch angesichts der Verwässerung all dessen, was am Lehrerberuf bis heute eine spannende Herausforderung war, wird sich ein ganz anderes Segment der Schulabgänger für diese Laufbahn entscheiden. Ob man mit diesem Segment unser Bildungsniveau wird aufrechterhalten können, wage ich zu bezweifeln.

Der Schüler wird zum User

Nicht nur der Lehrer und die Klasse sind ins Visier der digitalen Umgestalter geraten, sondern am allermeisten der Schüler selbst. Auch er soll in Zukunft umgemodelt werden. Vor allem soll er immer häufiger vor den Geräten sitzen, die das schulische Großraumbüro wesentlich stärker prägen sollen als die zunehmend überflüssige Figur des Lernbegleiters. Was soll sich also für den Schüler ändern?

Was eigentlich ein Schüler oder eine Schülerin ist, wird selten erörtert. Wenn, dann geht es gleich um die ganze Jugend, deren Einstellungen z. B. periodisch von der Shell Jugendstudie ermittelt werden. Häufiger interessieren sich Gesellschaften und Kulturen für die Lehrer. Das ist auch kein Wunder, denn Schüler und Schülerinnen galten bisher schlicht als junge Menschen in der Phase ihres Lebens, in der sie eine Schule besuchen. Was soll man auch sonst noch viel von ihnen sagen? Sie scheinen damit hinreichend definiert.

Die Welt ist längst so kompliziert geworden, dass man ihre Erziehung – mehr noch ihre Bildung – nicht allein den Eltern und auch nicht allein künftigen Arbeitgebern überlassen kann und darf. Martin Luther, der als Erster in Deutschland die allgemeine Schulpflicht forderte, dachte noch daran, dass die Bauernmädchen seiner Zeit wenigstens eine Stunde am Tag in die Schule gehen sollten – für die Jungen waren etwas mehr Stunden eingeplant. Das würde heute nicht mehr reichen. Unser Staat verpflichtet die Eltern dazu, dafür zu sorgen, dass Jungen wie Mädchen mindestens neun Jahre lang die Schulbank drücken – bei Stundenplänen, die manchmal dem Acht-Stunden-Tag der Erwachsenenwelt gefährlich nahe kommen. Die Eltern geben ein Stück weit ihren Erziehungsauftrag an die Lehrer weiter. Das ist heute selbstverständlich.

Das Selbstverständliche gilt plötzlich nicht mehr, wenn der Lehrer seinerseits seine Rolle zunehmend an Algorithmen abgeben muss und der Schüler zum *User* wird. User definieren sich von dem Internetportal her, das sie gerade nutzen. Sie selbst als Personen sind da eher irrelevant. Das kann man von Schülern nicht behaupten. Sie lassen sich nicht nur in Abhängigkeit von ihren oder gar von einem Lehrer definieren. Sie haben auch noch Mitschüler, sind manchmal sogar die, die ihren Lernprozess gestalten, sie bleiben in ihrer Rolle als Schüler immer auch Mensch unter Menschen. Wenn der Schüler zum User wird, ist Lernen hingegen kein personales Geschehen mehr. Dann verwandelt sich die Schule in ein System, dessen eine Komponente durch Algorithmen trainiert wird, während die andere diese Algorithmen durch abgeschöpfte Daten optimiert – so wie bei jedem Unfall irgendeines Bohrhammers irgendeiner Firma ein Softwareupdate entwickelt wird, das dann alle Bohrhämmer aller Firmen aufgespielt bekommen. Der Algorithmus erkennt ein Lerndefizit und behebt es durch ein Update.

Wenn es darum geht, einen reinen Sachverhalt zu trainieren (Wurzeln zu ziehen oder die D'Hondt'sche Verteilung von Zweitstimmen bei einer Wahl zu verstehen) könnte das – wenn es nicht zum Normalfall wird – durchaus eine gelegentlich gewählte Variante oder Ergänzung des Unterrichts sein. Wenn es die Standardform des Lernens werden sollte, untergräbt es die wichtigste Aufgabe vielleicht nicht der Stoffvermittlung, aber der Erziehung: Den jungen Menschen dabei zu begleiten, sich auf dem Hintergrund wachsenden Allgemeinwissens ins personale Beziehungsgeflecht unserer Gesellschaft zu integrieren, wo jeder Mensch im anderen einen Menschen erkennt – ob reich oder arm, ob unbedarft oder genial, ob Europäer oder Asiate. Anfänglich sind die Personen, die dafür zur Verfügung stehen, in besonderem Maße die Klassenkameraden und Lehrer. Dann wird sich das Spektrum weiten. Zu einem Algorithmus, der den Lehrer ersetzen soll, kann der Schüler kein persönliches Verhältnis aufbauen. Er ist nur die graue unpersönliche Eminenz, die im Hintergrund rechnet, während auf dem Touchscreen persönliche Zuwendung simuliert wird.

Anders sehen das nur Zeitgenossen, für die der Mensch nichts anderes ist als eine Art biologischer Bohrhammer. Weil diese Menschendefinition jedoch nur auf einem verqueren Wissenschaftsglauben basiert, kann man nur davor warnen, Menschen durch Algorithmen zu ersetzen. Weder ist der Lehrer ein Lernbegleiter, noch ist der Schüler ein User.

Bisher habe ich in diesem Buch die Veränderungen untersucht, die digitale Akteure planen, indem sie die Klasse und den Lehrer neu definieren. Jetzt geht es um das zentrale Glied dieser Reihe, um das, was das Silicon Valley aus unseren *Schülern* machen will. Um die ganze Tragweite der Veränderungsabsichten jedoch wirklich zu begreifen, muss ab jetzt neben dieser Reihe Klasse-Lehrer-Schüler-Gesellschaft eine zweite in den Blick genommen werden. In ihr geht es darum, dass einige der Grundbegriffe unseres abendländischen Verständnisses vom Menschen und einige der wichtigsten Daseinsformen menschlicher Existenz unter Druck geraten. Diese Grundbegriffe sind: die Person, das Selbst, die Identität, der freie Wille bzw. das Handeln. Es versteht sich, dass sich damit der Schwerpunkt der Analyse etwas verschiebt: Standen bisher eher soziologische Fragen im Mittelpunkt, so werden es ab jetzt häufig philosophische sein.

Bevor ich im Detail auf die verschiedenen Veränderungen eingehe, die die Apologeten der Digitalisierung für die Schüler vorgesehen haben, muss ich – das ist meine erste philosophische Vertiefung – etwas grundsätzlicher über den Begriff der *Person* nachdenken bzw. über das, was unter *Personalisierung* verstanden wird. Denn so eine Personalisierung wird gerne als Voraussetzung genannt, damit in Zukunft wirklich effektiv gelernt werden kann.

»Personalisierung« – das Unwort des Jahrzehnts

Auf der fünften Seite des *Kommunistischen Manifests* von Karl Marx und Friedrich Engels findet sich eine oft zitierte Passage über die ungeheure Zerstörungskraft des Kapitalismus. »Die Bourgeoisie, wo sie zur Herrschaft gekommen, hat alle feudalen, patriarchalischen, idyllischen

Verhältnisse zerstört«[49], schreiben die beiden. Und dann wird diese Zerstörung durchdekliniert:

> »Sie hat die heiligen Schauer der frommen Schwärmerei, der ritterlichen Begeisterung, der spießbürgerlichen Wehmut in dem eiskalten Wasser egoistischer Berechnung ertränkt. Sie hat die persönliche Würde in den Tauschwert aufgelöst und an die Stelle der zahllosen verbrieften und wohlerworbenen Freiheiten die eine gewissenlose Handelsfreiheit gesetzt. Sie hat, mit einem Wort, an die Stelle der mit religiösen und politischen Illusionen verhüllten Ausbeutung die offene, unverschämte, direkte, dürre Ausbeutung gesetzt.«[50]

Kein anderes Band bliebe zwischen Mensch und Mensch übrig als »das nackte Interesse, als die gefühllose ›bare Zahlung‹«.[51]

Man kann viel gegen diese etwas in die Jahre gekommene Analyse einwenden – nicht nur, dass Zahlungen heute immer seltener bar abgewickelt werden. Wichtiger ist zweifellos, dass es der »Bourgeoisie« bis heute nicht gelungen ist, die soziale und kulturelle Tabula Rasa zur Norm zu machen, die hier als eine bereits partiell existierende beschrieben wird. Und dennoch ist diese Charakterisierung der Machenschaften der »Bourgeoisie«, als Warnung verstanden, mehr als bedenkenswert. In ihrem Kern zielt sie auf die Gefahr ab, dass der Kapitalismus die sozialen Beziehungen, das Band zwischen Mensch und Mensch zerstört.

Im Zeitalter des Datenkapitalismus gewinnen die Gedankengänge der beiden Urkommunisten unvermutet höchste Aktualität. Freilich muss man sie aktualisieren. Ums Geld geht es natürlich immer noch. Aber das Mittel, um an es heranzukommen, ist die immer subtilere Verwertung von Daten. Während Daten früher in der Hand vieler waren, während sie ihre geschützte Heimstätte beim Individuum, in der Familie, im einzelnen Betrieb, ja, sogar in den einzelnen Völkern hatten, sind sie in dem Moment flüssig geworden, als man begann, sie zu digitalisieren – dadurch erst lassen sie sich so leicht enteignen.

Das hat Folgen. Konsequent arbeiten die Datenkapitalisten daran, Zug um Zug alle Instanzen aufzulösen, die zwischen ihnen und dem Individuum stehen, denn diese erschweren bzw. verhindern sogar den Zugriff auf die Daten. Das Dreiste ist, dass sie genau mit dieser Auflösung auch noch punkten wollen. Diese Dreistigkeit konkretisiert sich in der zynischen Aufforderung, seinen Account zu *personalisieren*. Genau dieser Aufforderung begegnet man auf ungezählten Websites immer häufiger. Und das gilt natürlich auch für die Lernplattformen, die alle nur dann funktionieren, wenn der Schüler sein Lernverhalten den Algorithmen der Plattformbetreiber preisgibt.

Auf legalem Wege kommen die Betreiber der Lernplattformen an die Daten der Schüler in Europa nur, wenn sie den Schüler bzw. gemäß den Bestimmungen der DSGVO seine Eltern dazu bringen, ihre Zustimmung zu geben, dass der Account, mit dem sich der Schüler bei der Plattform anmeldet, »personalisiert« werden darf. Warum heißt dieser Vorgang »Personalisierung«? Was ist das für ein Personenbegriff, der hier im Substantiv »Personalisierung« Verwendung findet?

»Person« ist ein zentraler Begriff der europäischen Geistesgeschichte. Robert Spaemann hat ein schönes Buch mit dem Titel geschrieben: *Personen – Versuche über den Unterschied zwischen ›etwas‹ und ›jemand‹*. Der katholische Philosoph führt aus, dass der Begriff in der Antike eine untergeordnete Rolle spielte:

> »Die Antike kennt keinen Rückgang des Menschen hinter seine Natur, keine Objektivierung der Natur. Natur ist ein Letztes [...] ›Persona‹ ist also das Sekundäre, das ›Aufgesetzte‹, eine sekundäre Identität und daher auch eine schwächere gegenüber der natürlichen.«[52]

Das etruskische Wort *phersu* bedeutet Maske. Die Person ist in der Antike sozusagen maskierte Natur.

In der jüdisch-christlichen Tradition passiert indes etwas Überraschendes, Einmaliges, was diese Unterordnung des Menschen unter die Natur in Frage stellt: Den Menschen wird zugetraut, dass sie *nur aus sich heraus* handeln können. »Es geschieht nicht etwas durch sie, wie bei den anderen Dingen, sondern sie handeln durch sich selbst. Das heißt: sie sind frei«[53], schreibt Spaemann. Dieser Unterschied zwischen Geschehen und Handeln ist entscheidend. Als letzten in einer langen Reihe von Denkern, die diese Vorstellung entwickelt haben, nennt Spaemann Thomas von Aquin, der den Menschen das *dominium sui actus*, die Herrschaft über ihre eigenen Handlungen zugesteht. Und diese Ansicht hat sich lange gehalten, auch Immanuel Kant vertritt sie noch, wenn er postuliert, dass der Mensch in der Lage sei, eine Kette von Kausalitäten zu *be-*

ginnen. Genau damit emanzipiert sich der Mensch von der Natur, damit überschreitet er den Bereich der Dinge. Auch wenn er ihr nach wie vor als Körper angehört, so ist er doch mehr als dieser Körper, er steht zu ihm in einer geistigen *Distanz*.

Besondere Bedeutung erhält die Interpretation des Personenbegriffs in der Theologie. Während die griechische Antike, als sie sich allmählich aus der Umarmung durch den Mythos befreit, einen philosophischen Gottesbegriff entwickelt (Aristoteles spricht vom »unbewegten Beweger«), während noch in der Spätantike bei Plotin Gott der Eine ist, in dem alle Differenz zum Schweigen gebracht ist, dröhnt das ganze Alte Testament von den Gesprächen, die Gott mit dem Menschen führt. Der jüdisch-christliche Gott ist ein persönlicher Gott. Hier hat die jüdische Philosophie des Gesprächs ihre Wurzeln, sei es in der Ich-Du-Beziehung Martin Bubers, sei es in der großen Wertschätzung des Anderen bei Emmanuel Lévinas, sei es bei Paul Celan, der sogar noch das Scheitern von Gesprächen, das lastende Schweigen für einen Ausweis der Sonderstellung des Menschen hält, denn in diesem Scheitern oder Schweigen ist als schwaches Echo noch das Glück echter Gespräche zu vernehmen.

Es steht außer Frage, dass so ein Personenbegriff an bestimmte Voraussetzungen geknüpft ist. Trotz aller Verrenkungen vieler moderner und zeitgenössischer Philosophen, Neurologen und anderer Wissenschaftler halten z.B. die meisten Menschen an der Überzeugung fest, dass sie nicht restlos determinierte und determinierbare Wesen sind. Denn sonst wäre der von Spaemann reklamierte Unterschied zwischen Etwas und Jemand nicht aufrechtzuerhalten. Das, was uns von Dingen wie Maschinen unterscheidet, die Möglichkeit, frei zu handeln, entzieht sich aus prinzipiellen Gründen der Erforschbarkeit. Könnte man nämlich einen Freiheits-Faktor ausfindig machen, einen Mechanismus, der Freiheit »generiert«, wäre er das Ende der Freiheit. Damit umgibt die Person ein Geheimnis, das zu lüften noch niemandem gelungen ist – und sicher ist das gut so. In diesem Geheimnis wurzelt die Würde des Menschen.

Eine zweite Voraussetzung bezieht sich letztlich auf die Umgebung, in der solche Personalität gedeihen kann. Sie besteht so lange, wie es uns gelingt, eine Privatsphäre zu bewahren. Wird diese vollständig aufgelöst, ist es viel leichter möglich, manipulativ auf den Menschen einzuwirken. Dann denkt er vielleicht noch, Herr seiner Handlungen zu sein, ist es aber längst nicht mehr. Und spätestens jetzt gerät der Datenkapitalismus in den Blick.

Genau in dem Moment, in dem ich auf das Kästchen klicke, das Google oder einem anderen Datenkapitalisten die Erlaubnis gibt, meinen Account zu *personalisieren,* öffne ich seinen Überwachungsinstrumenten Tür und Tor. Um genau zu sein: Jetzt habe ich es selbst ausdrücklich erlaubt, dass sich meine Privatsphäre auflöst, dass mein privater Rückzugsort öffentlich wird, dass die Wände meines Heims gläsern werden. Ob dies nicht schon vorher geschah, weil ich irgendwann einmal Googles allgemeine Geschäftsbedingungen akzeptiert habe (ohne sie zu lesen) – oder ob eine Datensammelfirma ganz ohne jede Zustimmung mein Verhalten längst trackt, soll damit nicht ausgeschlossen werden – vielmehr ist das sogar mehr als wahrscheinlich. Und dennoch wirkt diese ausdrückliche Zustimmung zum Datenabschöpfen, was Google und andere »Personalisierung« nennen, wie die nachträgliche Genehmigung all der vergangenen halblegalen Attacken auf meine Privatsphäre.

Personalisierung ist also kein Mittel, um meine Person wie auch immer zu stärken und zu bewahren, sondern ganz im Gegenteil, um sie zu demontieren. Während auf der *Oberfläche* des Internetdienstes, der mir dies vorgeschlagen hat, manche Annehmlichkeit organisiert wird, wird im *Hintergrund* meine Person zu einer gläsernen und damit zerstört. Wenn Datenkonzerne von Personalisierung reden, dann ist das eine moderne Form von Neusprech. Man sollte Personalisierung deshalb zum Unwort nicht nur des Jahres, sondern am besten gleich des Jahrzehnts wählen.

Wenn man die Sätze von Marx und Engels über den Industriekapitalismus auf den Datenkapitalismus übertragen wollte, dann käme ungefähr Folgendes heraus:

> Die Datenkapitalisten, wo sie zur Herrschaft gelangt sind, haben alle Barrieren zwischen ihren Algorithmen und dem Einzelnen niedergerissen. Für sie gibt es keinen substantiellen Unterschied mehr zwischen Eltern und Kindern, Lehrern und Schülern, Europäern, Asiaten und Amerikanern, Männern und Frauen, Gebildeten und Ungebildeten. Weder sind sie rassistisch noch chauvinistisch. Für sie ist jeder Mensch gleich: ein User. Sie haben die ohnehin selten gewordenen heiligen Schauer der frommen

Schwärmerei, das harmlose kulturindustrielle Amüsement, den naiven Glauben an Individualität in dem gekühlten Datenstrom ihrer Server ertränkt. Sie haben die persönliche Würde aufgelöst und an die Stelle der zahllosen privaten Schutzrechte die bequeme Personalisierung gesetzt. Sie haben, mit einem Wort, an die Stelle der offenen industriekapitalistischen Ausbeutung die versteckte Abschöpfung unserer Privatsphäre gesetzt. Während der User noch glaubt, dass sie ihn mit seinem Mitmenschen verbinden, haben sie ihn längst gnadenlos abgezockt – ganz bargeldlos, durch den Zugriff auf sein Smartphone.

Heiße Ware: Die Lerndaten der Schüler

Es war nur eine Frage der Zeit, wann die ersten Internetfirmen anfangen würden, Modelle zu entwickeln, mit denen man an die Daten herankommen kann, die beim Lernen anfallen. Inzwischen ist klar, wie das geht: durch interaktive Online-Lernprogramme. Dräger und Müller-Eiselt schreiben hierzu: »Datenspuren kleben wie Pattex untrennbar an jedem digitalen Lernweg, Algorithmen scheinen die Kontrolle über unser Leben zu übernehmen.«[54] An diesem Satz ist nur eins falsch: das Hilfsverb. Algorithmen übernehmen *tatsächlich* immer mehr die Kontrolle über unser Leben bzw. den digitalen Lernweg, sie *scheinen* dies nicht nur zu tun.

Sie können das aber nur, wenn Big-Data-Firmen das Lernverhalten des Schülers beobachten und speichern. Erst diese gespeicherten Daten ermöglichen es den Algorithmen, ein individuell zugeschnittenes Lernprogramm zu erstellen. So wird der Zusammenhang zumindest von den Datenfirmen dargestellt. Mir scheint es aber genau andersherum zu sein: *Damit* die Firmen an die Lerndaten der Schüler herankommen können, soll die Schule umgebaut werden. Nicht die Verbesserung des Lernens ist der Motor, der die Entwicklung treibt, sondern das große Interesse mancher Firmen, an persönliche Daten heranzukommen.

Aber wem gehören diese Verhaltensdaten? Vor allem amerikanische Internetfirmen pochen eisern darauf: Daten, die anfallen, während ein Angebot (eine Suchmaschine, ein Lernprogramm, eine App) genutzt wird, gehören der dahinter stehenden Firma. Aber warum? Es ist ja mein Verhalten, das da in digitalisierter Form als Rohstoff für lukrative Geschäfte genutzt wird.

Nach ihrer Argumentation hätte das Gold, das die Goldsucher im 19. Jahrhundert am Yukon fanden, diesen gehört, *bevor* sie die Claims bezahlt hatten, in denen sie schürften. So ist es aber weder in Klondike gewesen noch später bei den Jägern des schwarzen Goldes. Auch sie mussten erst einmal das Land erwerben, unter dem sie Ölvorkommen vermuteten. Haben denn die Datenfirmen die Nutzer oder ihre Köpfe gekauft, die die sprudelnden Quellen sind, die die begehrten Daten liefern? Der Vergleich macht deutlich: Der weltweite Datenmarkt ist ein unregulierter Markt – ein Schwarzmarkt.

Jose Ferreira, der Chef von *Knewton*, einer Online-Lernsoftwarefirma, hat sicher Recht, wenn er sagt: »Big Data in der Bildung ist ein heißes Eisen. Und es wird noch heißer.«[55] Die Daten, die er sammelt und aus denen seine

Algorithmen die Lernsoftware entwickeln, die er verkauft, gehören nicht dem Verkäufer der Software.[56]

Ja, und jetzt? Reicht es aus, den Temperaturanstieg zu messen?

»Google bekommt zehn Datenpunkte pro Suche – wir jedoch bekommen einhunderttausendmal mehr Daten pro Nutzer«[57], brüstet sich laut Dräger und Müller-Eiselt jener eben erwähnte *Knewton*-Chef Ferreira. Selbst Dräger und Müller-Eiselt ist das etwas unheimlich:

> »Das immense Wissen über Menschen, das Knewton hortet, macht Angst. Das Optimieren von Lernwegen mag eine solch gigantische Datensammlung rechtfertigen, ebenso gerechtfertigt ist allerdings die Frage: Was passiert zukünftig mit diesen persönlichen Informationen?«[58]

Aber dieses Bekenntnis wirkt wie ein Fremdkörper in ihrem Buch. Wenn die beiden Autoren Lernmodelle vorstellen, die ihnen zukunftsträchtig erscheinen, dann sind das in den allermeisten Fällen solche, bei denen sich der Schüler mit einer Internetplattform verbindet, die seine persönlichen Daten braucht, damit das Programm sinnvoll arbeiten kann. Um zu unterstreichen, dass die Datenpreisgabe heute der neue Standard ist, zitieren sie den Blogger Sascha Lobo und die Kolumnistin Kathrin Passig, die verkünden: »Kostenlose Weltverbesserung ist auf diesem Gebiet nicht zu haben.«[59]

> »Big Data kann nur dann als Bildungsoptimierer funktionieren, wenn möglichst viele Menschen ihre Lerndaten

zur Verfügung stellen. Der Gewinn einer besseren, auf die persönlichen Bedürfnisse ausgerichteten Bildung geht also notwendigerweise (sic) mit der Preisgabe der eigenen Daten einher – es droht der Kontrollverlust über sensible Informationen.«[60]

Im Klartext heißt das wohl: »Wir wissen, dass unsere digitale Revolution Euren Kindern an die sensibelsten Daten geht. Aber so ist das nun einmal in der schönen neuen digitalen Welt – warum sich darüber aufregen? Besser, sich gleich damit abzufinden.«

Mag der eine oder andere bis hierher noch der Logik folgen, dass die Fülle der eingesammelten Verhaltensdaten die Vorschläge fürs Weiterlernen äußerst geschickt anpassen kann, so werden die meisten Eltern bei den folgenden Sätzen vermutlich ins Grübeln geraten, wenn nämlich anschaulich geschildert wird, was diese Daten eigentlich so interessant macht:

> »Schon heute berechnet Knewton zuverlässig die Wahrscheinlichkeiten richtiger und falscher Antworten sowie die Note, die ein Schüler am Ende eines Kurses erreichen wird. Eines Tages braucht es wohl keine Prüfungen mehr – der Computer weiß bereits, welches Ergebnis herauskommen wird.«[61]

Er hat sich nämlich vieles gemerkt:

> »Im Englischunterricht die Textseiten nur überflogen statt richtig durchgelesen, Shakespeare nie verstanden, Förder-

unterricht in der siebten Klasse, immer wieder Probleme mit der Mathematik.«[62]

Spätestens wenn der Computer Noten *voraussagt,* wird er zum Orakel, für dessen Sprüche sich manche Kunden sehr interessieren. Lukrativ wird das Geschäftsmodell besonders, wenn die erhobenen Daten mit anderweitig erhobenen kombiniert und weiterverkauft werden. Wenn sich also die Kinder und Jugendlichen auf dieses Programm einlassen, gehen sie immer auch ein gewisses Risiko ein, dass die abgeschöpften Daten in die falschen Hände geraten und damit ihre Zukunftspläne gefährden. Und das ist ein zu hoher Preis.

Alle Eltern wissen, dass man ganz schlecht voraussagen kann, wie sich ein Kind entwickelt. Jahrelang interessiert sich ein Junge nur für Fußball – und plötzlich beginnt er wie ein Verrückter zu lesen. Oder ein Mädchen kann gar nicht aufhören zu kichern, wenn es mit anderen zusammensteckt – und plötzlich wird es zur schweigsamen, skeptischen Beobachterin.

Dazu kommt noch, dass unser Verhalten keineswegs monokausal durch einen einzigen Kommunikationszusammenhang bestimmt ist – wenn man die Interaktion mit einem Computer überhaupt so nennen will. Der Hamster ist gestorben – und schon ist das Kind unaufmerksam. Schlimmeres kann sich ereignen: die Eltern streiten sich, gehen auseinander. Ein Familienmitglied erkrankt ernsthaft. Der angehimmelte Schüler aus der Parallelklasse hat in der Pause mit einer anderen geflirtet … Aber völlig unbeeindruckt davon registriert das wachsame

Auge des künstlichen Gegenübers jede Unaufmerksamkeit, jeden Fehler, jede Augenbewegung, »jede(n) Mausklick und jede(n) Tastenanschlag«, wie Dräger und Müller-Eiselt schreiben[63].

Digitalisierung der Schule muss keineswegs so buchstabiert werden, wie Dräger und Müller-Eiselt es suggerieren. Aber die Alternativen, die sich zweifellos anbieten, erörtern die beiden Autoren gar nicht: Erstens gibt es jede Menge Programme, die offline funktionieren. Und zweitens kann man Lerndaten auch anonymisieren, bevor man sie zur Verbesserung seiner Lernalgorithmen nutzt – wie es das Hasso-Plattner-Institut immerhin verspricht.

2016 wurde die DSGVO verabschiedet, ein Jahr nachdem das Buch von Dräger und Müller-Eiselt erschienen ist. 2018 trat sie endgültig in Kraft. Personenbezogene Daten dürfen ab diesem Jahr nicht ohne Kenntnis und Zustimmung des Betroffenen gesammelt, verarbeitet oder ausgewertet werden. In dieser Verordnung steht weiter – sicher sehr zum Verdruss vieler kommerzieller Lernplattformen –, dass die Daten von unter 16-Jährigen nicht ohne Einwilligung der Eltern gespeichert werden dürfen.

Das europäische Recht folgt damit nicht der US-Gesetzgebung, bei der sich die Republikaner gegen die Demokraten durchsetzten. Auch dort entbrannte unter den Politikern ein Streit über der Frage, wem denn nun eigentlich die gesammelten privaten Nutzerdaten gehören. Der Demokrat Tom Wheeler fasst die beiden Positionen in einem Artikel für die *New York Times* zusammen:

»Für meine demokratischen Kollegen und mich sind die digitalen Spuren, die ein Verbraucher bei der Nutzung des Netzes hinterlässt, Eigentum dieses Verbrauchers. Sie enthalten private Informationen über persönliche Präferenzen, gesundheitliche Probleme und finanzielle Angelegenheiten. Nach Ansicht unserer republikanischen Kollegen in der Kommission sollten diese Daten dem Netzwerkbetreiber zum freien Verkauf zur Verfügung stehen.«[64]

Wir haben in Europa aufgrund der DSGVO günstigere Bedingungen im Kampf um unsere Daten, aber leicht wird es nicht werden, die zuerkannten Rechte auch durchzusetzen, schon weil die Intransparenz der Algorithmen die genaue Beurteilung von dem, was die Unternehmen jeweils wirklich damit anfangen, enorm erschwert.

Immerhin: Um jetzt an die Daten von Schülern heranzukommen, muss man in Europa schon die Eltern oder die Schüler selbst, so sie älter als 16 sind, fragen. Oder Nutzervereinbarungen vorlegen, die so verklausuliert sind, dass der Zugriff auf die Schülerdaten erst gar nicht auffällt.

Maria Montessoris »Selbst« – Geheimnis oder Illusion?

Weil der Lehrer dem Schüler nur noch in Ausnahmefällen über die Schulter sieht, scheint dieser in Schulen mit viel digitaler Technik viel selbstständiger im Unterricht zu agieren.

Selbstständigkeit zu fördern ist das große Versprechen alternativer Pädagogen. In den Montessori-Schulen ist sie oberstes Prinzip. Sie sehen das Kind als *Baumeister seiner selbst*[65]. Kinder werden dazu ermutigt, das Tempo, das Thema und die Wiederholung der Lektionen selbstständig zu steuern.

Zunächst klingt das ähnlich dem, was Dräger und Müller-Eiselt in der *School of One* beobachtet haben. Allerdings mit einem feinen Unterschied: Dort ist es nicht das Kind, das selbstständig die Art und Weise des Lernens wie dessen Tempo beschließt, vielmehr wird ihm das jeweils vom Lernalgorithmus vorgeschlagen. Dieser und nicht das Kind leitet den Lernprozess. Aber wie kommt der junge Mensch zu seinem Selbst, das nicht nur den Montessori-Anhängern so wichtig ist?

Der traditionelle Weg ist der Versuch des Jugendlichen, im direkten Umgang die sozialen Gruppierungen zu finden, bei denen er sich aufgehoben fühlt und einbringen kann. Dies können ein Kampfsportverein, Greenpeace, eine Graffiti-Gang, die SPD oder die Junge Gemeinde sein, vielleicht sogar der Betrieb, in dem man erste Berufserfahrungen sammelt. Überall sucht er nach Menschen, denen er vertraut, und die ihm umgekehrt wohlwollend begegnen. Ohne solche Zustimmung durch andere ist keine eigene Identität zu finden. Der Entwicklungspsychologe Robert Kegan schrieb 1979, dass »unabhängig von der ›Zuneigung anderer‹ kein Selbst«[66] existiere.

Zuneigung und Anerkennung versuchen sich viele Jugendliche heute nicht mehr direkt, sondern indirekt über Social Media zu holen. Neuere Untersuchungen deuten darauf hin, dass Kinder und Jugendliche in erschreckendem Umfang den direkten sozialen Austausch durch elektronische Medien ersetzt haben. In einer österreichischen Ärztezeitschrift war 2017 zu lesen, dass Jugendliche inzwischen über 10 Stunden täglich online sind.[67] Egal, was sie machen, sie sind permanent auf der Lauer nach neuen Botschaften aus den sozialen Netzwerken und switchen deshalb ständig zwischen Arbeit, Schule oder analoger Kommunikation und digitalen Welten hin und her. Und immer öfter sind ihnen diese wichtiger als der Freund, der leibhaftig neben ihnen steht.

Wenn die analogen Versuche junger Menschen, ihren Platz in der Welt und damit auch eine Identität zu finden, zunehmend durch digitale Medien ersetzt werden, so ist das überhaupt nicht zu begrüßen. Diese Medien versuchen schon von sich aus alles beiseitezuschieben, was zwischen ihnen und dem Einzelnen steht. So wie sie Lehrer und Klassen verdrängen wollen, so auch Familien, Kirchen, Vereine und andere Institutionen – jetzt sogar Freunde. Sie praktizieren das, was Simone Weil in ihren tiefgründigen Sozialanalysen als Grund für das Heraufkommen des Nationalismus identifiziert und mit »Entwurzelung« bezeichnet hat[68]. Menschen, die sich nicht mehr innerlich mit vertrauten Gemeinschaften verbunden fühlen, sind viel leichter politisch verführbar. An die Stelle echter Gemeinschaft tritt ein Abstraktum, vielleicht ein Führer, vielleicht ein Nationenklischee, dessen virtuelle Charakteristika von den politischen Verführern je nach Gusto festgelegt werden können. Dies ist etwas ganz anderes als die allmähliche Herausbildung persönlicher Eigenheiten, Stärken und Schwächen, deren Schnittmenge immer Gegenstand lebendiger Debatten war.

Wenn es ein Instrument gibt, das diese Entwurzelung auf die Spitze treibt, dann ist es das Internet. Und tatsächlich – parallel zu seinem Siegeszug erlebt die Welt eine Renaissance von Nationalismus und Populismus. Das kann kein Zufall sein. Und deshalb ist im Digitalzeitalter die Frage, wann ein Schüler selbstständig ist und wann nicht, von größter Bedeutung.

Der zweite Teil der Frage ist viel leichter zu beantworten als der erste: Er verliert seine Selbstständigkeit, wenn er sich ständig von seinem Newsfeed verführen lässt, sich vor dem Lernen zu drücken. Er verliert sie, wenn er den ganzen Tag über durch leise Töne auf aktualisierte Statusmeldungen, E-Mails oder WhatsApp-Nachrichten aufmerksam gemacht wird, wenn beim Lesen im Netz ständig Werbebanner aufploppen oder nachts das Handy neben dem Kopfkissen liegt. Er ist nicht selbstständig, wenn er die Begriffe einer Aufgabenstellung in eine Suchmaschine eintippt und das Ergebnis speichert. Er ist es auch nicht, solange er denkt, dass ihm digitale Technik das Lernen abnimmt. Und er ist es vor allem nicht, wenn er sich von einem Lernprogramm führen lässt.

Aber wann ist der Schüler selbstständig? Wann ist er dabei, sein Selbst zu entfalten? Wann ist er »Baumeister seiner selbst«?

Selbstentfaltung ist das Gegenteil von Fremdbestimmung. Sein Selbst zu entfalten ist die große Aufgabe jedes Individuums, in besonderem Maße seit Beginn der Moderne. Und gerade der Jugendliche kämpft darum, dass ihm dies gelingt. Was ich aus mir mache, das hat nur dann etwas mit Selbstentfaltung zu tun, wenn es nicht das Ergebnis von Einflüsterungen welcher Art auch immer ist. Wenn der Mensch glaubt, selbstbestimmt zu handeln, dann glaubt er an einen Kern in sich, der nicht von außen gesteuert ist. In diesem Kern steckt das, was er ans Licht holen möchte, wenn er von Selbstentfaltung spricht. Dieser Kern ist sein Selbst.

Deshalb lautet die entscheidende Frage: Gibt es so einen Kern? Das ist unter Wissenschaftlern, Theologen und Philosophen heftig umstritten.

Etlichen antiken Quellen zufolge waren über dem Eingang des in der Spätantike zerstörten Apollotempels in Delphi die Worte eingemeißelt: »Erkenne dich selbst.« Angesichts der Tatsache, dass in dieser wichtigsten Kultstätte der Griechen Orakel verkündet wurden, eine zweischneidige Aufforderung. Der Steinmetz, der die drei Worte einmeißelte, wusste wohl, dass das Rätsel des Selbst nicht gelöst werden kann. Man weiß, wie oft Menschen irritiert vor den zweideutigen Sprüchen der *Phytia*, der Priesterin des Heiligtums, standen und sie sogar falsch interpretierten – das berühmteste Beispiel sind die beiden Orakel in *König Ödipus*. Dies deutet auf die Schwierigkeit hin, dem steinernen Schriftzug Folge zu leisten.

Es ist hier nicht der Ort, die Geschichte des Selbst auch nur grob zu erzählen. Ich springe deshalb gleich über Jahrtausende hinweg zu Friedrich Nietzsche, der in *Also sprach Zarathustra* dieses Selbst besonders wertschätzte (im Abschnitt *Von den Verächtern des Leibes*):

> »Hinter deinen Gedanken und Gefühlen, mein Bruder, steht ein mächtiger Gebieter, ein unbekannter Weiser –

der heisst Selbst. In deinem Leibe wohnt er, dein Leib ist er.«[69]

Nietzsche dreht die bis dahin übliche Hierarchie um: Nicht der Geist herrscht über den Leib, sondern der Leib ist der eigentliche Herrscher – und diesen setzt er gleich mit dem Selbst. Das war dem schon sehr nahe, was etwas später Sigmund Freud schrieb, dessen Es dem so ungefähr entspricht, was Nietzsche hier Selbst bzw. Leib nennt.

Eine versöhnlichere Interpretation des Selbst findet sich bei Carl Gustav Jung. Nach seiner Ansicht kann der Mensch nur dadurch seine Individualität entfalten, dass er sein Selbst verwirklicht.

»Individuation bedeutet: zum Einzelwesen werden, und, insofern wir unter Individualität unsere innerste, letzte und unvergleichbare Einzigartigkeit verstehen, zum eigenen Selbst werden. Man könnte ›Individuation‹ darum auch als ›Verselbstung‹ oder als ›Selbstverwirklichung‹ übersetzen.«[70]

Das passt sehr gut zu dem Motto der Montessori-Schulen (das Kind als Baumeister seiner selbst). Aber leider blieb es nicht bei dieser humanen Deutung des Begriffs. Heute schlagen Neurologen vor, das Selbst als Konstrukt neuronaler Prozesse zu verstehen. So sagte der Nobelpreisträger Eric Kandel, ein Pionier der Erforschung neuronaler Prozesse im Gehirn, bei der Preisverleihung in seiner Dankesrede:

»Wir wissen, dass das eingangs zitierte Motto [gemeint ist ›Erkenne dich selbst‹ G. B.] heute zwar nicht mehr in Delphi in Stein verewigt ist, dafür aber in unserem Gehirn. Über Jahrhunderte wurde das Motto im menschlichen Gedächtnis durch eben jene molekularen Prozesse des Gehirns aufbewahrt, die [...] wir eben erst zu verstehen beginnen.«[71]

Demnach wäre das autobiographische Selbst letztlich nichts anderes als die Chemie dieser Moleküle. Und genau das ist es, was Kandel auch nachzuweisen versucht.

Noch weiter geht der Philosoph Thomas Metzinger, der solche Phänomene wie das Ich oder das Selbst gleich ganz zu *Illusionen* erklärt.[72] Bei ihm sind sie nichts anderes als Datenströme, die sich in einem raffinierten Biosystem wechselseitig durchdringen und dabei irrtümlich, infolge fehlerhaften Auslesens u. a. das Gefühl, ein Ich zu haben, hervorbringen.

Solche Vorstellungen kursieren auch in den Kreisen der Datensammler und Entwickler von Algorithmen. Wissenschaftler, Philosophen und Techniker bilden heute die Kernzelle einer Überzeugungsgemeinschaft, die uns ein neues Weltbild vermitteln will bzw. vor allem ihre Anhänger wechselseitig in diesem Weltbild bestärkt. In diesen Kreisen glaubt man nicht oder selten an einen Kern im Menschen, der Selbst genannt zu werden verdient und entfaltet werden sollte.

Schon Burrhus F. Skinner sagte seinerzeit, dass sich im Zuge des wissenschaftlichen Fortschritts »die Leistungen, die der *Person selbst* angerechnet werden, in nichts aufzulösen«[73] scheinen. So zitiert Shoshana Zuboff den Stammvater des Behaviorismus, der heute in Kreisen der Datenwissenschaftler wieder zu hohem Ansehen gekommen ist. Die Harvard-Professorin, die die Identität mancher ihrer Informanten nicht preisgibt, zitiert einen anonymen Chef-Datenwissenschaftler eines »vielbewunderten Bildungsunternehmens« aus dem Silicon Valley, der diese Kontinuität unumwunden bezeugt:

> »Konditionierung in einer wirtschaftlich rentablen Größe ist von grundlegender Bedeutung für diese neue mit der massiven Konditionierung menschlichen Verhaltens befassten Wissenschaft.«[74]

Zuboff kommentiert:

> »Seiner Ansicht nach erlauben Smartphones, anziehbare Geräte und breiter angelegte Always-on-Netze seinem Unternehmen, das Verhalten eines erheblichen Teils seiner Nutzer zu modifizieren und zu verwalten. Mit dem digitalen Monitoring und Tracking des Tagesablaufs einzelner Nutzer lernt das Unternehmen allmählich die Verstärkungspläne zu beherrschen; Belohnung, Anerkennung und Lob können zuverlässig dafür sorgen, dass sich ein vom Unternehmen auserkorenes Nutzerverhalten durchsetzen wird.«[75]

Der anonyme Datenwissenschaftler erläutert:

> »Ziel von allem, was wir hier machen, ist, das menschliche Verhalten in einer wirtschaftlichen Größenordnung zu

verändern. Wir versuchen dahinterzukommen, wie sich ein Apparat zur Verhaltensmodifikation aufbauen lässt, und dann wollen wir Einfluss auf die tagtäglichen Entscheidungen der Menschen nehmen. [...] Wir können testen, wie nützlich unsere Auslösereize für sie sind und wie profitabel bestimmte Verhaltensweisen für uns sind.«[76]

Es lässt sich nicht übersehen, dass Menschen, die so denken und handeln, keinerlei Respekt mehr vor dem Selbst haben, das Maria Montessori auserwählt hatte, um den ganzen Bildungsprozess zu gestalten. Entweder glauben sie, dass es dieses Selbst gar nicht gibt – wie Skinner oder Metzinger – oder sie sehen es als Störfaktor für ihre Pläne, den es auszuschalten gilt, wie jener anonyme Datenwissenschaftler.

Um es präzise zu sagen: Ich bin zwar der Meinung, dass insbesondere der zu frühe Einsatz von digitalen Endgeräten in der Schule mehr Schaden anrichtet als nützlich zu sein, aber das soll nicht heißen, dass die Schulen digitalfreie Räume bleiben dürfen. Insbesondere ältere Schüler können und sollen sehr wohl digitale Technik nutzen, um sich selbst zu entfalten. Voraussetzung dafür ist freilich, dass die Projekte, mit denen sie diese Selbstentfaltung ins Werk setzen wollen, nicht *ihrerseits* wieder von einem Algorithmus vorgeschlagen wurden, sondern *ganz von ihnen selbst* initiiert werden. Genauso wenig können sie die Architektur ihrer Projekte irgendwo im Internet abkupfern, sondern müssen sie selbst entwickeln. Wenn sie dann darangehen, das Material zu besorgen, das zur Ausgestaltung ihrer Projekte dient, dann ist ihnen das

Internet zweifellos eine große Hilfe. Gerade auf dem Land wäre es früher schier unmöglich gewesen, an das Material heranzukommen, das uns das Internet problemlos frei Haus liefert, wenn man über die Kompetenzen verfügt – die hier wirklich sinnvoll zum Einsatz kommen –, brauchbare Quellen von unbrauchbaren zu unterscheiden und vor allem die richtigen Suchbegriffe einzugeben, was ein Begriffsraster im eigenen Kopf voraussetzt.

Die »Auslagerungskompetenz«

Wissen, das traditionell im Langzeitgedächtnis der Schüler abgespeichert wird, soll zukünftig in digitale Medien »ausgelagert« werden (das Verb »auslagern« verwendet Olaf Köller in seinem schon öfter zitierten Artikel gleich zwei Mal)[77]. Wieso auslagern? Wenn jemand etwas auslagert, muss er es ja vorher eingelagert haben. Aber dann müsste er sich im Sprachunterricht der Übersetzungs-App von Google und anderen Unternehmen gar nicht bedienen! Köller scheint sich da sprachlich vergriffen zu haben – er meint offensichtlich eher: Statt Wörter zu lernen, sollten die Schüler lieber lernen, Geräte zu bedienen. Statt Grammatik zu pauken, sollten sie lieber lernen, eine App aufs Smartphone herunterzuladen. Nicht mehr unter der Bank sollen sie sich die Infos besorgen, die helfen, Übersetzungskompetenz zu simulieren, sondern auf der Bank.

Diese Möglichkeit ist Schülern schon heute geläufig. Zumindest kennen manche Schüler der siebten Klasse inzwischen eine App, die eine vom Smartphone eingescannte schriftliche Mathematikaufgabe gleich so weit bearbeitet, dass man anschließend sowohl die Ergebnisse als auch die Zwischenschritte vom Touchscreen ablesen kann. Die Mitschüler, die sich darüber aufregen, dass diese App tatsächlich während einer Klassenarbeit bei einigen ihrer Klassenkameraden zum Einsatz kommt, haben wohl noch nicht begriffen, dass solches ein Ausweis digitaler Kompetenz ist, der *Auslagerungskompetenz*.

Spaß beiseite – die eigentliche Frage lautet doch: Was muss ein Mensch tatsächlich bereits an strukturierendem Wissen besitzen, damit er auf dieser Basis erfolgreich auf Internetwissen zurückgreifen kann? Das ist natürlich längst wissenschaftlich untersucht worden. Dabei wird zweierlei deutlich: Um sinnvoll mit externen Quellen arbeiten zu können, also Quellen, die nicht von der Schule bzw. dem Lehrer autorisiert worden sind, muss ein Schüler zunächst einmal Quellen auf ihre Zuverlässigkeit, auf ihre Qualität hin prüfen können. Manfred Spitzer stellt in seinem Buch *Digitale Demenz* eine Studie von Wissenschaftlern der *British Library London* vor, die zu einem klaren Urteil kommen:

> »Jungen Menschen fällt es schwer, die Bedeutung unterschiedlicher Quellen zu bewerten; sie können zwischen der Autorität guter Quellen (z. B. wissenschaftliche Studien) und schlechter Quellen (Meinungsäußerungen) oft nicht unterscheiden. Sie beurteilen die Qualität von Quellen ›wenn überhaupt, dann nur oberflächlich‹ und sind faktisch ›nicht in der Lage und zudem unwillig, Informationsquellen zu bewerten‹.«[78]

Die größere Schwierigkeit besteht allerdings darin, dass man schon etwas mitbringen muss, wenn man sinnvoll und erfolgreich mit einer Suchmaschine arbeiten will. Man muss sich eben schon etwas in dem Gebiet auskennen, für das man Informationen sucht. Sonst fehlt das Verständnis dafür, mit welchen Begriffen man die Maschine füttern muss. Spitzer stellt fest:

> »Wer [...] über irgendein Sachgebiet noch gar nichts weiß, wird durch Google auch nicht schlauer. Wer demgegenüber schon sehr viel weiß, kann sich leicht mittels Google oder anderer Quellen noch das neueste, kleinste und letzte Bisschen Information holen, das zu irgendeinem Zweck noch gefehlt hat.«[79]

Nur aufgrund dieses Vorwissens gelingt es, sich in den unendlichen Weiten des Internets einigermaßen zielgerichtet zu bewegen. Wer dieses Vorwissen nicht hat, wird sich hoffnungslos verlaufen.

Allgemeinbildung aufzubauen bedeutet im Wesentlichen, ein elementares Begriffsraster zu entwickeln – erst mit ihm wird die Suchmaschine zu einem verlässlichen, produktiven Hilfsmittel.

Idylle über den Schüler als Tagträumer

München, wenige Jahre vor der Jahrhundertwende 1900: Im *Luitpold-Gymnasium* sitzt ein Schüler in der letzten Reihe. Diesen Platz hat er selbst gewählt. Einige Fächer mag er, andere langweilen ihn. Dann hat er ein leichtes Lächeln auf den Lippen – mancher Lehrer hält ihn deshalb für arrogant. Immerhin lassen sie ihn meistens in Ruhe.

Der Vater hat mit seinem Bruder ein Unternehmen gegründet, das Elektrotechnik herstellt. Die Werkstatt befindet sich im Haus. Zudem wird zuhause viel diskutiert – es gibt also viele Anregungen, zu denen die Gedanken während der Schulstunde abschweifen können. Und während vorne der langweilige Unterricht seinen Gang nimmt, fragt sich der Schüler, wie wohl eine Lichtwelle aussehen würde, wenn man sie von der Seite aus betrachten könnte, indem man neben ihr herfliegt.

Ein Mensch, der sich auf solche Fragen einlässt, ist kreativ. Nicht jeder bringt es dabei zu solchen erstaunlichen Leistungen wie Albert Einstein, denn er ist der portraitierte Schüler. Aber es gibt sehr viele Schüler, die im Unterricht in Gedanken häufig abschweifen – und das sind oft die kreativen. Das ist meine ganz persönliche Erfahrung aus vier Jahrzehnten Unterricht. Sicher machen auch solche Schüler, die sich kontinuierlich überdurchschnittlich am Unterricht beteiligen, häufig Karriere. Aber es fiel mir irgendwann auf, dass gar nicht so selten genau die Schüler, die durch gelegentliche ungewöhnliche Beiträge eigentlich bewiesen hatten, was in ihnen steckt, oder brillante Arbeiten geschrieben hatten, gerade nicht zu denen gehören, die man als Stütze des Unterrichts bezeichnet. Als junger Lehrer irritierte mich das. Mit den Jahren habe ich gelernt, diese Zurückhaltung zu respektieren. Vielleicht überschätze ich einfach die Bedeutung meines Unterrichts, vielleicht bewegt diese Schüler etwas viel Wichtigeres, wenn sie freundlich lächelnd dasitzen?

Dieses Abschweifen ist inzwischen Gegenstand wissenschaftlicher Erforschung geworden. Markus Raichle von der *Washington University in St. Louis, USA*, erregte Aufsehen, als er 2001 von einer interessanten Entdeckung berichtete. Der Radiologe hatte bemerkt, dass im Gehirn von Probanden, die gelangweilt auf die Fortsetzung eines Experiments warteten, während sie in der Röhre eines Tomografen lagen, gerade in solchen Momenten ein spezifisches Netzwerk von Arealen aktiv war. Prompt fiel es in sich zusammen, wenn der eigentliche Test weiterging.[80] Raichle taufte diese Koalition von Kortex-Arealen auf den Namen *default mode network* (DMN). Das englische Substantiv *default* ist nicht ganz leicht zu übersetzen – es changiert zwischen Mangel, Versäumnis und Voreinstellung – vielleicht könnte man das DMN als Basis- oder Ruhemodusnetzwerk bezeichnen.

Bis dahin hatte sich die Neurowissenschaft eher damit beschäftigt, was im Hirn passiert, wenn ein Stimulus die neuronalen Netzwerke erregt. Raichle ging es darum, zu erforschen, welche Hirnprozesse ganz ohne äußere Anreize initiiert werden. Es sind erstaunlich viele. Der Volksmund nennt das, was wir dabei erleben, *Tagträume*. Die Psychologen Matthew Killingsworth und Daniel Gilbert von der *Harvard University* eruierten neun Jahre nach Raichles Publikation, dass wir schätzungsweise die *Hälfte* unserer wachen Zeit tagträumen.[81]

Angesichts dieser Zahlen ist es unangebracht, dass Tagträumern ein so zweifelhafter Ruf anhaftet. Eltern sind manchmal besorgt, wenn ihr Kind oft »wegträumt«. »Er ist halt ein Träumer«, sagen sie entschuldigend und hoffen, dass sich das mit der Zeit auswächst, weil man im richtigen Leben sonst unter die Räder gerät. In der Schule geht es da oft deutlich rüder zu. »Penn nicht«, sagt der Lehrer, der einen Schüler beim Tagträumen »erwischt«. Dies mag der Grund dafür sein, dass viele Tagträumer selbst ein schlechtes Gewissen haben, wenn sie merken, dass ihre Gedanken mal wieder mit ihnen durchgegangen sind. Vielleicht wollte der kleine Albert, als er in der letzten Reihe saß und lächelnd vor sich hinträumte, gar nicht arrogant sein, sondern einfach nur signalisieren: »Lasst mich bitte in Ruhe träumen, ich tu' Euch nichts!«

Jonathan Smallwood meint, dass das Unbehagen, das das Tagträumen auslöst, mindestens zum Teil daher rührt, dass man es heutzutage allgemein für Zeitverschwendung hält. Die Tagträumer ärgern sich deshalb häufig über sich selbst, weil sie sich nach solchen Momenten des Abschweifens vorwerfen, mal wieder »nichts Vernünftiges« mit sich anzufangen gewusst zu haben. Das findet der Forscher schade, denn solche mentalen Auszeiten sind ausgesprochen wertvoll.[82]

Solche Tagträumer gehören nämlich zu den berühmtesten Denkern der Kulturgeschichte. Eine aus der Antike überlieferte Anekdote erzählt von einem besonders absurden Beispiel: Während einer Schlacht, an der teilzunehmen für die freien Bürger Athens selbstverständlich war, blieb der Philosoph Sokrates plötzlich stehen und rührte sich nicht mehr. Er war in tiefes Nachdenken versunken. Die Schlacht existierte für ihn gar nicht mehr. Welche Gedanken er dabei hatte, ist nicht überliefert. Deutlich wird daran aber auch, dass Tagträumer in der Tat in gefährliche Situationen geraten können. Wer weiß, wie viele Autounfälle auf das Konto der Aktivitäten des DMN gehen.

Naturwissenschaftler stellen heute gerne einen Zusammenhang zwischen bestimmten biologischen Phänomenen und der Evolution her. Wozu ist es im Laufe der Zeit herausselektiert worden? Was das Tagträumen angeht, gibt es dafür eine einleuchtende Hypothese: Der Mensch ist ständig neuen Herausforderungen ausgesetzt. Er kann nicht permanent darauf reagieren, sondern muss auch mal Abstand davon gewinnen, das Erlebte in sich arbeiten lassen. Und das sind die Momente, in denen der Mensch tagträumt. Dabei findet er oft bessere Lösungen für Probleme, als wenn er ununterbrochen spontan reagieren würde. Die Fähigkeit zum Tagträumen hat sich also unterm Strich bewährt. »Wir sind dann zwar kurzzeitig nicht mehr zum konzentrierten, exakten Arbeiten fähig, produzieren aber dringend benötigte neue Sichtweisen.«[83]

Ganz so neu sind diese Erkenntnisse freilich nicht. Intuitiv hat sie schon der Romantiker Friedrich Schlegel erfasst, dem seinerzeit noch keine Tomografen zur Verfügung standen, um seine Theorien zu überprüfen. In seinem Roman *Lucinde* gibt es einen Abschnitt mit der Überschrift *Idylle über den Müßiggang,* die mir bei der Formulierung der Kapitelüberschrift Vorbild war. Schlegel schreibt da:

»Nur mit Gelassenheit und Sanftmut, in der heiligen Stille der echten Passivität kann man sich an sein ganzes Ich erinnern, und die Welt und das Leben anschauen. Wie geschieht alles Denken und Dichten, als daß man sich der Einwirkung irgend eines Genius ganz überläßt und hingibt?«[84]

Und er fährt fort, das Wesentliche in allen Künsten und der Wissenschaft sei »das Denken und Dichten, und das ist nur durch Passivität möglich. Freilich ist es eine absichtliche, willkürliche, einseitige, aber doch Passivität.«[85]

Boston im Januar 2012. Dräger und Müller-Eiselt berichten von einem Besuch im *Media Lab* der Professorin Rosalind Picard, das zu den unzähligen Forschungseinrichtungen am *MIT* (*Massachusetts Institute of Technology*) zählt. Das, was sie da gesehen haben, scheint sie sehr beeindruckt zu haben: Überall an den Wänden sind Kameras, die die physische Verfassung des Besuchers so genau wie möglich erfassen. Die beiden Autoren von Bertelsmann gehen sogar davon aus, dass sie den Blutdruck registrieren können, was ein wenig verwundert. Algorithmen ermitteln umgehend, was der Besucher gerade empfinden mag – ob er gelangweilt ist oder glücklich, aufgeregt oder neugierig. Solche Algorithmen interessierten anfangs die Werbeindustrie, die eine Rückmeldung brauchte, ob ihre Spots auch ankommen. Aber es zeichnen sich neue Anwendungsmöglichkeiten ab, denn das System könnte auch beim Lernen eingesetzt werden:

»Die Kamera in Laptop oder Smartphone erkennt die Gefühlslage eines Schülers oder Studenten, ob er begeistert, genervt oder unkonzentriert ist. Schweift ein Nutzer ab oder entwickelt negative Gefühle, kann die Lernsoftware sofort reagieren: Das Spiel oder Video stoppt, der Computer stellt eine Frage zu dem gerade behandelten Stoff, und das Programm setzt sich nur bei richtiger Antwort fort. Reicht das nicht, um die Aufmerksamkeit des Nutzers zurückzugewinnen, schlägt es eine Pause vor und empfiehlt Erholung.«[86]

»Schweift ein Nutzer ab, [...] kann die Lernsoftware sofort reagieren [...].«[87] Wäre diese Technik das Grundmodell am Münchner *Luitpold-Gymnasium* gewesen, dann hätte sie den Schüler Einstein schnell wieder aus seinen physikalischen Träumen in die harte Realität griechischer Grammatikformen zurückgeholt. Und so werden durch diese Lernsoftware alle kreativen Schüler geerdet, sprich: ihrer kreativen Ausbrüche beraubt.

Was hier als Vision für unsere Schulen vorgestellt wird, ist sicher brauchbar als reines Trainingsprogramm für die Festigung von Stoff, den man bereits im Prinzip gelernt hat. Das wird an der Lernsoftware *Bettermark* deutlich, deren Vorzüge Dräger und Müller-Eiselt ausführlicher darstellen:

»Max gerät bei der Addition von Brüchen ins stocken: 2/7 + 11/14 = __. Er tippt in das freie Feld: 13/21. Das Lernsystem erkennt den Fehler und gibt Max einen Hinweis: ›Addiere nicht Zähler und Nenner. Bilde den Hauptnenner.‹ Er ist unsicher und lässt sich einen weiteren Tipp anzeigen: ›Bei gleichem Nenner darfst du die beiden Zähler auf einen Bruchstrich schreiben.‹ Da klickt es bei Max. Nach ein paar Übungen fühlt er sich sicherer. Das Gute an Bettermark ist, dass jeder Schüler in dem Tempo lernt, das ihm angemessen ist. Paula, die helle Mitschülerin von Max, ist längst bei anderen Aufgaben.«[88]

Dräger und Müller-Eiselt sind davon überzeugt, dass damit sowohl Langeweile als auch Lernstress vermieden werden können. Der Unterricht soll personalisiert werden – und die beiden Autoren werben dafür, dass diese Art von Unterricht – präziser gesagt: diese Art von Wissensaneignung – einen immer größeren Anteil am Geschehen in der Schule einnehmen soll:

> »Wenn aber der gleiche Lehrer alle gleichaltrigen Schüler im gleichen Tempo mit dem gleichen Material im gleichen Raum mit den gleichen Methoden und dem gleichen Ziel unterrichtet, sind Langeweile bei den einen und Überforderung bei den anderen die unvermeidbare Folge. Statt im gedanklichen Gleichschritt dem Lehrer zu folgen, schalten die meisten ab.«[89]

Sieben Mal taucht hier das Wort »gleich« auf und erweckt den Eindruck einer unerträglichen Unterrichtsmonotonie. Und das soll durch die viel beschworene Personalisierung behoben werden, die natürlich bedeutet, dass der Klassenverband aufgehoben wird und – da ja schließlich kein Lehrer in der Lage ist, für jeden einzelnen Schüler eine eigene

Didaktik zu entwickeln – die Software den Lehrer immer umfassender ersetzt. Am besten wäre es, wenn buchstäblich jeder Schüler sein völlig auf ihn zugeschnittenes Lernprogramm bekäme.

Die Lösung liegt wie so oft in der Mitte: So können die Schlaueren den Langsameren beim Lernen ganz analog helfen, was für sie den Vorteil bringt, dass sie dabei noch soziale Umgangsformen entwickeln, der Lehrer kann den Schnellsten aber auch zugestehen, dass sie sich mit anderen Dingen beschäftigen oder ganz einfach vor sich hin träumen – und selbstverständlich kann man erwägen, ob es nicht sinnvoll wäre, dass einzelne Lerninhalte am Computer von denen, die es brauchen, trainiert würden – warum auch nicht. Und wenn man sich dabei noch einzelne erklärende Youtube-Videos anschaut, umso besser. Das ist dann zwar keine Revolution, aber eine absolut sinnvolle Ergänzung der Unterrichtsmethoden.

Bettermarks Software eignet sich vermutlich gut für Nachhilfe und Trainingseinheiten. Als Grundmodell für den Unterricht ist sie toxisch. Sie merzt Kreativität geradezu aus. Aber angesichts der um sich greifenden Digitalisierung unserer Lebens- und Arbeitswelt hat gerade die Pflege und Förderung der Kreativität eine immense Bedeutung erhalten. Denn genau das sind die Maschinen nicht: kreativ.

Hasso Plattners Schulcloud

Über hundert deutschen Schulen schwebte im Jahr 2019 eine Wolke. Geht es nach den Betreibern des Hasso-Plattner-Instituts (HPI), dann sollen es demnächst in einer zweiten Phase dreihundert sein. Angestrebt ist, dass sich diese Wolken zu einer Wolkendecke verbinden, die sich über möglichst viele, am besten natürlich über alle 40 000 Schulen in Deutschland legt. Die Chancen dafür stehen nicht schlecht: Bundesbildungsministerin Karliczek bewirbt die *Schulcloud*, die das Potsdamer Institut gerade entwickelt, um deutschen Schulen zu helfen, ins digitale Zeitalter zu gelangen. Mancher Schulbuchverlag arbeitet allerdings an konkurrierenden Lösungen.

Das, was das HPI vorschlägt, klingt sehr vernünftig. Es wird die Stimmung vieler Lehrer aufhellen. Zu oft haben sie sich mit Digitaltechnik im Unterricht herumgeärgert – weil irgendwelche Komponenten nicht kompatibel waren, weil Programme nicht rechtzeitig aktualisiert wurden, weil Kollegen Einstellungen an Geräten geändert haben, weil Whiteboards zur Unzeit abstürzten etc. Solche Probleme sollen in Zukunft die Ausnahme sein, denn der gesamte technische Support soll von den Experten des HPI erledigt werden. Voraussetzung: die Schule verlagert ihre digitale Infrastruktur komplett in die Schulcloud des Instituts. Diese Auslagerung ist nicht nur billiger, als wenn an jeder Schule mangelhaft ausgebildetes Personal sich um Geräte und schuleigene Programme kümmern würde, sondern auch zuverlässiger. Ohne Zweifel strahlt diese Lösung großen Charme aus.

Die Schüler, Lehrer und Schulleiter der bald dreihundert Schulen, in denen die Cloud-Lösung erprobt wird, sind aufgefordert, Kritik und Probleme zur Sprache zu bringen, damit die Algorithmen und Prinzipien, nach denen die Plattform arbeitet, optimiert werden können. Auch das klingt sehr vernünftig. Weil diese Optimierungsphase noch anhält, sind die Auskünfte darüber, wie die Cloud einmal arbeiten wird, wenn sie möglicherweise flächendeckend in allen staatlichen Schulen zunächst einzelner Bundesländer zum Einsatz kommt, verständlicherweise relativ vage – es ist eben noch nicht alles entschieden. Aber gerade deshalb wird es Zeit, dass die Öffentlichkeit sich in diesen Prozess einmischt.

Sollte diese Lösung sich durchsetzen, dann wird über kurz oder lang kein Schulbuchverlag, keine Firma, die didaktisches Material erstellt, am HPI vorbeikommen – einfach, weil es für den Lehrer sehr bequem ist, sich hier auf einer einzigen Plattform darüber zu informieren, welches Material zu einem Thema auf dem Markt ist. Er muss in keine Schulbuch-Zentren mehr gehen und nicht ungezählte Seiten im Internetdschungel durchscrollen. Wenn es eines Tages kinderleicht sein sollte, zurechtgeschnittenes, lizensiertes Material mit ein paar Klicks zu passablen Stunden zusammenzumontieren, ist die Verführung für den Lehrer groß, nur noch in der Cloud zu arbeiten. Das ist die liberale Variante der Schulcloud.

Es gibt auch eine restriktive. Das HPI lässt nämlich die Frage offen, ob es in den an seine Cloud angeschlossenen

Schulen auf Dauer überhaupt noch technisch möglich ist, Material zu verwenden, das nicht vorher in die Cloud hochgeladen wurde. Es gibt immer mehr Softwarefirmen, die dieses Exklusivitätsprinzip einführen. Wenn ein Lehrer eigenes Material verwenden und an die Wand projizieren will – kann er das weiterhin oder funktioniert das technische System ausschließlich mit implementiertem Material? Werden demnächst die Kopierer in den Schulen abgeschafft, weil Material dem Schüler nur noch digital zur Verfügung gestellt wird und die Schule irgendwo auch mal sparen muss? Technisch ist diese Variante sicher machbar. Vielleicht kommt sie nicht gleich, aber in ein paar Jahren. Autoritäre Staaten könnten auf diese Weise optimal kontrollieren, ob Lehrer eigene Wege gehen oder systemkonform unterrichten. Ändern sich hierzulande die politischen Verhältnisse, hätte es ein unangenehmer Schlag von Politikern sehr leicht, Lehrkräfte zu überwachen – er muss dazu nicht erst die Schüler anstacheln, ihre Lehrer zu verpetzen, oder wie in DDR-Zeiten irgendeinen Schüler, der ein kleiner FDJ-Sekretär ist, als IM anwerben.

Das HPI ist keine gemeinnützige Einrichtung, sondern ein Wirtschaftsunternehmen. Es muss für seine verschiedenen Geschäftsfelder jeweils ein Geschäftsmodell entwickeln, mit dem es Gewinn erwirtschaften kann. Wie kann man mit einer Schulcloud Geld verdienen? Natürlich, indem man den Staat dafür zur Kasse bittet, dass man ihm bzw. den Lehrern und der Schule Verwaltungsarbeit abnimmt. Und das ist der Fall, wenn in der Cloud z. B. Notenverwaltungsprogramme oder Tools für die Schulorganisation usw. bereitgestellt werden.

Aber ein richtig gutes Geschäft kann man im Digitalzeitalter nur machen, wenn man als Plattform auf einem Sektor eine marktbeherrschende Stellung erringt. iTunes etwa für Musik, Amazon anfangs für Bücher, inzwischen für ganz viele Warengruppen, Uber für Mobilität. Die Ware, die das HPI den Schulen anbieten will, ist etwas, das heute meist »Content« genannt wird: Es handelt sich um die Materialien, die im Unterricht zum Einsatz kommen. Diese sollen im *Lernstore* der Cloud gehandelt werden.

Der Lernstore des HPI

Bedenkt man, dass an jedem Schultag in nahezu jeder Schulstunde irgendwelche Materialien zum Einsatz kommen, und multipliziert das mit der Anzahl aller deutschen Schulen, kommt man – sollte die Schulcloud die von den Schulen favorisierte Lösung werden – auf einen gewaltigen Jahresumsatz, selbst bei minimalen Beiträgen pro erworbenem Nutzungsrecht für kommerzielle Materialien. Ob das Geld dafür vom jeweiligen Schuletat stammen soll oder eine allgemeine Lizenzlösung mit den Landesregierungen ausgehandelt wird, ist noch offen. Möglich ist auch, dass alle kommerziellen Anbieter je nach Abrufquote bezahlt werden, der Rest ist umsonst.

Es wäre nämlich dumm, wenn das HPI nur kostenpflichtige Angebote vermittelte – denn dann würden die Lehrer scharenweise die Plattform verlassen. Deshalb findet sich im Lernstore neben kommerziellen Angeboten etliches, was ohne Kosten im Unterricht eingesetzt werden kann:

> »Die Materialien selbst können frei lizenzierte Medien (Bilder, Grafiken, Audiodateien, Videos, etc.), spezifisch für den Einsatz im Bildungsbereich erstellte Open Educational Resources unter Creative Commons-Lizenz oder auch professionelles Material von Schulbuchverlagen sein.«[90]

Im Unklaren lässt uns das HPI, nach welchen Kriterien das *Ranking* erfolgt, das über die Reihenfolge der zur Verfügung stehenden Materialien entscheidet. Aber gerade wenn in absehbarer Zeit eine Flut solcher Materialien im Lernstore zu finden sein sollte – was seine Betreiber unterstellen –, drängt sich die Frage auf, nach welchen Kriterien sie gelistet werden. Die Demoversionen überrascht eher durch große Unübersichtlichkeit als durch erkennbare Qualitätskriterien. Und auf der Homepage findet sich der Satz: »Durch die Nutzung und Bewertung (sic) einzelner Lernanwendungen entsteht gleichzeitig eine effektive Qualitätskontrolle.«[91] Soll also wie in den frühen Zeiten von Google allein die Abrufquote (»Nutzung«) darüber entscheiden, wie weit oben ein Material gelistet wird? Welchen Regeln folgt ggf. ein Algorithmus? Und, da das Wort »Bewertung« auftaucht: Wer nimmt sie vor? Der User? Ist dann nicht die Gefahr groß, dass die Schule im eigenen Saft schmort? Oder gibt es externe Juroren?

Es ist keine staatliche Behörde, die das äußerst sensible Ranking organisiert, sondern ein Unternehmen, das wirtschaftliche Interessen verfolgt. Deshalb ist völlig unsicher, ob der Algorithmus veröffentlicht wird, der hier zum Einsatz kommt. Google zumindest hütet den seinen wie ein Staatsgeheimnis. Die Click-Raten von Treffern, die bei der amerikanischen Suchmaschine erst auf der dritten Seite erscheinen, sind bereits äußerst nieder – kommerzielle Angebote können sich einen der besseren Listenplätze kaufen.

Häufig wird in den Internetauftritten des HPI darauf hingewiesen, dass es Sache der Lehrkräfte ist, das Material, das im Lernstore liegt, *auszuwählen*. Seltener, dass Lehrer wie auch Schüler selbst Lern- und Lehrmaterial in die Cloud *hochladen* können. Ob es unter den künftigen Lernbegleitern überhaupt noch viele geben wird, die sich in Wissensfelder so intensiv einarbeiten, dass sie qualifiziertes Material erstellen können, wage ich zu bezweifeln – zumal laut HPI davon ja mehr als genug bereitliegen wird. Mit der Degradierung des Lehrers zum Lernbegleiter schwindet ohnehin die Motivation, selbst Material zu erstellen.

Bisher hat es der engagierte Lehrer genossen, wenn er mit seinen Schülern einen neuen und spannenden Sachverhalt erschlossen hat, was Christoph Türcke in seinem Buch *Lehrerdämmerung* so treffend als »Jetztzeit« bezeichnet. Für einen Prozess, den er nur begleitet, Material beizusteuern, das wird kaum einem dieser Lernbegleiter in den Sinn kommen, denn dafür müsste er sich nicht nur für die Didaktik, sondern noch viel mehr für den Stoff verantwortlich fühlen – und der spielt bekanntlich keine nennenswerte Rolle mehr in einer auf digitale Kompetenzen hin orientierten Schule. Für den Inhalt des Unterrichts sind demnächst nicht mehr Hunderttausende Lehrer zuständig, sondern nur noch die Wissens-Manager der Lernprogramm-Anbieter, bald vielleicht vornehmlich die des HPI. Christoph Türcke schreibt treffend:

> »Wenn Lehrer solchen Unterricht nur noch begleiten, selber keinen Sach- und Fachverstand mehr ausstrahlen, für nichts Erkennbares mehr stehen, aber alles fördern, was Arbeitsblätter und sonstige didaktische Materialien vorgeben, so fragt sich allerdings: Wie sollen sie die Achtung der Schüler gewinnen? Wie sollen sie bewundernde Zuneigung auf sich ziehen, die sie auf Sachverhalte umlenken könnten?«[92]

Deregulierung im Bildungssektor: tiefgreifender als bei Bahn und Post

Der Staat würde sich, wenn er seine Schulen flächendeckend in Hasso Plattners Cloud anmeldete, aus einem weiteren seiner traditionellen Verantwortungsfelder zurückziehen. Ein neuer Fall von Deregulierung. Bisher waren davon solche Bereiche wie Transport oder Paket- bzw. Briefversand betroffen. Jetzt geht es um so etwas wie das geistige Rückgrat unserer Gesellschaft, um einen Bereich, wo die Grundlagen für Demokratie, Wissenschaft und Kultur gelegt bzw. der nächsten Generation vermittelt werden. Bisher hat sich der Staat vorbehalten, beispielsweise bei der Zulassung von Unterrichtsmaterialien aus

Verlagen diese nach bestimmten Kriterien zu begutachten und ggf. keine Genehmigung zu erteilen. Diese Funktion scheinen Politiker an das HPI abgeben zu wollen.

In auffälligem Kontrast dazu war es bisher der pädagogischen Verantwortung des einzelnen Lehrers überlassen, welches Material er in seinem Unterricht verwendet. Er musste dieses Material vorher niemandem zeigen. Das entsprach dem freiheitlichen Charakter unserer Verfassung. Der Lehrer hatte sich an die Lehrpläne und die Gesetze zu halten – aber wie er dies macht, das fiel in seinen Verantwortungsbereich.

Rechtlich gesehen ist da keine Änderung geplant. Wohl aber könnte es immer mehr Lehrer geben, die die Annehmlichkeiten der Cloud des HPI in Anspruch nehmen, weil sie sich tatsächlich nur noch als Lernbegleiter verstehen und den Aufwand für die Konzeption des Unterrichts immer weiter reduzieren. Die Cloud stellt ihnen sogar die Maske für die Stundenplanung zur Verfügung. In diese sind nur noch die ebenfalls in der Cloud gelisteten und bewerteten Materialien einzufügen – die Auswahl zwischen diesen dürfte noch die meiste Zeit beanspruchen. Und schon steht die Unterrichtsvorbereitung.

Wer die Schule ändert, ändert die Gesellschaft

Wissen ist Googles Macht

Im Schuljahr 2017/18 unterrichteten in Deutschland laut de.stastista.com 763 304 voll- und teilzeitbeschäftigte sowie stundenweise tätige Lehrer an allgemeinbildenden Schulen. Hinzu kommen Volkshochschuldozenten, Studienleiter an kirchlichen Akademien oder Dozenten in der betrieblichen Weiterbildung usw. Neben den Lehrern haben sich dieser Aufgabe auch die Medien, Buch- und Zeitungsverlage verschrieben. Es ist mit Sicherheit nicht verkehrt, davon auszugehen, dass sich in Deutschland eine Million Menschen dafür verantwortlich fühlen, Wissen organisiert weiterzugeben. Allein diese Vielfalt garantierte eine große Bandbreite an Schwerpunkten und Interpretationen und damit einen gewaltigen Pluralismus.

Wenn Google, Bertelsmann oder das Hasso-Plattner-Institut usw. den Anspruch anmelden, diese Funktion immer mehr zu übernehmen, scheint sich allerdings die Weise, wie Wissen weitergegeben wird, radikal zu ändern. Gelänge es den digitalen Akteuren, den Lehrer zum Lernbegleiter zu degradieren, gäbe es bald sehr viel weniger Menschen in Deutschland, die sich jeweils für ein bestimmtes Wissenssegment verantwortlich fühlten. Jeder, der so eine Verantwortung schon einmal getragen hat, weiß, dass man dabei gehörig unter Druck steht. Denn das, was man vermitteln will, soll ja wirklich stimmen. Sollten sich die Datenkonzerne durchsetzen, dann wird dieses Verantwortungsgefühl schwinden – und die Zahl der Menschen, die beispielsweise die Fortschritte in der Gentechnik aus *beruflichen* Gründen verfolgen oder sich mit dem Menschenbild der digitalen Akteure beschäftigen usw., nimmt ab. Diese Neudefinition des Lehrerberufs hat also nicht nur Folgen für die Schule, sondern auch für die Gesellschaft.

»Na und?«, werden manche fragen – und mit Pink Floyd singen: »We don't need no education, we don't need no thought control«. Nicht nur die Schüler, sondern gleich die ganze Gesellschaft soll von der »Gedankenkontrolle« durch die Lehrer befreit werden, wie Pink Floyd Erziehung nennt.

Aber gänzlich allein gelassen werden die Schüler genauso wenig wie die Gesellschaft. Ganz im Gegenteil. An die Stelle der Lehrer treten im Laufe der Jahre zunehmend die Algorithmen der Suchmaschinen, von Plattformen und Social Media. Leider zeichnet sich heute schon ab, wohin das führt. Über die großartige Idee der Gründergeneration des Internets in Kalifornien, dass es endlich eine Technik geben soll, bei der jeder mit jedem Wissen teilen kann, hat sich ein Schatten gelegt, der zunehmend bleiern wird.

Es gab eine Zeit, in der wurde selbst säkulares Wissen außerhalb der Familie nur vom Pfarrer oder Handwerksmeister weitergegeben. Dann trat diesen im Zuge der Aufklärung der Lehrer zur Seite. Später bildete man sich auch noch aus Zeitungen. Die Massenmedien entstanden, politische oder wissenschaftliche Magazine dienten dem Interessierten als Informationsquelle. Und natürlich Bücher. Heute ist es das Internet, das für immer mehr Menschen zur bevorzugten Wissensquelle geworden ist. Es ist gerade dabei, seine Konkurrenten in Schwierigkeiten zu bringen – zunächst den Zeitungsmarkt an die Wand zu drücken und die Verlage unter Druck zu setzen. Als nächstes sind offenbar die Lehrer ins Visier geraten.

»Wissen ist Macht« ist ein Leitspruch der Aufklärung. Zum ersten Mal taucht er bei dem Frühaufklärer Francis Bacon auf, der 1598 schrieb: »(For) knowledge (itself) is power.« Später haben diesen Gedanken vor allem die Sozialisten aufgegriffen. Wenn Wilhelm Liebknecht 1872 in einer Rede sagt: »Wissen ist Macht – Macht ist Wissen«[93], dann wird daran deutlich, dass dieser Gedanke in der Sphäre der Politik angekommen ist.

Eine neue Variante des verheißungsvollen wie bedrohlichen Satzes ist seit einiger Zeit in Umlauf. Dabei hat der Wissensbegriff eine seltsame Metamorphose erfahren. Aus Wissen wurden Informationen – und die sind erst wirklich mächtig, wenn sie digital sind. Denn nur dann lassen sie sich maschinell bearbeiten. Larry Page, Mitgründer von Google, versicherte der *Financial Times* 2014, es sei nach wie vor Ziel des Unternehmens, »die Informationen der Welt zu organisieren und für alle zu jeder Zeit zugänglich und nutzbar zu machen«[94]. Wenn man so will, ist dieser Satz das öffentliche Credo von Google. An Pages Positionsbestimmung ist zweierlei bemerkenswert: Erstens ist der Gedanke verblüffend, dass jemand glaubt, *die* Informationen der Welt – also alle – sammeln bzw. organisieren zu können, was ja wohl heißt, sie durch Digitalisierung und Verschlagwortung technisch verfügbar zu machen. Früher dachte ich: »Wie lächerlich! So etwas ist doch niemals möglich!« Und das stimmt letztlich immer noch. Aber dann fiel mir auf, mit welcher Energie der Konzern zur Tat schritt. Er dachte eben »big«. Fangen wir ganz oben an: *Google Earth* fotografierte die Erde von oben, aus der Satellitenperspektive. Wie genau man dabei noch Details erkennen kann, ist überraschend. Die Autos von *Google-Maps* fuhren durch alle Straßen zumindest der bewohnten bzw. zivilisierten Welt und ließen ihre Rundumkameras alles festhalten, was ihnen vor die Linse kam. *Google-Books* wollte alle Bücher dieser Welt einscannen, inklusive der Wissenschaft. *Google-Nest* möchte inzwischen sogar alle Äußerungen erfassen, die Mann, Frau, Kinder und ihre Besucher in privaten Wohnungen von sich geben. Die Persönlichkeit der Hausbewohner soll ermittelt werden, indem man Mimik und Gestik beobachtet und auswertet. Und so weiter, die Liste ließe sich fortsetzen. Sicher sind das nicht »die« Informationen der Welt. Aber es sind verdammt viele. Und schlagartig wird klar, dass diese Informationsmasse tatsächlich eine gigantische Machtbasis darstellt. Macht, die sich nicht auf Gesetze und Panzer stützt, sondern Macht im Sinne von immensen Möglichkeiten, dieses Wissen für ökonomische oder politische Zwecke zu nutzen.

Freilich bedeutet »Wissen haben« im digitalen Zeitalter nicht, ein gebildeter Mensch zu sein. Vielmehr bedeutet es, die Datenbanken zu besitzen und die Algorithmen zu entwickeln, die die Datenflut zu einem extrem erfolgreichen Marktinstrument machen. Und nicht nur das: Gesammeltes Personenwissen ist auch eine politische Waffe, die sich als solche verkaufen lässt.

Das zweite, was an Pages Äußerung bemerkenswert ist, ist der Widerspruch zwischen Behauptung und Konzernpraxis. Keineswegs ist es das Ziel des Konzerns, »die Informationen der Welt für alle zu jeder Zeit zugänglich und nutzbar zu machen«. *Weder* soll das Unternehmenswissen von Google selbst allgemein zugänglich gemacht werden: Seine Algorithmen, ohne die das Geschäft nicht möglich wäre, das Google vorübergehend zum reichsten Unternehmen der Welt gemacht hat, sind natürlich streng geschützt. *Noch* wird im Zeitalter personalisierter Accounts jedem dasselbe Wissen zugänglich gemacht, vielmehr handelt es sich um ein selektiertes Wissen. Denn die Algorithmen des Konzerns sind ja nur deshalb so lukrativ, weil sie Informationen vorsortieren und von sich aus entscheiden bzw. errechnen, wann wem welche Information angezeigt wird. Das merke ich nicht, wenn ich mich schnell bei Wikipedia erkundige, woher der Satz »Wissen ist Macht« kommt. Aber das ist auch kein typisches Nutzerverhalten. Ganz anders sieht es aus, wenn ich politische Themen google oder mich gar für bestimmte Waren bei Amazon interessiere.

Fazit: Bisher wurde das Wissen dieser Welt nicht von einem oder wenigen Anbietern organisiert bzw. präsentiert, sondern von vielen, die sich ihrerseits auch nicht nur aus einer Quelle bedienten, sondern aus vielen verschiedenen. Unter diesen hat die Gruppe der Lehrer eine relativ große Rolle gespielt. Lehrer haben (hoffentlich) einen engen Draht zu jungen Menschen und fühlen sich, wenn sie wirkliche Lehrer sind, verantwortlich für das, was diese wissen sollten. Sie sind deshalb der wichtigste Distributor von Wissen in diesen Alterskohorten. Sie machen das nicht aus Geschäftsinteresse, sondern weil sie auf der Seite der Menschen stehen, die die Gestaltung des Lebens auf diesem Planeten, in diesem Land und in ihrem privaten Umkreis zunehmend mehr selbst übernehmen müssen. Von solchen uneigennützigen Wissensvermittlern gab es bisher ca. eine Million.

Es ist logisch, dass die großen Datenfirmen das ändern wollen. Shoshana Zuboff berichtet von einem Gespräch mit einem anonymen Risikokapitalisten, der im Zusammenhang der kostenlosen Verbreitung des Google-Betriebssystems Android 2011 meinte:

> »Man will jede Schicht zwischen sich und dem Kunden beseitigen [...] Im Grunde ziehen die nicht nur einen Burggraben; Google verbrennt auch noch die Erde auf 250 Meilen rund um die Burg, um dafür zu sorgen, dass da keiner rankommt.«[95]

Was dieser Kapitalgeber anlässlich der Einführung des Android-Systems sagt, gilt mit Sicherheit auch für andere Plattformen: Alles, was ihre Monopolstellung beim Verwalten des Wissens der Welt in Frage stellt, soll aus dem Weg geräumt werden. Also auch Lehrer. Diese fehlen dann nicht nur den Schulen, sondern der Gesellschaft.

Wenn es auf der gesellschaftlichen Seite einen Zusammenhang zwischen Wissen und *Macht* gibt, so steht dem auf der privaten Seite der zwischen Wissen und *Identität* gegenüber. Wer jeder von uns ist oder zu sein meint, das hängt von nichts so sehr ab wie von dem, was wir über die Welt wissen oder zu wissen glauben. Wobei es sich versteht, dass wir das Wissen, das uns von irgendeiner Instanz zugetragen worden ist, in der Regel nicht gleichmütig registrieren, sondern mit Emotionen füllen. Informationen lösen umso zuverlässiger Emotionen aus, je mehr sie uns nahegehen. Dieses emotional bewertete Wissen bildet unsere Identität.

Es gibt einen hübschen Eintrag in einem Buch von Roland Barthes.[96] Er ist etwa eine Seite lang. Unter der Überschrift *Ich liebe, ich liebe nicht* finden sich zwei Listen. Die erste zählt auf, was Barthes liebt. Sie beginnt mit »Salat, Zimt und Käse«. Bald folgt »der Geruch frisch geschnittenen Heus«. Etwas später taucht der erste Name auf: Glenn Gould. Dann kommen wieder Genüsse, diesmal etwas ausgefallener: Havannazigarren oder weiße Pfirsiche. Ganze Kaskaden von weiteren Namen sind eingestreut, z. B. Twombly, Sartre und Brecht. Das Ganze endet mit dem »Serrano um sieben Uhr morgens beim Verlassen von Salamanca«. Und ähnlich anarchisch werden anschließend die Phänomene aufgelistet, die Barthes nicht liebt.

So kann man seine eigene Identität umschreiben. Sie beginnt bei sinnlichen Genüssen und definiert sich weiter über das emotionale Verhältnis zu verschiedensten Aspekten unserer Kultur, zu Schriftstellern und der favorisierten Musik. Jeder Mensch kann zwei derartige Listen zusammenstellen. Und man kann ihn anhand seiner Listen von anderen unterscheiden. Dies wäre eine ausgezeichnete Vorlage für ein anregendes Gesellschaftsspiel.

Jeder Jugendliche versucht spätestens mit der Pubertät herauszufinden, ob bzw. wie er sich von seinen Eltern unterscheidet – er sucht nach seiner eigenen Identität. Solange ihm das nicht gelingt, ist er noch nicht richtig erwachsen geworden. Identität ist zwar etwas relativ Festes, geradezu Träges, aber doch nicht gegen jeden Wandel abgeschottet. Ich bin mir nicht sicher, ob sich der junge Mann, der ich einmal war, freuen würde, wenn er mir heute begegnete. Vermutlich würde ihn diese Begegnung erschrecken.

Wir halten wenig von dieser Identität, wenn wir den Eindruck gewinnen, dass sie sich nicht aus den gelebten Erfahrungen eines Individuums gebildet hat, sondern dass sie schlicht aus der Übernahme vorgefertigter Muster besteht. Natürlich hat es diese Möglichkeit immer gegeben – und in Zeiten, in denen Ideologen dem Menschen vorgaukeln, diese Identität sei biologisch bedingt, also von vornherein determiniert, sicherlich mehr, als wenn in liberalen Epochen der Geschichte dem Individuum zugestanden wurde, sich selbst zu finden. Rainer Maria Rilke hat diese Bereitschaft zum Wechsel der Identität in ein poetisches Bild gefasst, wenn er in seinem Roman *Die Aufzeichnungen des Malte Laurids Brigge* schreibt:

»Es giebt (sic) eine Menge Menschen, aber noch viel mehr Gesichter, denn jeder hat mehrere. Da sind Leute, die tragen ein Gesicht jahrelang, natürlich nutzt es sich ab, es wird schmutzig, es bricht in den Falten, es weitet sich aus wie Handschuhe, die man auf der Reise getragen hat. Das sind sparsame, einfache Leute; sie wechseln es nicht, sie lassen es nicht einmal reinigen. Es sei gut genug, behaupten sie, und wer kann ihnen das Gegenteil nachweisen? [...]
Andere Leute setzen unheimlich schnell ihre Gesichter auf, eins nach dem andern, und tragen sie ab. Es scheint ihnen zuerst, sie hätten für immer, aber sie sind kaum vierzig: da ist schon das letzte. Das hat natürlich seine Tragik. Sie sind nicht gewohnt, Gesichter zu schonen, ihr letztes ist in acht Tagen durch, hat Löcher, ist an vielen Stellen dünn wie Papier, und da kommt dann nach und nach die Unterlage heraus, das Nichtgesicht, und sie gehen damit herum.«[97]

Diese also durchaus immer vorhandene Bereitschaft, seine Identität zu ändern, findet im Internetzeitalter optimale Bedingungen. Denn Identitätsbildung vollzieht sich heute nicht mehr unabhängig von elektronischen Medien. Ist es unter diesen Bedingungen einfacher geworden, Identität zu entwickeln? Oder verhindert das Internet gerade eine echte Identitätsbildung?

Viele werden sagen: Es ist einfacher geworden – denn das Internet erleichtert es, sich viel mehr alternative Lebenskonzepte anzusehen, als man durch unmittelbare Anschauung kennenlernen könnte. In einem philosophischen Internetforum entdeckte ich einen Beitrag eines gewissen Heribert Holzingers, der dort Gedanken zum Thema *Wer bin ich – meine Suche nach Identität* eingestellt hat, und so beginnt:

> »Im Zeitalter der Anonymität im World Wide Web, der Avatare und des Gender-Swapping haben wir Gelegenheit, vielfältige Rollen zu probieren, sie nach Belieben zu genießen, zu wechseln und wieder zu verwerfen.«[98]

Geändert hat sich also Folgendes: Während man früher – besonders abseits der großen Metropolen – relativ selten neue Lebensentwürfe und Weltdeutungen kennenlernen konnte, während auch das politische Meinungsspektrum überschaubar blieb, hat sich das im Internetzeitalter geändert. Nicht nur der nervöse und nach Originalität strebende Intellektuelle, sondern jeder Internetnutzer findet ohne große Mühe zu jeder nur denkbaren Frage alternative Antworten im Netz.

War 9/11 eine Aktion der CIA? Google listet nahezu 300 Millionen Seiten auf, die diese Frage beantworten oder streifen. Asylantenkriminalität? Da findet die Suchmaschine in Sekundenbruchteilen ca. 300 000 Antworten. Donald Trumps Meinung ist genauso darunter wie die der Antonio-Amadeo-Stiftung. Jeder, der etwas Bestimmtes sucht, kann hier fündig werden. Und ist er erst einmal auf einer bestimmten Fährte – ob gezielt angelockt oder durch Zufall dort angelangt – dann wird er sofort dazu passende Seiten entdecken. Die Suchmaschine reicht ihn weiter.

Das erinnert an sogenannte dissipative Strukturen. Diese sind eine Entdeckung der Chaosforschung: Lange floss ein Strom durch sein Bett. Aber an einer Stelle dieses Bettes ist die Barriere zu einem Tal, durch das bis dahin kein Wasser floss, sehr nieder. In einem Jahr regnet es viel, die Erde ist aufgeweicht und der Strom tritt über die Ufer. An der Schwachstelle schwemmt das Wasser die Erde weg, der Strom ergießt sich plötzlich in das bis dahin trockene Tal: Er hat sich ein neues Bett gesucht, das im weiteren Verlauf ganz anderen geologischen Formationen als bisher folgt, und dabei bleibt es. Eine Serie von Zufällen verändert nachhaltig die Strukturen der Wirklichkeit.

Und so können sich auch Meinungsströme ändern und neue Betten suchen. Das Internet erleichtert solche Veränderungen, seit das eigene Nutzerverhalten das Ranking der Seiten bestimmt, die uns auf eine Anfrage hin präsentiert werden. Da müssen also nicht erst russische Hacker oder Bots auftauchen, um uns in die Irre zu führen – das passiert bereits aufgrund des Verstärkungseffekts, den die automatische Auswertung unseres bisherigen Internetverhaltens hervorruft. Wenn heute beklagt wird, dass sich die politischen Auseinandersetzungen in der Bevölkerung verhärtet hätten (etwa in der Neujahrsansprache des Bundespräsidenten 2019), dann ist diese Verhärtung nicht unerheblich auf solche Verstärkungseffekte zurückzuführen. Und ihre Nutzer, die ja davon ausgehen, dass sie sich durch ihre Recherche gut informiert haben, sind natürlich der Überzeugung, dass sie besser Bescheid wüssten als alle anderen.

Die Mühelosigkeit der Veränderung ist das Entscheidende. Während die Erarbeitung einer eigenen Meinung früher eher ein mühseliges Geschäft war, weshalb sich viele lieber an vorhandene Autoritäten anlehnten, was z. B. die Basis für stabile politische Milieus war, gelingt dieses Switchen zwischen verschiedenen Positionen jedem, der Zeit und entsprechende Energie hat, heute ohne großen Aufwand vom eigenen Wohnzimmer bzw. PC aus. Deshalb melden sich inzwischen in jeder öffentlichen Diskussion Experten zu Wort, die jede Position vollkommen überzeugt mit Zahlen und Zitaten gespickt vortragen können. Und sie genießen diese Auftritte: denn sie geben ihnen die Möglichkeit, aus der Einsamkeit der privaten Netznutzung herauszutreten. Das ist das zweite Merkmal der Situation heute: dass sich Meinungsbildung nicht in der Auseinandersetzung mit einem lebendigen Gegenüber vollzieht, sondern einsam – besonders bei den älteren Menschen. Wenn sie zum ersten Mal öffentlich geäußert wird, ist sie bereits stark verfestigt.

Bei den Digital Natives hingegen sind es gerade anders herum die sozialen Netzwerke mit ihrer sehr spontanen Mobilisierung von Followern und Shitstorms, die die Meinungsbildung überemotionalisieren. Auch hier kennt man die Menschen meist gar nicht, deren Beifall oder Verachtung man sich aussetzt. Noch erträglich, wenn man mit Decknamen postet. Gefährlich, wenn man seinen Klarnamen benutzt hat.

Das Problematische daran ist also die Trennung des Meinungsbildungsprozesses von der persönlichen Beziehung zu den Menschen, die ebenfalls in der Meinungsarena antreten. Man muss sich am Computer nie der Missbilligung oder spürbaren Überwältigungsversuchen des Gegenübers aussetzen, sondern kann mit seinen spontanen Gefühlen allein bleiben – oder man unterwirft sich ohne Not dem Urteil wildfremder Menschen, die in ihren Kommentaren meist kein Blatt vor den Mund nehmen. Solange sich die Ausbildung einer Identität allerdings nicht in der persönlichen Begegnung vollzieht, ist sie seicht. Das hat es so früher nicht gegeben.

Meinungsbildner waren im Leben jedes heute lebenden Erwachsenen seine Lehrer, die seine Identitätsfindung jahrelang begleitet haben. Sie waren eben nicht nur Lernbegleiter, sondern Begleiter auf dem Weg in die Welt der Erwachsenen, sie waren das Gegenüber, an dem man sich rieb oder das man vielleicht auch mal bewunderte. In Zeiten der Degradierung des Lehrers zum Assistenten der Lernprogramme fällt diese Möglichkeit weg – und das World Wide Web beerbt die Lehrerschaft. Es dürfte sich sehr bald als Irrtum erweisen, dass die Lernbegleiter an die Stelle der Lehrer treten, denn sie haben infolge der flacheren Verantwortung nur noch sehr wenig echte Autorität. Der Lehrer wird viel mehr ersetzt durch neue äußerst agile Meinungsmacher wie z. B. jenen Rezo, der in der Endphase des Europawahlkampfes mit seiner Kritik an der Großen Koalition innerhalb kürzester Zeit ein Millionenpublikum erreichte. Gegenüber Youtubern, Bloggern und Influencern haben Lernbegleiter keine Chance.

All das ist schon bedenklich genug und erschwert eine Identitätsfindung erheblich. Aber das ist noch nicht alles. Denn es ist ohnehin nicht das Ziel der großen das Internet beherrschenden Konzerne, Identitätsbildung zu fördern, sondern eher, sie zu beeinflussen. Seit bekannt wurde, dass es die Strategie von Googles Suchmaschine ist, aufgrund unseres Nutzerverhaltens Anfragen nicht mehr neutral, sondern gewichtet nach diesem Verhalten zu sortieren, gar zu manipulieren, ist es von Fall zu Fall schwer zu entscheiden, inwieweit die scheinbar selbst erarbeitete Meinung nicht subversiv von Algorithmen überformt wurde. Es geht den Plattformen eher darum, uns möglichst lange auf einer Internetseite zu halten, sei es um uns Kaufangebote zu präsentieren oder unsere Wahlentscheidungen zu beeinflussen.

Irgendwann muss es Leuten wie Page oder Brin gedämmert haben, dass ihr Geschäftsmodell nicht nur in der Lage ist, sie in die Gruppe der reichsten Männer der Welt hineinzukatapultieren. Seine Algorithmen können mehr: Sie haben das Potential, an allen traditionellen Institutionen vorbei eine ungeheure Machtfülle zu generieren. Die CEOs der großen Datenkonzerne scheinen der Überzeugung zu sein, dass sie sich in einem rechtsfreien Raum bewegen – oder sie wollen so einen Raum schaffen. So erwog Eric Schmidt, ob Google nicht gut daran täte, seine Server und seine Unternehmenszentrale auf gigantische Schiffe zu verlegen, die in internationalen Gewässern vor Anker gehen.

> »Nicht nur, dass der Cyberspace mehr und mehr zu einem Territorium wird, in dem nationale und supranationale Gesetze nicht gelten«,

schreibt Christof Keese.

»Es gibt auch keine Gewaltenteilung. Facebook, Google & Co. stellen die Regeln auf, kontrollieren ihren Vollzug und organisieren das Beschwerdewesen. Sie sind Legislative, Exekutive und Judikative in einem.«[99]

Angesichts der Tatsache, dass der Umsatz von Google das Bruttoinlandsprodukt kleinerer Nationalstaaten übersteigt, will das schon was heißen. Riesige rechtsfreie Räume drohen zu entstehen.

Wenn die Schule, die lange Zeit standhaft den Verführungen des digitalen Zeitalters widerstanden hat, kapitulieren sollte, würde der Widerstand gegen diese neue, smarte Form von totalitärer Herrschaft weiter geschwächt. Dies ist besonders der Fall, wenn Lehrer zu Lernbegleitern werden. Dann fehlen den jungen Menschen nach ihren Eltern die bis dato verlässlichsten Sparringspartner bei der Entwicklung einer eigenen Identität. Ab dem Zeitpunkt werden die Lehrer – oder was von ihnen noch übrig bleibt – die eigene intensive Durchdringung des Stoffes vernachlässigen, weil sie sich auf die Plattformen, die »Content« anbieten bzw. Lernprogramme bereitstellen, verlassen werden – wozu sich noch anstrengen, wozu Fachzeitschriften lesen und fachliche Fortbildungsveranstaltungen besuchen, wenn das alles in der Cloud des HPI zu finden ist?

Das Internet generiert digitale Monaden

Einer der größten Philosophen Deutschlands hat vor drei Jahrhunderten ein metaphysisches Modell entwickelt, das verblüffend dem ähnelt, was die Internetkonzerne anstreben: Es handelt sich um die *Monadologie* des Gottfried Wilhelm Leibniz. Dieses geniale Multitalent ist jetzt schon so etwas wie ein Stammvater des Digitalismus – also jener Religion, der sich etliche derjenigen angeschlossen haben, die glauben, mit Big Data geradezu jedes globale Problem lösen, jeden Menschheitstraum verwirklichen zu können. Sie verehren Leibniz, weil der nicht nur Konstruktionspläne für eine der ersten Rechenmaschinen vorlegte (sie beherrschte immerhin die vier Grundrechenarten), sondern auch erste Einsichten in das digitale Rechnen hatte und schließlich sogar mit seinem Wahlspruch »Calculemus!« die optimistische Überzeugung verbreitete, dass sämtliche inhaltlichen Kontroversen letztlich mit Hilfe der Mathematik gelöst werden können – eine Ansicht, der sich auch viele der Talente des Silicon Valley anschließen. Wenn er den menschlichen Geist als einen Rechenvorgang verstand, so kommt das den heutigen Vorstellungen von KI sehr nahe.

Er war aber auch Philosoph. Und als solcher hat er eine interessante Lehre entwickelt. Nach Leibniz gibt es neben der materiellen Welt physischer Körper ein Reich von *Monaden*, das nicht wie die Körper im Raum zu finden ist, in dem aber die jeweilige Innenseite aller Wesenheiten, also der Geist, in Erscheinung tritt. Jedem Wesen, dem Menschen wie auch Gott, entspricht so eine Monade. Genauer gesagt entspricht sie seinem jeweiligen Geist. Diese Monaden interagieren nicht direkt miteinander, das können nur Körper. Monaden haben keine Fenster – das ist das berühmte Bild, das Leibniz dafür findet. Vielmehr hat Gott zu Beginn der Schöpfung zwei Systeme in Gang gesetzt: das physische der Körper und das geistige der Monaden. Und beide sind vorweg so zum Laufen gebracht worden, dass sie sich jeweils im Gleichtakt entwickeln – was Leibniz als »prästabilierte Harmonie« bezeichnet. Wenn wir also glauben, einen Vogel an uns vorbeifliegen zu sehen, dann deshalb, weil diese Wahrnehmung als etwas Geistiges in unserer Monade gerade in dem Moment auftaucht, während in der physischen Welt ein Vogelkörper an unserem Menschenkörper vorbeifliegt. Dieses Auftauchen ist keine Wirkung des Vogels, sondern war im Programm unserer Monade für diesen Moment vorgesehen, schon bei der Schöpfung angelegt, und wird jetzt abgespult.

Es geht hier nicht darum, dieses Modell zu verteidigen – das fiele mir angesichts seiner vielen metaphysischen Prämissen schwer –, sondern nur darum, auf eine gewisse Analogie zwischen dem Selbstverständnis heutiger Internetuser und diesen Monaden hinzuweisen.

Was der im Sinne der Internetkonzerne ideale User für wahr hält, das wird ihm durch die Algorithmen der Datenkonzerne vermittelt. Deren Einflüsterungen verwechselt er mit der Wirklichkeit, und da er sozusagen nicht mehr aus dem Fenster sieht, da er die ihm digital präsentierten Vorstellungen kaum noch gründlich mit der analogen Welt vergleicht, ist er in seiner Monade gefangen. An die

Stelle Gottes, der bei Leibniz bei der Schöpfung der zwei Welten dafür gesorgt hat, dass das Wissen über die reale Welt in den Monaden jeweils 1:1 als geistiges Gebilde, z. B. als optische Wahrnehmung eines Vogels auftaucht, ist der Algorithmus der KI getreten, der den entsprechenden »Content« generiert.

Die Utopie der Digitalkapitalisten ist eine Welt, in der ihre göttergleichen Algorithmen sämtliche urwüchsigen Vorstellungen des Users durch selektierte und gezielt manipulierte verdrängen, weil der Nutzer nur noch auf die aufploppenden Windows starrt, statt aus den analogen Fenstern zu sehen, die seine Sinne bilden, mit denen er ganz direkt die Wirklichkeit wahrnehmen könnte. Vor allem, wenn die analogen Fenster zum Mitmenschen zugeschlagen werden, weil man nur noch dem vertraut, was einem die digitalen vorgaukeln, wird der Mensch zur Monade. Eine Vorform davon sind die ständigen Gesprächsunterbrechungen durch Teilnehmer, die kurz prüfen, was Google zu dem gerade diskutierten Problem sagt. Die Wahrheit wohnt im göttergleichen Netz. Wer sich ihr nicht unterordnet, ist ein Ungläubiger. Er ist nicht einmal ein digitaler Immigrant, sondern ein analoges Fossil, das niemand mehr ernst nehmen kann, der mit der Zeit geht.

Aber diese digitale Monadologie ist keineswegs so fröhlich, wie Leibniz, der bekanntlich ein unverbesserlicher Optimist war, die seine empfunden hat. Wenn wir die analogen Fenster zur Welt und besonders zum Mitmenschen schließen, verkümmert die Wirklichkeit, wird die Monadenexistenz früher oder später zum Alptraum. Wer nur noch dem Internet glaubt, der glaubt bald gar nichts mehr – oder gleich jeden Blödsinn.

Dass solche Monaden immer schlechter miteinander kommunizieren können, dass der Ton rauer, das Unverständnis für solche Positionen wächst, die nicht den eigenen bzw. denjenigen entsprechen, die man für seine eigenen hält, ist im Reich der digital aufgeblasenen Monaden nur folgerichtig. Wer nichts anderes mehr für wahr hält als das, was ihm die Algorithmen an Wirklichkeitsfragmenten zugewiesen haben, ist psychisch in Gefahr und kann selbst auch gefährlich werden – je nach Algorithmus.

Die KMK verirrt sich im Kompetenzdschungel

Wenn Mathias Döpfner, immerhin Vorstandsvorsitzender bei Axel Springer, in seinem berühmten offenen Brief an Googles früheren CEO Eric Schmidt so endet: »Ist es wirklich klug, zu warten, bis der erste ernstzunehmende Politiker die Zerschlagung Googles fordert? Oder, noch schlimmer: bis die Bürger Ihnen die Gefolgschaft verweigern – solange sie noch können? Wir jedenfalls können es schon nicht mehr«[100], dann wird deutlich, wie schier unmöglich es geworden ist, die Schwergewichte der Digitalwirtschaft im Zaum zu halten. Der »ernstzunehmende Politiker«, der es wagen würde, die Zerschlagung von Google zu fordern, hat sich hierzulande noch nicht eingefunden.

Unter den Kultusministern Deutschlands sucht man so einen ernst zu nehmenden Politiker vergeblich. Dabei gibt es in der politischen Arena längst Stimmen, die davor warnen, dass unsere Kultur zersetzt werden könnte, wenn es nicht gelingt, die Digitalwirtschaft zu zähmen. Jaron Lanier ist so ein Warner. Ihm wurde dafür 2014 der Friedenspreis des deutschen Buchhandels verliehen.[101]

Das Strategiepapier der KMK liest sich überhaupt nicht wie eine Kampfansage an den Datenkapitalismus, sondern eher wie ein Versuch, sich seinen Bedingungen zu beugen. Geht es nach der Grundmelodie dieses Papiers, dann müssen sich unsere Schüler auf das Unvermeidliche vorbereiten, indem sie ganz viele, genauer gesagt 60 »Kompetenzen« im Umgang mit der digital geprägten Wirklichkeit einüben. Am besten ist es also, sie passen sich dieser digitalen Welt an, indem sie einerseits lernen, die Chancen zu nutzen, die sich ihnen bieten, wenn sie die neue Technik beherrschen, und andererseits lernen, sich gegen Risiken im Internet zu schützen. Mehr nicht.

Nach dem Erziehungswissenschaftler Wolfgang Klafki ist Kompetenz die Fähigkeit und Fertigkeit, auf einem umrissenen Gebiet Probleme zu lösen, sowie die Bereitschaft, dies auch zu tun. Der Feuerwehrmann macht einen Kettensägenkurs und erwirbt dabei durch fleißiges Üben die Kompetenz, nach einem Sturm umgefallene Bäume sachgerecht zu zerlegen. Der Ministrant erwirbt die Kompetenz, dem Priester alle Gerätschaften zu reichen, die dieser beim Abendmahl benötigt. Das muss eingeübt werden, dann klappt es auch. Umgangssprachlich könnte man das Wort auch so erklären: Kompetent bin ich, wenn ich einen Ablauf oder eine Technik so lange geübt habe, bis ich sie beherrsche. Kompetent bin ich auch, wenn ich sachdienliche Auskünfte erteilen kann, die ich mir vorher angeeignet habe.

Das Gute am Beherrschen von Kompetenzen besteht darin, dass ich in der Regel nicht groß nachdenken muss, was zu tun ist, wenn man von mir verlangt, ein Problem zu lösen. Der Kompetente muss sich eher an das, was er gelernt hat, erinnern, als wirklich nachzudenken. Insofern geht es einer Behörde, einem Betrieb, der Schule oder auch dem Gesundheitswesen gut, wenn gut ausgebildete Menschen – eben kompetente Menschen – in diesen Einrichtungen arbeiten.

Was aber ist mit den Problemen, deren Lösung wir einfach noch nicht kennen oder wo es erst vage Vorstellungen gibt, wie man damit umgehen könnte? Die meisten der globalen Probleme dieser Welt sind von dieser Art. Die Schule kann gar nicht die Kompetenzen einüben, mit denen sie zu lösen sind, weil niemand ein völlig schlüssiges Konzept zu ihrer Lösung hat. Die gesuchten Kompetenzen lassen sich also noch gar nicht klar definieren. Sollen gerade diese für unser aller Zukunft besonders wichtigen Probleme also draußen vor der Schultüre bleiben?

Im Grunde genommen geht es um die Frage, ob das Können und Machen das reine Wissen ersetzen kann. Im Bereich der großen Forschungsstätten gibt es den Unterschied zwischen den *Max-Planck-Instituten,* die Grundlagenforschung betreiben – also Phänomene erforschen, von denen man noch nicht mit Gewissheit sagen kann, ob sie auch praktisch verwertbar sind – und den *Fraunhofer-Instituten,* die klar auf die Anwendung ihrer Forschungsergebnisse ausgerichtet sind. In der Schule gab es früher ebenfalls diese doppelte Ausrichtung: Wissen und Können, Inhalte und Kompetenzen. Diese doppelte Ausrichtung aufzugeben dürfte sich als sehr nachteilig für unsere Schüler erweisen.

In Klafkis Sinn sind die aufgelisteten Kompetenzen des kultusministeriellen Kompetenzrasters[102] manchmal tatsächlich Kompetenzen, manchmal aber auch nicht. Der Begriff passt, wenn es unter 1.3.1. heißt: »Informationen und Daten sicher speichern, wiederfinden und von verschiedenen Orten abrufen«. Das ist eindeutig eine Kompetenz. Aber was ist mit 6.2.1. »Vielfalt der digitalen Medienlandschaft kennen«?

Diese Wortwahl ist mehr als verwirrend. Man merkt sehr schnell, dass die Minister immer wieder menschliche Verhaltensweisen unter Kompetenz verbuchen, obwohl es sich gar nicht um Kompetenzen handelt. Weil die vorherrschende Didaktik heute unter dem Diktat eines einzigen Begriffs steht, muss alles eine Kompetenz sein, wenn es Eingang in einen Lehrplan, ein Curriculum finden will. Das ist nun allerdings fast schon kurios und erinnert an den jiddischen Witz von dem Rabbiner, der vor der Vitrine eines Schnellimbisses steht. Während er auf ein Schweineschnitzel zeigt, sagt er: »Von diesem.« Der Verkäufer, der am Outfit seines Kunden unschwer erkennt, dass er einen Juden vor sich hat, fragt erstaunt zurück: »Aber das ist doch ein Schweineschnitzel?« Worauf der Rabbiner erwidert: »Hab ich jefragt, wie er heißen, der Fisch?«

Die vage Sprache des KMK-Papiers ist schwer zu fassen. So taucht in den vielen Kompetenzbeschreibungen gelegentlich das Wort »Wissen« auf, das hier genau genommen fehl am Platz ist. Meist ist allerdings von »Kenntnissen« die Rede – ein Begriff, der gegenüber dem Wissensbegriff bereits abgeschwächt wirkt. Nicht ohne Grund sprechen wir von »Wissenschaft« und nicht von »Kenntnisschaft«.

Wenn ich etwas »weiß« oder »kenne« (6.2.1.), dann drängt es mich noch nicht unbedingt, etwas zu tun – die von Klafki geforderte Bereitschaft zum Tun hängt da noch in den Sternen. Auch wenn ich »weiß«, dass es Tablets, Laptops, Smartphones, Zeitungen, Onlinemagazine, Fernseher, Digitalradios und anderes gibt – welches Problem möchte ich dann lösen? Was für ein Handlungsimperativ folgt daraus?

Noch verwegener ist es, »verstehen« – also das zentrale Anliegen der Geisteswissenschaften – oder »reflektieren« unter Kompetenzen zu verbuchen (6.2.: »Medien in der digitalen Welt verstehen und reflektieren«). Beides zeichnet sich dadurch aus, dass es gerade nicht stereotyp eingeübt werden kann, weil es voller Überraschungen ist. Verständnis lässt sich nahezu unbegrenzt vertiefen. Auf Grund von Reflexionen kann sich das Verständnis einer Sache mehrfach ändern.

Machen wir die Probe aufs Exempel. Zu behaupten, man könne das so ohne weiteres verstehen, was sich seit knapp 20 Jahren in der digitalen Medienwelt tut, erweist sich beim etwas genaueren Hinsehen schnell als naiv. Am Anfang hat das niemand verstanden. Nicht einmal die Gründer der heute größten Konzerne der Welt. Bekanntlich haben sich Larry Page und Sergey Brin bei der *World Wide Web Conference* 1998 noch sehr geringschätzig über die Kontaminierung ihrer phantastischen Suchmaschine durch Werbeeinspielungen geäußert.[103] Nicht sehr viel später hat es »klick« gemacht, als die beiden entdeckten, wie man die Daten über das Nutzerverhalten für personalisierte Werbung verwenden kann. Prompt haben sie ihren Mitarbeitern strikte Geheimhaltung verordnet, die ihr Unternehmen seitdem systembedingt begleitet – was das Verstehen ihrer Geschäftspraktiken für uns Außenstehende erheblich erschwert.[104]

Dank solcher Bücher wie dem von Shoshana Zuboff oder Jaron Lanier[105] beginnt die Öffentlichkeit allmählich zu begreifen, was sich da zusammengebraut hat, und die Geheimnisse werden peu à peu gelüftet. Die Kompetenz aber, mit diesen Geschäftspraktiken adäquat umzugehen, nämlich so, dass sich *wirklich* etwas zum Guten wendet, die hat momentan noch niemand auf der Welt. Nicht die User. Nicht die Opfer des digitalen Verdrängungswettbewerbs. Nicht Mathias Döpfner. Nicht die Politiker. Und schon gar nicht die Kultusminister. Auf ihre unfassbar blasse Kompetenzbeschreibung »Medien in der digitalen Welt verstehen …« schrumpft das zusammen, was immer mehr Menschen auf der ganzen Welt mit Sorge erfüllt: die exponentiell wachsende Macht der Datenkonzerne.

Das Diktat der Kompetenzpädagogik behindert eine systematische Erfassung zukunftsrelevanter Wissensbereiche bzw. der Weltzusammenhänge, die ein junger Mensch kennenlernen sollte.

Vor dem flächendeckenden Sieg dieser Pädagogik hätte man die Frage, wie die Schule unsere Schülerinnen und Schüler auf die digitale Welt vorbereiten soll, so beantwortet: »Dazu müssen sie Kenntnisse über folgende Strukturelemente dieser digitalen Welt haben:«, und es hätte sich eine Liste angeschlossen, die die Unterschiede zwischen einer Gesellschaft, Wirtschaft und Kultur im vor-digitalen Zeitalter und einer digital geprägten Epoche aufzählt. Ganz sicher wären die Mechanismen der digitalen Marktstrategie zum Thema geworden. Weiter hätte man vermutlich nach dem Menschenbild gefragt, das sich im Silicon Valley breit macht und den Unterschied zwischen Mensch und Maschine verwischt. Man hätte – hoffentlich – vorgeschlagen, dieses Menschenbild mit denen zu vergleichen, die in Europa gewachsen sind und die es gegen digitale Attacken zu verteidigen gilt. Früher hieß das Werteerziehung und wurde von Kultusministern relativ hoch gehängt.

Stattdessen wurde von den Kultusministern ein ganz anderes Papier verabschiedet. In ihm steht den ca. 60 differenziert aufgelisteten verschiedenen Digital-Kompetenzen, die jeder Schüler im Laufe seines Schullebens erwerben soll, kein einziger *explizit* geforderter konkreter Lehrinhalt gegenüber – wenn man mal von den wenigen als Kompetenz getarnten Inhalten absieht.

Die kultusministerielle Liste sagt dem jungen User nur, was er alles können muss und beachten soll, wenn er sich gefahrlos und erfolgreich – beruflich oder privat in der digitalen Welt bewegen will. Die Kultusminister haben sich also auf so etwas wie eine Gebrauchsanleitung fürs Internet geeinigt, die bei ihnen nur zwei Kapitel hat: 1. Internet beruflich – 2. Internet privat. Und Internet politisch?

Wer nicht nur den sechsten (»Analysieren und Reflektieren«[106]), sondern auch die anderen fünf großen Bereiche durchsieht, in denen jeweils Kompetenzen thematisch gebündelt werden, der findet entsprechend der Intention der KMK natürlich viel, was absolut zu der geforderten Vorbereitung auf ein Leben im digitalen Zeitalter passt. Dass Schülerinnen und Schüler Informationen »suchen, verarbeiten und aufbewahren«[107] können müssen, wird niemand in Frage stellen. Ebenfalls sollten sie am Ende ihrer Schullaufbahn wahrlich in der Lage sein, einem anderen einen Link zuzuschicken. Immerhin wird in 2.4. »Umgangsregeln kennen und einhalten (Netiquette)«[108] daran erinnert, dass es besser ist, sich beim digitalen Kommunizieren um eine Form von Netiquette zu bemühen. Durchaus etwas, das man einüben sollte.

Die Kultusminister wollen also unsere Schüler dazu bringen, Hate Speech im Netz oder Cybermobbing zu vermeiden. Wer wird da widersprechen. Wer diese Regeln beachtet, wird letztlich erfolgreicher sein als der Giftzwerg, der die Netzwerke als Plattform für das Ausleben seiner Größenphantasien nutzt.

Im dritten Komplex will man die Schüler beispielsweise dazu bringen, dass sie bei Aktionen im Internet rechtliche Vorgaben beachten.

»3.3. Rechtliche Vorgaben beachten
3.3.1. Bedeutung von Urheberrecht und geistigem Eigentum kennen

3.3.2. Urheber- und Nutzungsrechte (Lizenzen) bei eigenen und fremden Werken berücksichtigen«[109]

Zweifellos ist auch das ein wichtiges Erziehungsziel. Dazu sollen sie (3.3.1.) die Bedeutung geistigen Eigentums er-»kennen« – da hätten wir mal wieder ein Stück Fleisch, das Fisch genannt werden muss. Denn es handelt sich dabei ganz klar um Wissen. Hat der Schüler das nicht, kann er ja gar nicht verstehen, warum er ggf. etwas für die Benutzung einer Seite bezahlen muss. Unter Jugendlichen ist das Missverständnis verbreitet, dass alles, was im Internet zu finden ist, keinem gehört. Dieser Irrtum muss natürlich aufgeklärt werden. Aber reicht es, ihm logisch oder menschlich begreiflich zu machen, dass nicht nur der Zahnarzt, Bauingenieur und Möbelpacker dann, wenn er filigran oder mit physischer Kraft arbeitet, dafür Geld erwarten darf, sondern auch der Autor, auch der Journalist, auch der Verleger?

Spätestens hier beschleicht einen Unbehagen. Es geht nämlich nicht nur darum, die *einfachen* Internetnutzer davon abzuhalten, einem Verlag oder Autor durch Copyrightverletzung einen Schaden zufügen.

Google hat bekanntlich vor einiger Zeit ungefragt damit angefangen, die Bestände amerikanischer und anderer Bibliotheken Buch für Buch einzuscannen. Daraus wurde *Google Books*. Wenn es sich dabei nicht um alte Bücher handelte, war das natürlich eine Urheberrechtsverletzung und wurde sehr bald juristisch unterbunden. Das Projekt konnte also nicht wie ursprünglich geplant realisiert werden. Solche Manöver sollte man kennen, weil sie etwas über den Kampf mit den Datenkonzernen verraten, in den unsere Gesellschaften gerade verstrickt sind. Wenn man den Schüler auf die digital geprägte Welt vorbereiten will, dann muss man ihm nicht nur klar machen, dass *er* doch gefälligst das Urheberrecht beachten soll, weil er sonst Schwierigkeiten bekommt, sondern auch, dass dies *von den großen Datenkonzernen* ständig in Frage gestellt wird.

Noch schlimmer wird es, wenn man bedenkt, was die Idee des Urheberrechts noch so alles schützt: Nur sie garantiert, dass ein Pluralismus der Meinungen in unserer Zeit aufrechterhalten werden kann. Nur wenn Qualitätsjournalismus anständig bezahlt wird, überleben unsere qualitativ hochwertigen Tageszeitungen. Nur wenn sich der Bürger in solchen Zeitungen – egal ob als Online- oder als Printangebot – informieren kann, existiert eine vierte Gewalt, die man als solche bezeichnen kann, und nur das garantiert den Fortbestand unserer Demokratie. Diesen Zusammenhang muss ein Schüler kennenlernen.

Wenn man das Internet nicht nur aus der Perspektive des normalen Users in den Blick nehmen würde, der 60 Kompetenzen einüben soll, um persönlich erfolgreich durch die digitale Welt zu surfen, dann würde man an dieser Stelle mit seinen Schülern über die gewaltigen Schwierigkeiten vieler Buch- und Zeitungsverlage sprechen, sich gegen das Internet zu behaupten. So eine Diskussion passt schlecht in das Prokrustesbett des Kompetenzrasters. Einfacher wäre es, das Thema so wie früher als »Lehrinhalt« aufzuführen.

Zweifellos: Kein Lehrer, der bei dieser Gelegenheit die genannten Zusammenhänge mit seinen Schülern diskutiert, wird gegenwärtig mit Sanktionen rechnen müssen. Und der engagierte Lehrer wird natürlich weiterhin jede Gelegenheit nutzen, um seinen Schülern solche politisch relevanten Zusammenhänge zu erläutern – ob gewollt oder nicht. Aber wie viele Lehrer diese von der KMK nicht ausdrücklich verlangten Lerninhalte *tatsächlich* vermitteln, das ist eine andere Frage. Sie haben die gestellte Anforderung vollständig erfüllt, wenn sie ihre Schüler darauf aufmerksam gemacht haben, dass es Urheberrechte gibt, dass diese das geistige Eigentum schützen und dass die Schüler Schwierigkeiten bekommen können, wenn sie Raubkopien nutzen.

Ein zweites wichtiges Beispiel stellt der sechste Kompetenzbereich dar. Ich habe diesen Block nicht deshalb ausgewählt, weil er im Gegensatz zu den anderen bezüglich des politischen Bildungsauftrags besonders schlecht abschneidet, sondern ganz im Gegenteil, weil er fast der einzige ist, in dem immerhin echte Probleme *durchschimmern*, die absolut von Bedeutung für politische Bildung sind.

Unter 6.2.4. findet sich der Eintrag: »Wirtschaftliche Bedeutung der digitalen Medien und digitaler Technologien kennen und sie für eigene Geschäftsideen nutzen«.[110] Bei etlichen Politikern und Wirtschaftsverbänden ist das Start-up-Fieber ausgebrochen, und da kann es nicht schaden, wenn man bereits in der Schule für Geschäftsgründungen wirbt. Was allerdings viele dieser Geschäftsideen mit dem Menschen, mit der Privatsphäre, mit unserer Demokratie machen, darüber nachzudenken ist mindestens genauso wichtig. Geschäftsideen auf ihre *gesellschaftli-*

chen Konsequenzen hin zu prüfen, wäre eine Tugend, die man im Sinne des Gesamtzusammenhalts unserer Gesellschaft möglichst vielen jungen Menschen wünscht.

Unter 6.2.5. heißt es: »Die Bedeutung von digitalen Medien für die politische Meinungsbildung und Entscheidungsfindung kennen und nutzen«.[111]

Inzwischen ist jedem klargeworden, dass die digitalen Medien in der Tat eine gewaltige Bedeutung für Politiker bekommen haben. Und zwar immer häufiger in einem ganz negativen Sinn: Zwei wichtige Wahlen sind nachweislich durch Manipulationen von Facebook beeinflusst worden: die des amerikanischen und die des brasilianischen Präsidenten. Erinnern wir uns: Das Unternehmen *Cambridge Analytica* wurde von Facebook mit 50 Millionen Nutzerprofilen beliefert, die es nach entsprechender Aufarbeitung an Donald Trumps Wahlkampfbüro weiterreichte. Trumps Wahlkampfteam versandte am Tag der dritten TV-Präsidentschaftsdebatte nicht weniger als 175 000 verschiedene Variationen seiner Argumente – so präzise waren sie auf die Profile der Wähler zugeschnitten.[112] Das Rezept ist einfach: Ermittle aufgrund der gesammelten persönlichen Daten die Bilder, Wünsche und Slogans, die dem Wähler besonders lieb und teuer – oder besonders verhasst – sind, und verwende dieses Material, um ihn gezielt zu ködern, für was auch immer. Im Falle Bolsonaro dürfte es kaum anders gewesen sein.

Bei der Volksabstimmung zum Brexit soll das Unternehmen ebenfalls eine Rolle gespielt haben. In allen drei Fällen bekamen die Wähler persönlich auf sie zugeschnittene politische Werbung ins Haus – teilweise gezielt mit solchen Falschmeldungen garniert, von denen die Verfasser aufgrund des Profils der Empfänger bereits wussten, dass sie den Empfänger emotional aufwühlen würden.

Nun sollte man meinen, dass die Aufdeckung solcher Praktiken dazu animiert, mit den Schülern gemeinsam darüber nachzudenken, wie man diese Untergrabung unserer Demokratie verhindern kann. Sollte die Schule als ein Ort der Diskussion alternativer Handlungsmöglichkeiten wegfallen, fehlt der politischen Bildung das Entscheidende. Vernachlässigt eine Demokratie aber die politische Bildung, wird der Einzelne dem ausgeliefert, was Politik schon heute schwer beeinflusst: den zweifelhaften Informationsquellen des Internets, seinen Echokammern und Meinungsblasen – er wird zu einer Monade im Leibniz'schen Sinn.

Tatsächlich geht es in Kompetenz 6.2.5. nicht um die Installierung solcher Diskussionsräume, sondern um etwas Privates. Kenntnisse soll der Schüler nämlich selbst »nutzen«, von gemeinsamer Meinungsbildung aufgrund gemeinsamer Diskussion ist da nicht die Rede. Bestenfalls ist damit gemeint, dass der Schüler vor Fakenews auf der Hut sein und Instrumente an die Hand bekommen soll, um sie zu erkennen – damit er keine voreiligen Wahlentscheidungen trifft. Auch hier entbehrt die Sprache des KMK-Papiers der Klarheit. Man hätte diese Kompetenz dann nämlich so formulieren können: »Methoden kennenlernen, die es erleichtern, Fakenews von echten Nachrichten zu unterscheiden«. Und diese Methoden müssen von Fachleuten schülergerecht erarbeitet werden.

Schlimmstenfalls aber kann man diese Kompetenz sogar so verstehen, dass der Schüler lernen soll, wie er *selbst* die Medienmacht nutzen kann, um seine eigenen Interessen durchzusetzen – egal ob diese nun gesellschaftlich gewollt oder rein egoistisch sind. Man sage nicht, dass dies eine böswillige Unterstellung ist. Denn es gibt hierzulande etliche Politiker, die Amerika um sein Silicon Valley beneiden und deshalb damit liebäugeln, dass es auch deutschen Firmen gelingen möge, eine marktbeherrschende Rolle auf irgendeinem Sektor zu erlangen. Wer einschlägige Passagen im Koalitionsvertrag zwischen SPD und CDU/CSU liest, der ist zumindest irritiert. So heißt es im Abschnitt Digitalisierung/Wettbewerbsfähige Wirtschaft: »Unser Ziel sind starke deutsche und europäische Akteure der Plattformökonomie.«[113] . Kann es Aufgabe der Schule sein, derartige Pläne zu fördern?

Diese Tendenz, statt politischer Bildung privates Coaching zu betreiben, zieht sich durch und ist sogar da noch problematisch, wo es in der Tat um ganz private Verhaltensänderungen geht: »6.2.2. Chancen und Risiken des Mediengebrauchs in unterschiedlichen Lebensbereichen erkennen, eigenen Mediengebrauch reflektieren und ggf. modifizieren.«[114] Selbstverständlich ist es Aufgabe der Schule, junge Menschen dazu zu bringen, zu überprüfen, ob sie nicht viel zu viele Stunden online sind und ob es wirklich gut ist, statt wenige, dafür aber intensive analoge Freundschaften zu pflegen, möglichst viele unbekannte Instagram-Follower auf sich aufmerksam zu machen. Auch hier wäre eine präzisere Benennung des Problems wünschenswert. Aber noch ärgerlicher ist es, dass das

Thema nur von seiner privaten Entscheidungsseite aufgegriffen wird, statt seine Konsequenzen für unser Gemeinwesen zu thematisieren. Sollten wir uns nicht als Gemeinwesen gemeinsam gegen Unternehmen zur Wehr setzen, die das Sozialverhalten von Jugendlichen und Erwachsenen nicht nur vereinzelt, sondern in Größenordnungen so negativ beeinflussen wie das von Mark Zuckerberg?

Wenn man Jugendliche als Bürger ernst zu nehmen vorgibt, wenn man sie in die Lage versetzen will, die digitale Welt durch politische Interventionen menschlich zu gestalten, wird das Kompetenzraster des Digitalpapiers nicht reichen. Ich bin wahrlich nicht der Einzige, der dieses Papier deshalb kritisch beurteilt. Der Medienwissenschaftler Roberto Simanowski hat seinen falschen Grundton deutlich benannt, als er schrieb:

> »Medienbildung [...] ist heute eher eine Anleitung zur richtigen Mediennutzung als eine Praxis des kritischen Verhältnisses zu Welt und Gesellschaft im Kontext medialer Entwicklungen. Es geht eher um die Vermeidung von Gefahren und Missbrauch, um einen störungsfreien Umgang mit den Medien als um die Erkenntnis und Diskussion der von ihnen aufgedrängten ›Kontrollmechanismen‹.«[115]

Ich fasse zusammen: Das Ziel der kultusministeriellen Kompetenzpädagogik ist der Privatmensch, der sich aufgrund eingeübter Kompetenzen erfolgreich durchs Leben schlägt und vor allem gut auf das Berufsleben vorbereitet ist. Zu kurz kommt das Wissen um solche Zusammenhänge, die beruflich weitgehend belanglos sind. Dieses braucht man aber, um politisch aktiv zu werden, um gemeinsam Zukunft zu gestalten. Wie weit politische Probleme den Einzelnen privat tangieren, ist von Fall zu Fall sehr verschieden. Gewissenlose Menschen hatten noch nie und haben auch heute kein Problem damit, sich mit Diktatoren zu arrangieren und unter ihnen Karriere zu machen. Als 2018 in China der Nationale Volkskongress die Macht des KP-Vorsitzenden Xi Jinping zementierte, saßen nicht weniger als 153 Abgeordnete im Kongress, die nach Auflistung chinesischer Medien zu den Superreichen gehörten[116]. Würden sie Xi nicht zujubeln, wären sie ihre Millionen schnell wieder los. Diese Superreichen beherrschen die von der KMK geforderten Kompetenzen perfekt.

Um solchen Zuständen vorzubeugen, ist es so wichtig, die Werteerziehung im Zeitalter der Digitalisierung neu zu strukturieren. Eine Voraussetzung dafür ist es, Wissen über politische Zusammenhänge weiterzugeben. Ich plädiere dafür, dass wir der jungen Generation die Überzeugung vermitteln, dass wir alle Glieder einer Menschengemeinschaft sind, die im Idealfall füreinander einsteht und nicht ausschließlich im privaten Interesse handelt.

Roberto Simanowski formuliert seine Kritik so: »Das utilitaristische Bildungskonzept erzieht nicht Staatsbürger, sondern Arbeitskräfte. Genau darin liegt die langfristige Gefahr der kurzfristig als sinnvoll erscheinenden Praxisorientierung.«[117] Und er zitiert das Buch der amerikanischen Philosophin Martha C. Nussbaum *Nicht für den Profi! Warum Demokratie Bildung braucht*[118], die darin schreibt, dass »die Nationen überall auf der Welt bald Generationen von nützlichen Maschinen statt allseits entwickelte Bürger, die selbstständig denken«, haben werden. Für den Schutz der Demokratie kommt es, so fasst Simanowski zusammen, »darauf an, über die unmittelbaren eigenen Interessen hinaus auch die des Allgemeinwohls im Auge zu haben«.[119]

Handeln – Freiheit – Kreativität

Unser Verständnis von Politik hat sich im alten Griechenland herausgebildet. Damals versuchten Philosophen, das spezifisch Menschliche zu definieren, und kamen dabei auf den Gedanken, dass die Grenze zwischen Tier und Mensch überschritten wird, wenn ich mich nicht mehr nur um meine Bedürfnisse und die meiner Familie kümmere, sondern beginne, mich mit öffentlichen, allgemeinen Angelegenheiten zu beschäftigen. Hannah Arendt schreibt in *Vita Aktiva*:

> »Was dem menschlichen Leben mit anderen Formen tierischen Lebens gemeinsam ist, galt als nicht-menschlich. Dies ist natürlich auch der Grund, warum man annehmen konnte, die Sklaven hätten eine nicht-menschliche Natur.«[120]

Solange sich der Mensch nur um seine eigenen Bedürfnisse kümmert, unterscheidet er sich noch nicht vom Tier, weil er sich dann immer noch im Reich der Notwendigkeit bewegt, nicht in dem der Freiheit. Freiheit beginnt da, wo ich meine eigene Interessenlage transzendiere und mich für das Ganze einsetze – durch Worte und Taten.

Vielleicht wundert sich der ein oder andere Leser, warum ich immer wieder so hartnäckig auf den Kompetenzbegriff zurückkomme. Das hat seinen Grund nicht darin, dass Kompetenzen etwas Schädliches wären – ganz im Gegenteil. In jedem vernünftigen Schulkonzept spielen sie natürlich eine große Rolle. Der Grund liegt vielmehr darin, dass sich der Kompetenzbegriff in jedem offiziellen oder halboffiziellen Unterrichtskonzept wie der Kuckuck im Nest breitgemacht hat. Er hat auf der einen Seite eine lebendige Wissenskultur aus dem Nest geworfen – weil Wissen nur noch verschämt als »Kenntnis« bzw. Scheinkompetenz geduldet wird oder ganz ausgelagert werden soll – und auf der anderen Seite die Rolle der Kreativität in der Schule geradezu kastriert.

Der Anthropologe Arnold Gehlen hat vor einem halben Jahrhundert über die Rolle von Institutionen nachgedacht.[121] Er maß ihnen eine wichtige Funktion in unserer Kultur bei. In einer Zeit, in der die Jugend den Aufstand gegen viele der damaligen Institutionen probte, führte dies zu heftigen Kontroversen. Wer Gehlen interessant fand, der galt als Reaktionär – wollte er doch angeblich nur die herrschenden Verhältnisse, verkörpert in ihren Institutionen, stabilisieren. Gefragt war die außerparlamentarische Opposition, nicht die mühselige Parlamentsarbeit.

Aber das war eindeutig zu kurz gegriffen. Denn was Gehlen entdeckte, war nicht weniger als die Entlastung, die sich Gesellschaften durch den Aufbau von Institutionen verschaffen. Wenn Gehlen von Institutionen redet, meint er nicht nur den Bundestag, die Finanzbehörde oder die Verkehrssünderkartei in Flensburg. Vielmehr meint er alle gültigen Regeln, denen sich Menschen unterwerfen, um ihren Alltag zu ordnen. Die Straßenverkehrsordnung zählt dazu genauso wie die Art, sich zu grüßen, oder öffentliche Aufgaben durch Steuern finanzieren zu lassen. Wenn z. B. klar ist, wie man seine Vorgesetzten üblicherweise begrüßt, dann muss man nicht jeden Tag neu überlegen und kann seine geistigen Ressourcen wichtigeren Dingen widmen. Wenn es gute Steuergesetze gibt, muss man nicht bei allen Dingen, die das Gemeinwesen zu finanzieren pflegt, wie Josef Filser bei Ludwig Thoma persönlich überlegen, wie wichtig einem die Sache ist – um dann den Betrag zu überweisen, den man für angemessen hält.

Das Entscheidende dabei ist also: Die institutionalisierte Entlastung ist kein Selbstzweck, sondern macht mich frei für die wirklich wichtigen Dinge. Die Entlastung macht sich erst dann wirklich bezahlt, wenn ich mich diesen nicht durch Routine lösbaren Problemen intensiv widme. Wenn ich das allerdings nicht tue, dann ist der eigentliche Vorteil von Institutionen gar nicht zur Geltung gekommen.

Kompetenzen sind etwas sehr Ähnliches. Sie entlasten mich, weil sie mir dabei helfen, mit einem Problem zurechtzukommen, das ich zu lösen habe. Netiquette ist so etwas Erleichterndes. Sie erspart mir und meinem Gegenüber unnötige Reibereien. Natürlich ist es auch gut, wenn ich weiß, wie und wo ein fertiger Text zu speichern ist. Müsste ich so etwas jedes Mal neu regeln, würde ich schnell verzweifeln. Gehlen weist uns darauf hin, dass der Mensch nur auf der Basis funktionierender Institutionen für die eigentlichen Kulturleistungen frei wird. Die sind natürlich nicht schon damit gegeben, dass es Institutionen gibt, sondern haben nur bessere Chancen aufzublühen, wenn sich der kreative Mensch nicht rund um die Uhr mit der Organisation seines Alltags beschäftigen muss.

Das lässt sich 1:1 auf die Schule übertragen. Wenn ich den Schülern Kompetenzen beigebracht habe, dann habe ich sie *entlastet*, sich den Dingen zu widmen, die es eigentlich verdienen, dass man sich intensiv mit ihnen beschäftigt. Das muss ich dann aber auch einfordern – dafür muss ich unbedingt die Zeit einräumen.

Die Lehrer, die heute alles auf Kompetenzen herunterbrechen wollen, kommen sich viel moderner vor als die alten Pauker, die nur abfragbares Wissen vermittelten. Das sind sie vielleicht schon, aber sie haben nicht begriffen, dass man auch sehr stupide Kompetenzen abfragen kann – indem man mit billigen Lückentexten kontrolliert, ob die Schüler sie ausüben können. Damit ist man immer noch nicht zu dem vorgestoßen, was die eigentliche Königsklasse der ganzen Schulpädagogik sein müsste: nicht das bulimisch angeeignete Wissen, nicht die routiniert und gelangweilt unter Beweis gestellte Kompetenz, sondern der kreative Umgang mit Problemen, für deren Lösung weder das gelernte Wissen noch die eingeübte Kompetenz ausreichen. Die Absurdität der heutigen Situation besteht darin, dass *weder* das Wissen *noch* die Kreativität in ihrer Bedeutung für einen gelingenden Unterricht angemessen gewürdigt werden, weil sich der Kompetenzbegriff so schrecklich aufgebläht hat.

Das, was noch dazukommen muss, damit jemand wirklich kreativ arbeiten kann, das können ihm weder die Kompetenzen noch das Wissen liefern. Denn Kreativität hat etwas mit Freiheit zu tun. Freiheit und Kreativität sind zwei Seiten einer Medaille. Untersuchen wir deshalb, wie es in Zeiten des Datenkapitalismus um die Freiheit und die Kreativität in der Schule bestellt ist.

Es fällt auf, dass in den kultusministeriellen Verlautbarungen zwei Termini fast gar nicht auftauchen: *Freiheit* und *Kreativität*. Freiheit kommt im Papier der KMK genau zwei Mal vor – davon ein Mal im Hochschulteil (als »Freiheit von Forschung und Lehre«[122]), was hier nicht das Thema ist. Bei Kreativität sieht es noch schlechter aus. Wenn ich das Dokument mit der Adobe-Suchfunktion nach diesem Begriff durchsuche, bekomme ich die Meldung: »Kein Treffer«. (Zugegeben, das Adjektiv »kreativ« taucht immerhin fünf Mal auf, was aber angesichts der 107 Nennungen von »Kompetenz« in all seinen Variationen enttäuschend ist.) Weder Freiheit noch Kreativität scheinen für die Kultusminister eine nennenswerte Rolle zu spielen, wenn es darum geht, unsere Jugendlichen auf die digitale Welt vorzubereiten. Was für ein katastrophaler Irrtum!

So weit die KMK. Aber wie sieht es in der Gesellschaft insgesamt aus? Freiheit ist heute in den großen westlichen Demokratien auf ganz andere Weise bedroht als früher.

Nicht so blutig und brutal, wie Hitler oder Stalin sie missachtet haben, sondern viel smarter. Schon der Vordenker des Überwachungskapitalismus – Burrhus Frederic Skinner – hat keinen Zweifel daran gelassen, was er von Freiheit hält. Shoshana Zuboff weist auf diesen Zusammenhang hin, wenn sie schreibt:

> »Der Behaviorist des 20. Jahrhunderts aus Harvard [also Skinner, G.B.] und der Datenwissenschaftler des 21. Jahrhunderts vom MIT [gemeint ist Alex Pentland, G.B.] sind sich einig darin, dass es sich bei der Vorstellung des freien Willens nur um ein weiteres verkatertes Überbleibsel aus einer finsteren Zeit handelt, in der die Wissenschaft noch nicht demonstriert hatte, dass der Mensch, wie Skinner es ausdrückt, unter der ›Kontrolle der sozialen Umwelt‹ lebt.«[123]

Und sie zitiert Skinner, der aus seiner Verachtung der Freiheit keinen Hehl machte, als er z. B. schrieb: »Eine Person wirkt nicht handelnd auf die Welt ein, sondern die Welt wirkt handelnd auf die Person ein.«[124] Um es deutlich zu sagen: Hier wird nicht mehr von einer Wechselwirkung zwischen Individuen ausgegangen, sondern nur noch einseitig vom Einfluss der anderen auf mich. Wenn ich »handle«, dann sind diese »Handlungen« vollständig aus den Einflüssen ableitbar, denen ich in meinem Leben bisher ausgesetzt war.

Das Paradoxe an einer solchen Auffassung ist natürlich, dass es nach ihr gar keine Handlungen geben kann, denn für jede andere Person gilt ja dasselbe, nämlich, dass auch sie von der »Welt« determiniert wird. Skinners Aussage läuft also darauf hinaus, dass alles »geschieht«. Niemand und nichts hat irgendetwas je selbst gewollt (auch wenn er sich dies vielleicht eingebildet hat), Handlungen gibt es also gar nicht.

Wie in den Kreisen der Datenwissenschaftler heute gedacht wird, das demonstriert Zuboff anhand des zuvor genannten Alex Pentland, Direktor des *Human Dynamics Lab* am MIT. In einem Vortrag vor Google-Mitarbeitern kam er auf den freien Willen zu sprechen. Er erklärte,

> »der größte Teil des menschlichen Verhaltens – von politischen Ansichten bis hin zur Musik, die man höre – werde vorherbestimmt: ›von dem, was cool ist … weil man es sich von anderen abschaut. […] Ich ziehe über das Individuum her, okay? Weil ich nämlich nicht glaube, dass wir Individuen sind. Was wir wollen, die Art, wie wir es zu bekommen lernen … was wertvoll ist, all das beruht auf Gegenseitigkeit … individuelle Anreize … die gehören zu einem Denken aus dem 18. Jahrhundert … die Musik spielt nicht zwischen unseren Ohren. Die spielt in unseren sozialen Netzwerken, okay? Wir sind eine soziale Spezies.‹«[125]

»Wir sind eine soziale Spezies«, aber das Adjektiv meint hier weniger, dass wir uns qua Natur um unsere Mitmenschen kümmern, sondern eher, dass unsereiner nicht allein durch die Welt streift, sondern Schwarmverhalten zeigt. So ein Schwarm besteht nicht aus Individuen, sondern aus Einzeltieren, die alle demselben genetischen Programm folgen, weshalb auch kein Tier im Schwarm auffällt. Beim Homo sapiens muss dies allerdings erst eingeübt werden.

In diese Anpassungsvorgänge – und da wird es für Google interessant – kann man steuernd eingreifen. Das nennt Pentland dann »Sozialphysik«: »Es gibt Leute, die reagieren negativ auf den Begriff ›Sozialphysik‹, weil er ihrer Meinung nach impliziert, dass Menschen Maschinen ohne freien Willen seien, die nicht unabhängig von ihrer Rolle in der Gesellschaft handeln können.« Ob nun Menschen tatsächlich so etwas wie einen freien Willen haben, ist für Pentland letztlich unerheblich. Solche »interne, nicht beobachtbare« Hirnprozesse sind Reibungsverluste, die »sich gelegentlich ergeben, um unsere besten sozialphysikalischen Modelle zu sabotieren«. Gott sein Dank spielt das jedoch kaum eine Rolle, denn »der Prozentsatz an Abweichungen von unseren regulären sozialen Mustern [beträgt] nur einige wenige Prozent«.

Zuboff ist empört. »Das autonome Individuum«, schreibt sie, »sei mit anderen Worten nur eine Fussel, eine Lappalie, über die man auf dem kollektiven Marsch hin zu wessen höherem Wohle auch immer hinwegtreten kann.«[126] Pentland lösche das Individuum »wie eine fehlerhafte Zeile im menschlichen Code im Rahmen eines dringend benötigten Upgrades der veralteten Software, für welche der Vertreter der angewandten Utopistik die lange Menschheitsgeschichte hält.«[127]

Individuen sind also Saboteure, solange sie einen freien Willen haben – geben sie den aber auf, sind es keine Individuen mehr. So gesehen war der Rütlischwur, das erste Zeugnis demokratischen politischen Handelns seit der

Antike, ein Sabotageakt – und das werden die Habsburger auch so gesehen haben. Friedrich Schiller hat den Verschwörern diesen Wortlaut unterschoben:

> »Wir wollen sein ein einzig Volk von Brüdern,
> in keiner Not uns trennen und Gefahr.
> Wir wollen frei sein, wie die Väter waren,
> eher den Tod, als in der Knechtschaft leben.
> Wir wollen trauen auf den höchsten Gott
> und uns nicht fürchten vor der Macht der
> Menschen.«[128]

Was den amerikanischen Datensammlern vorschwebt, ist eine Gesellschaft, in der jeder Einzelne ständig über ungezählte Sensoren getrackt und gescannt wird. Die dabei erhobenen Daten werden umgehend von Algorithmen in Verhaltensimpulse umgerechnet, denen die Mitglieder der Gesellschaft zunehmend mehr folgen werden, denn dann scheinen sie alle Probleme ihres Lebens am leichtesten lösen zu können. Es versteht sich von selbst, dass dabei Kaufentscheidungen – inzwischen leider auch Wahlentscheidungen – eine besondere Rolle spielen. So wird nicht nur der Einzelne dazu gebracht, ein möglichst reibungsloses Leben zu führen, das einen zuverlässigen Geldstrom in die Kassen der Werbekunden von Google und damit natürlich auch von Google selbst leitet, sondern auch das Miteinander der Menschen wird immer perfekter geplant.

Das ist so ziemlich das Gegenteil von dem, was Hannah Arendt, die große Dame der modernen politischen Philosophie, in *Vita Aktiva* über den Menschen und seine Besonderheit schreibt. In einem Kapitel ihres Buches, das sich dem Handeln widmet, lesen wir: »Im ursprünglichsten und allgemeinsten Sinne ist Handeln und etwas Neues Anfangen dasselbe.«[129] Dieses Neue ist genau das, was bei Pentland das Ärgernis ist: dass sich der Mensch herausnimmt, etwas aus sich heraus und nicht aufgrund digitaler Einflüsterungen zu unternehmen. Menschen brauchen das im Gegensatz zu den Tieren, meint Arendt, denn nur im Menschen steckt ganz elementar das Bedürfnis, »sich selbst von Anderen zu unterscheiden und eventuell vor ihnen auszuzeichnen, und damit schließlich der Welt nicht nur etwas mitzuteilen – Hunger und Durst, Zuneigung oder Abneigung oder Furcht –, *sondern in all dem auch immer zugleich sich selbst.*«[130]

Wir wollen mitteilen, wer wir sind. Wir wollen nicht nur auf Handlungsanweisungen reagieren, also auf etwas, das außerhalb von uns seinen Ursprung hat. Wer immer in dem Bewusstsein lebt, dass er ständig nur auf das reagiert, was andere oder auch technische Systeme ihm empfehlen bzw. vorschreiben, der vegetiert nur noch vor sich hin. Er wird die Achtung vor sich selbst verlieren, weil er das Gefühl hat, sein Menschsein verfehlt zu haben.

> »Weil jeder Mensch auf Grund des Geborenseins ein initium, ein Anfang und Neuankömmling in der Welt ist, können Menschen Initiative ergreifen, Anfänger werden und Neues in Bewegung setzen. […] Mit der Erschaffung des Menschen erschien das Prinzip des Anfangs, das bei der Schöpfung der Welt noch gleichsam in der Hand Got-

tes und damit außerhalb der Welt verblieb, in der Welt selbst und wird ihr immanent bleiben, solange es Menschen gibt; was natürlich letztlich nichts anderes sagen will, als daß die Erschaffung des Menschen als eines Jemands mit der Erschaffung der Freiheit zusammenfällt.«[131]

Was Arendt hier ausführt, erklärt, warum die Menschheitsgeschichte so ungeheuer vielfältig ist. Von einem erkennbaren immer gleichen Verhaltensmuster kann da keine Rede sein. Das macht die Geschichte ja auch so offen. Immer wieder tauchen neue Ideen auf, reißen die Menschen mit sich – und wenig später ist alles wieder ganz anders. Am Palmsonntag jubelt Jerusalem noch dem auf einem Esel einziehenden Jesus von Nazareth zu – fünf Tage später ruft ein Mob in derselben Stadt: »Kreuzigt ihn!« Das wäre bei einem Heringsschwarm oder einer Wolke von Wanderheuschrecken nicht denkbar.

Natürlich kann man, wenn man so fleißig wie Google Informationen sammelt, rein theoretisch versuchen, das Verhalten der Menschheit insgesamt über alle geschichtlichen Epochen hinweg – soweit es irgendwie dokumentiert ist – zu erfassen und dann seine Algorithmen anzuwenden, um eine bunte Mischung an Verhaltensweisen zu generieren und zu koordinieren. Datenwissenschaftler wie Pentland gehen davon aus, dass dann alle rein theoretisch denkbaren Verhaltensweisen (wozu auch die Ideen gehören, die Menschen überhaupt entwickeln können) errechenbar sein müssten. Aber damit verfehlt man gerade das, was Arendt meint: dass mit und in jedem Menschen etwas *Neues* anfangen kann. Wenn es *neu* ist, steckt es in den Algorithmen nämlich nicht drin.

Was hat das alles mit Schule zu tun?
Wenn wir unsere Kinder auf eine Welt voller digitaler Technik vorbereiten wollen, können wir ihnen *entweder* beibringen, wie man sich möglichst geschickt und erfolgreich im Schwarm bewegt – und dann reicht es tatsächlich aus, solche Kompetenzen mit ihnen einzuüben, wie sie die KMK auflistet. Über Freiheit muss man da nicht reden (und das tut die KMK in ihrem Papier ja auch nicht), es geht eher darum, das Schwarmverhalten einzuüben. Oder, da die menschliche Zivilisation doch wesentlich raffinierter ist als die tierische: Es geht dann darum, ihnen alles beizubringen, damit sie sich in einer Welt, in der digitale Unternehmen den Ton angeben, beruflich und privat zurechtfinden. Für diese Option ist der Kompetenzbegriff bestens geeignet. Er fördert die Anpassung an eine Welt, die die menschliche Wirklichkeit in einen ganz großen Funktionszusammenhang verwandeln will. Freiheit stört da nur, wie Skinner oder Pentland sagen.

Oder es geht darum, dass unsere Kinder in die Lage versetzt werden, ihre und die Zukunft ihrer Mitmenschen *selbstbestimmt* zu gestalten. Dazu muss man ihnen nicht nur das Wissen mitgeben, mit dem sie die Struktur dieser Welt begreifen lernen, sondern auch die Möglichkeit geben, *zu zeigen, wer sie sind*. Denn nur wenn sie das sichere Gefühl haben, jemand zu sein (und kein Etwas), können und werden sie die Aufgabe übernehmen, Zukunft zu gestalten und nicht nur ihre Karriere. Dieses Gefühl, jemand zu sein, können sie nicht ausbilden, wenn sie nur Kompetenzen einüben – denn die sind nichts Individuelles. Um das zu gewährleisten, muss die Schule eine lebendige und aktuelle Wissenskultur zurückgewinnen und den Anteil der kreativen Unterrichtsabschnitte erhöhen.

Damit ist nicht gemeint, dass es viel mehr Musik- oder Kunstunterricht geben soll. Dass schulische Kreativität nur in den musischen Fächern ausgelebt werden kann, ist natürlich blanker Unsinn. Kreativität ist ein menschliches Verhalten, bei dem ich über das bisher Gelernte und über die bisher eingeübten Kompetenzen hinaus ein Thema gestalte, ein Problem löse, etwas strukturiere usw., und ist damit nicht an einzelne Fächer gebunden.

Und – um gleich noch ein weiteres Missverständnis auszuräumen: Kreativität ist ethisch neutral. Leider. Zu den kreativsten Köpfen unserer Zeit gehören mit Sicherheit viele der Menschen, die sich in den Datenkonzernen und Datenlabors des Silicon Valley tummeln. In diesen Kreisen hat sogar ein Adjektiv Konjunktur, mit dem genau solche Konzepte gemeint sind, die aggressiv alle Strukturen zerstören, die bisheriges Wirtschaften geordnet haben: das Adjektiv »disruptiv«. Christoph Keese hat dem Modewort in seinem Buch über das Silicon Valley ein eigenes Kapitel gewidmet.[132] Darin fällt der bemerkenswerte Satz. »Disruptiv sind Innovationen nur, wenn sie bestehende Märkte und Marktplätze abschaffen.«[133] Gemeint sind genau die Plattformfirmen, die durch ein Onlinekonzept wie von selbst immer mehr Kunden anziehen und damit den konventionellen Handel ruinieren. So haben iTunes und Netflix dem Markt für CD und DVD schwer zugesetzt. Aber so eine Plattform zu *erfinden*, das ist schon ganz schön kreativ. Bloß, dass in dem Fall das Schöpferische zur Destruktion pervertiert. Auch disruptive Konzepte der Marktbeherrschung sind nicht auf Kompetenz zurückzuführen, denn sie sprengen ja gerade das bis dahin Übliche, Eingeübte, Bewährte. Kompetenzen ausüben und Handeln sind nämlich, genau genommen, Gegensätze.

Wenn ich mich also dem Konzept verschreibe, unsere Kinder in der Schule durch Förderung der Kreativität darauf vorzubereiten, Zukunft zu gestalten, dann gehe ich ein Wagnis ein. Es ist dem Wagnis sehr ähnlich, das zwei Menschen eingehen, wenn sie ein Kind in die Welt setzen.

Der heimliche Lehrplan: ein neues Menschenbild?

Der größte Schaden, den die digitalen Akteure unserer Kultur antun, sind die offenen und vor allem die unterschwelligen weltanschaulichen Einflüsse, die von ihnen ausgehen. Diese verändern das Denken und Handeln grundlegend. Zwei derartige negative Botschaften scheinen mir besonders gefährlich: Erstens sind ihre großen Plattformen gleichgültig gegenüber den Unterschieden zwischen Religionen, Kulturen und Lebensentwürfen – und das färbt ab; und zweitens gewöhnen sie uns allmählich an eine neue Definition dessen, was der Mensch ist. Ein neues Menschenbild macht sich breit. Noch findet man es am häufigsten bei Technikern, Naturwissenschaftlern oder Computerspezialisten, aber man begegnet ihm hin und wieder auch schon in ganz anderen Kreisen. Manchem Leser mag es noch gar nicht aufgefallen sein, aber ein immer größerer Teil unserer wissenschaftlich-technischen Elite sieht den Unterschied zwischen Mensch und Maschine schwinden. Marshall McLuhan hat vor vielen Jahrzehnten die These in die Welt gesetzt, dass das Medium die Botschaft sei. Dies trifft vielleicht auf nichts so zu wie auf die von einer KI gesteuerten Geräte. Wir sehen, was sie können – und fangen an, darüber nachzudenken, ob wir wirklich so etwas ganz anderes sind als diese technischen Wunderwerke mit ihren erstaunlichen Fähigkeiten.

Um diese beiden unterschwelligen Botschaften der Digitalkonzerne soll es nun gehen. Sie stehen so nicht in den Lehrplänen. Aber solche Leerstellen können am Ende den jungen Menschen mehr verändern als die Inhalte, die der Staat in seinen Lehrplänen explizit ausweist.

Plattformen für Freund und Feind

»Wir unterhalten uns oft über das Gute und das Böse an unserer Arbeit. Ich möchte mal über das Hässliche daran sprechen«[134], schrieb Andrew Bosworth, ein Topmanager von Facebook in einem internen Firmen-Memo, das zwei Jahre später undercover an ein Nachrichtenportal weitergegeben wurde. Was unter dem Guten und Bösen zu verstehen ist, erklärte er so:

> »Wir bringen Menschen zusammen. Das kann gut sein, wenn die das positiv machen. Vielleicht findet jemand Liebe. Vielleicht retten wir jemanden vor dem Selbstmord. Also bringen wir noch mehr Leute zusammen. Das kann schlecht sein, wenn die das negativ machen. Vielleicht kostet es jemanden das Leben, wenn jemand gemobbt wird. Vielleicht stirbt jemand bei einem Terroranschlag, der mit unseren Werkzeugen koordiniert wurde. Trotzdem bringen wir Menschen zusammen. Die hässliche Wahrheit ist, dass … alles, was uns noch mehr Menschen zusammenbringen lässt, unterm Strich gut ist.«[135]

Man ist erst einmal irritiert: Warum sollte etwas eine hässliche Wahrheit sein, das unterm Strich gut ist? Die Antwort: Der Strich, den Bosworth hier meint, ist der Strich der betriebswirtschaftlichen Bilanz von Facebook – und der wächst mit der Zahl der zusammengebrachten Menschen. Je mehr Menschen der Konzern erfasst, desto mehr Informationen stehen zur Verfügung, um die Vorhersageprodukte zu kreieren, die an Werbekunden verkauft werden können und die Basis des wirtschaftlichen Erfolgs sind. Nur so, nur im Blick auf das angestrebte Wachstum von Facebook, lassen sich all die Praktiken rechtfertigen – wohlgemerkt: nicht moralisch, sondern ökonomisch – mit denen User an den Konzern gebunden werden, indem sie seine Angebote so oft und so lang wie möglich nutzen.

Das Motto von Facebook lautet: »Facebook ermöglicht es dir, mit den Menschen in deinem Leben in Verbindung zu treten und Inhalte mit diesen zu teilen.« Wäre es das allein, wäre das Start-up wahrscheinlich längst untergegangen. Das wirtschaftliche Ziel ist jedoch, neben den Menschen, die zusammengebracht wurden, auch noch möglichst viele Werbekunden zu finden, die jeweils anklicken können, welche Adressatengruppe sie erreichen wollen: Deutschland, männlich, Kohorte von 30 bis 40, keine Antialkoholiker, mittlere Einkommensklasse … Schon rechnet der Algorithmus aus, wie viele User dieser Art es bei Facebook gibt – das bestimmt den Preis. Ist der Auftrag bezahlt, werden alle, die diesen Angaben entsprechen, innerhalb einer bestimmten Frist die vereinbarte Alkoholwerbung im Newsfeed ihres Facebook-Accounts finden, nach Möglichkeit in einem Moment, wo sie in Feierlaune sind. Gezielte Werbung eben. Sascha Lobo gibt an, dass Facebook im Jahr 2017 damit über 40 Milliarden Dollar verdient habe. Sämtliche deutsche Medien kommen zusammen nicht einmal auf die Hälfte.[136]

Jede Reduktion des Adressatenkreises, jeder Ausschluss bestimmter zweifelhafter, dafür umsatzträchtiger Kriterien, jede Zurückweisung bestimmter geposteter Bilder reduziert die möglichen Werbekontrakte. Harte kriminelle Aktionen hat Facebook sicherlich ausgeschlossen: Abbildungen von Kindsmissbrauch werden nicht gezeigt – und als der Terrorist von Christchurch seine blutige Tat bei Youtube Live öffentlich machte, wurden wenig später alle Kopien dieses Films gelöscht. Das generelle Ziel ist jedoch, »auf der Basis von Einschätzungen minimaler lokaler Toleranzschwellen so wenig Content wie möglich zurückzuweisen.«[137]

»Content« ist ein Wort, das man immer häufiger zu lesen bekommt. Während man früher von »Inhalt« sprach – und ganz früher sogar einmal von »Wahrheit« –, heißt das, was davon übrig geblieben ist, heute Content. Content ist ein Massebegriff. Es geht den Datenkapitalisten um viel oder wenig, nicht um den jeweiligen eigentlichen Inhalt. Das genau meint ja Bosworth, wenn er sagt, dass er einmal über das »Hässliche« sprechen möchte. Innerhalb des Contents gibt es keine Hierarchie, es herrscht keine Werteordnung. Alles ist gern gesehen – die »Hohepriester« der Datenkonzerne, wie Zuboff sie nennt, wahren eine *Äquidistanz* zu allen Inhalten, differenzieren bewusst überhaupt nicht zwischen all dem, was da permanent hochgeladen oder angeklickt wird.

»Diese radikale Indifferenz lässt sie Content ausschließlich nach Volumen, Diversität und Tiefe des anfallenden Überschusses[138] beurteilen; gemessen wird dabei mit dem [...] anonymen Maß von Klicks, Likes und Verweilzeiten – und das trotz der offensichtlichen Tatsache, dass er seine zutiefst unterschiedlichen Bedeutungen aus zutiefst unterschiedlichen menschlichen Situationen bezieht.«[139]

Natürlich klingen die öffentlichen Verlautbarungen von Google viel freundlicher. Eine sei zitiert: Im Sommer 2018 publiziert Sascha Ostermayer in Googles Auftrag einen Text mit dem Titel *Künstliche Intelligenz bei Google. Unsere Prinzipien,* mit dem »Google sieben ethische Grundsätze veröffentlicht, um AI auch für die nächsten Jahre positiv zu behaften [sic! – so gut sind Googles Übersetzungsmaschinen offensichtlich noch nicht, G.B]. Google ist sich als eines der führenden Unternehmen im Bereich KI seiner Verantwortung bewusst und möchte auch entsprechend handeln.«[140] Klingt erst einmal gut. Gleich der zweite Punkt, den er anführt, lässt allerdings tief blicken:

»2. Vermeidung der Erzeugung oder Verstärkung von unfairen Verzerrungen / KI-Algorithmen und -Datensätze können unlautere Verzerrungen reflektieren, verstärken oder reduzieren. Wir sind uns bewusst, dass es nicht immer einfach ist, zwischen fairen und unfairen Vorurteilen zu unterscheiden, und dass dies in den verschiedenen Kulturen und Gesellschaften unterschiedlich ist.«

Ostermayer vertritt also in Googles Namen die These, dass es faire Vorurteile gibt. Ungewöhnlich genug. Dann weist er darauf hin, dass die Unterscheidung zwischen fairen und unfairen Vorurteilen auch noch von Kultur zu Kultur verschieden ist. Das möchte Google also berücksichtigen. Der Konzern hält eben die *Äquidistanz zu allen Kulturen.* Alle müssen in gleicher Weise berücksichtigt werden, sonst wäre es nach dieser Logik ja nicht gerecht. Nicht die Gesellschaften, in denen mutige Menschen mühsam über Jahrhunderte demokratische Normen und Menschenrechte erkämpft haben, sind der Maßstab – es gibt nämlich gar keinen allgemein anerkannten. Kulturen sind eben verschieden. Anders als Staaten, die verlangen, dass in ihrem Geltungsbereich demokratische Gesetze herrschen, anders als seriöse Unternehmen, die klar dazu stehen, dass sie die Gesetze einhalten wollen, will der globale Player auch nur »*versuchen*, ungerechte Auswirkungen auf Menschen zu vermeiden, insbesondere solche, die mit sensiblen Merkmalen wie Rasse, Ethnizität, Geschlecht, Nationalität, Einkommen, sexueller Orientierung, Fähigkeiten und politischer oder religiöser Überzeugung zusammenhängen.« Der Konzern fühlt sich inzwischen so stark, dass er nicht mehr sagt: »Wir halten uns an die Gesetze«, sondern die unverbindliche Erklärung abgibt, es lediglich versuchen zu wollen. Wenn dabei etwas schiefgeht, dann ist es eben blöd gelaufen.

Zuckerberg, Page, Brin, Bezos und all die anderen Datenkapitalisten, die miteinander konkurrieren, unterscheiden sich von nahezu allen bisher an die Macht drängenden Kräften. Immer ging es – wenigstens vordergründig – um mehr als nur die reine Macht. Immer sollte irgendwelchen Idealen, irgendwelchen angeblich allerhöchsten Werten zum Durchbruch verholfen werden – nicht immer nur schönen. Écrasez l'infâme. Freiheit, Gleichheit, Brüderlichkeit. Aufhebung der Entfremdung. Sieg der Herrenrasse. Überwindung der Apartheid. – Aber die jetzigen Anwärter auf eine zeitgemäße Form von Weltherrschaft sind weder Nationalisten noch Sozialisten. Sie wollen weder die Gleichberechtigung noch wollen sie sie nicht. Sie sind nicht für und nicht gegen Hochkultur oder Popkultur. Sie versuchen erst gar nicht, eine ernsthafte Vision zu entwickeln. Was Ideale welcher Art auch immer angeht, sind sie blank. Hauptsache, das Geschäft mit den Werbekontrakten brummt.

Dass wir in einer Zeit leben, in der es nur noch und sogar völlig ungeschminkt ums reine Geschäft geht, das hat ein aus nachvollziehbaren Gründen sehr in Misskredit geratener Denker schon vor fast acht Jahrzehnten brillant analysiert – das muss man ihm lassen. Martin Heidegger schreibt 1943 in *Nietzsches Wort »Gott ist tot«*:

> »Der Nihilismus ist, in seinem Wesen gedacht, vielmehr die Grundbewegung der Geschichte des Abendlandes. Sie zeigt einen solchen Tiefgang, daß ihre Entfaltung nur noch Weltkatastrophen zur Folge haben kann. [...] An die Stelle der geschwundenen Autorität Gottes und des Lehramtes der Kirche tritt die Autorität des Gewissens, drängt sich die Autorität der Vernunft. Gegen diese erhebt sich der soziale Instinkt. Die Weltflucht ins Übersinnliche wird ersetzt durch den historischen Fortschritt. Das jenseitige

> Ziel einer ewigen Seligkeit wandelt sich um in das irdische Glück der Meisten. Die Pflege des Kultus der Religion wird abgelöst durch die Begeisterung für das Schaffen einer Kultur oder für die Ausbreitung der Zivilisation. Das Schöpferische, vormals das Eigene des biblischen Gottes, wird zur Auszeichnung des menschlichen Tuns. Dessen Schaffen geht zuletzt in das Geschäft über.«[141]

Jahrhunderte lang haben Eliten, die einander ablösten, ein höchstes Ideal durch das nächste ersetzt. Diese ständige Entwertung der eben noch gültigen hat dazu beigetragen, das Ansehen solcher höchsten Ideale, solcher »obersten Werte«, wie schon Nietzsche sie genannt hat, immer wertloser erscheinen zu lassen. Jetzt ist die Menschheit beim letzten und schalsten obersten Wert angekommen. Unternehmer, denen es nur noch ums bloße Geschäft geht, drängen unter weitgehender Missachtung der staatlichen Autorität ihrer Länder an die Macht. Das ist, da hat Heidegger völlig Recht, eine ziemlich definitive Form des Nihilismus.

Dass der nihilistische Durchmarsch der Digitalkapitalisten erstaunlich reibungslos funktioniert, hängt damit zusammen, dass in unseren westlichen Gesellschaften die Gleichgültigkeit Idealen bzw. Werten gegenüber rapide zugenommen hat. Weil die diktatorische Durchsetzung einzelner fragwürdiger, gar menschenverachtender Werte mehrfach ganz Europa in tiefes Elend gestürzt hat, sind viele Bürger verbindlichen Werten gegenüber generell misstrauisch geworden, halten sie sogar eher für obsolet. Wehe, irgendeine Autorität maßt sich an, allen dasselbe

Wertesystem vorzuschreiben! Der Einzelne möge sich seine Werte je nach Gusto zusammensuchen. Das muss reichen. Genau diese Haltung spiegeln die großen Datenkonzerne – und deshalb sind sie auch so erfolgreich.

Es hat noch nie in der Geschichte einen Umsturz aller Verhältnisse gegeben, der sich bar aller Ideale vollzog. Heute erleben wir ihn: Die sogenannte digitale Revolution setzt sich für alle und keinen ein. Facebook stellt seine Tools genauso Obama wie Trump zur Verfügung. Die Blogger im arabischen Frühling wie die deutsche rechte Szene nutzen die gleiche digitale Technik und dieselben Portale, um sich zu organisieren.

Wenn sich solche nihilistischen Unternehmer anschicken, nun auch noch auf dem Erziehungssektor an Einfluss zu gewinnen, müssen alle, für die humane Bildung noch ein substantieller Wert ist, aufwachen.

Der gesteuerte Mensch – ein schlimmes Erziehungsideal

Dass es schreckliche Folgen hat, wenn man den Menschen in ein Klassenkampfschema presst oder ihm eine Hierarchie von Rassemerkmalen überstülpt, ist zwar immer noch nicht Konsens, aber derartige diskriminierende Vorstellungen kann man Konzernlenkern wie Page oder Zuckerberg nicht vorwerfen, wie eben ausgeführt. Das heißt aber nicht, dass das heutige Menschenbild jetzt endlich ein humanes Zeitalter befördern würde. Auch das digitale Zeitalter definiert den Menschen – und auch hier ist zu befürchten, dass er dabei schweren Schaden nimmt. Schon wieder wird er nämlich neu bestimmt – und mir scheint, diese Neubestimmung könnte zu ganz neuen Formen menschlichen Elends führen.

Eric Schmidt und Sebastian Thrun, der maßgeblich an der Entwicklung des selbstfahrenden Autos beteiligt ist, haben ihre Vorstellung von der Rolle des Individuums in den zukünftigen Gesellschaften so dargestellt:

> »Beim Fahren lernen die Leute größtenteils aus eigenen Fehlern, selten aus den Fehlern anderer. Die Leute machen kollektiv immer wieder dieselben Fehler. Als Folge davon kommen jährlich weltweit Hunderttausende bei Verkehrsunfällen um. Künstliche Intelligenz entwickelt sich anders. Wenn eines von den selbstfahrenden Autos einen Fehler macht, lernen alle davon. Neue selbstfahrende Autos kommen, wenn man so will, mit sämtlichen Fähigkeiten ihrer Vorfahren und Kollegen zur Welt. Kollektiv lernen diese Autos also schneller als Menschen.«[142]

Wie so oft, wenn sich KI-Spezialisten äußern, ist man zunächst beeindruckt. So effizient möchte man als Mensch eigentlich schon lernen. So wie diese KI möchte man sich auch updaten. Wie schade, dass wir keine Maschinen sind!

Aber hoppla, was habe ich da gedacht! Wäre das wirklich so erstrebenswert? Thrun und Schmidt scheinen so zu denken. Wenn es nach ihnen geht, dann müssen die Menschen mehr wie Maschinen werden, wie vernetzte Bohrhämmer, deren Software automatisch aktualisiert wird, sobald eine Schwachstelle erkannt wurde: »Alle teilen sie ein und dasselbe Verständnis, also funktionieren sie alle einstimmig und mit maximaler Effizienz um derselben Ergebnisse willen. Die Bohrhämmer schätzen ihre Situation nicht unabhängig voneinander ein; jeder einzelne lernt, was alle lernen.«[143] Zuboff kommentiert:

> »Die Maschinen ahmen einander nach, also sollen wir das auch so halten. Die Maschinen bewegen sich gemeinsam, nicht wie viele Flüsse, sondern wie einer, also sollen wir das auch. Die Maschinen werden alle durch ein und dasselbe Denken strukturiert und fließen ein und demselben Ziel entgegen, also muss man auch uns strukturieren.«[144]

Damit offenbart sich uns der zentrale Widerspruch der Plattformökonomie: Auf der einen Seite hilft sie *scheinbar* jedem Einzelnen, möglichst bequem zu einem individuellen Profil, einer Identität zu kommen, die der Konstruktion eines Selbst entspricht (vgl. oben das Kapitel »Identitätsbildung in Zeiten des Datenkapitalismus«). Andererseits wird von ihr aber all das, was sie mit der Zeit an Informationen über diesen Einzelnen gesammelt hat, genutzt, um ihn immer stärker in seinem Verhalten zu beeinflussen und ihn damit gerade seiner Individualität zu berauben. Ob das Wahlen betrifft oder Onlinebestellungen, Restaurantbesuche oder eben Bildungsgänge – das entscheiden die Käufer der Datensätze. Und gar nicht selten ereignen sich diese katastrophalen Unfälle, bei denen die Algorithmen den Nutzer in Filterblasen einsperren, die aus freundlichen Zeitgenossen unangenehme Chauvinisten oder gefährliche Rassisten machen.

Auf der einen Seite wird also so getan, als gelänge es mit Internetfirmen besonders gut, eine Individualität zu entwickeln, auf der anderen Seite aber wird der Mensch *als eine Maschine* betrachtet, die man mit intelligenten Algorithmen, also mit KI, präzise steuern kann.

Der Ärger über diese Entwicklung hat mich vor einem Jahr nach vielen Gesprächen z. B. mit meinem Nachbarn, dem Kabarettisten Bernd-Lutz Lange dazu gebracht, ein Manifest zu initiieren, das die Absurdität dieser Denkweise zurückweisen soll: Es heißt *Der Mensch ist keine Maschine* und ist immer noch im Internet abrufbar.[145] 24 ehemalige Bürger der DDR, die im Jahr 1989 aktiv daran beteiligt waren, das totalitäre System der SED zu Fall zu bringen, haben es unterzeichnet.

Aus dem Begleittext möchte ich hier etwas ausführlicher zitieren, denn die Behauptung, der Mensch sei eine Maschine, klingt in den Ohren vieler Zeitgenossen immer noch nach einem schlechten Scherz. Wenn man jedoch einmal nachsieht, wer das heute alles vertritt, wird einem ganz anders. In Deutschland gehören unter anderem solche recht bekannten Persönlichkeiten dazu wie Wolfgang Prinz, emeritierter Direktor des Leipziger MPI für Kognitions- und Neurowissenschaften[146], Timotheus Höttges, der Vorstandsvorsitzende der Telekom[147] und der Philosoph Thomas Metzinger,[148] um nur drei zu nennen. Im *Begleittext* unseres Manifests heißt es:

»Vermutlich sind diejenigen, die den Unterschied zwischen Mensch und Maschine schwinden sehen, heute sogar in den hochentwickelten Technologieregionen der

Welt immer noch eine Minderheit – aber eine stetig wachsende. Überlegungen, nach denen der Unterschied zwischen Mensch und Maschine verschwindet, sind in der Mitte der aufgeklärten Gesellschaft angekommen. [...]
John Brockman hat für seine Sammlung von Statements zum Thema *Was sollen wir von Künstlicher Intelligenz halten?* insgesamt 186 Experten gefragt, Professoren, Ingenieure, Publizisten und Künstler. Sie seien, verrät uns das deutsche Cover, ›die führenden Wissenschaftler, Philosophen und Künstler unserer Zeit‹. Nicht alle haben für ihre Antwort das Verhältnis von Mensch und Maschine thematisiert – aber von denen, die sich dazu äußerten, hält eine Mehrheit den Menschen für eine Maschine. Diesen 52 Antworten stehen 36 gegenüber, die den Unterschied von Mensch und Maschine eher für unüberwindbar halten. Eine kleine Blütenlese:
Die kürzeste Antwort gibt Robert Sapolsky von der Stanford University, die im Silicon Valley liegt: ›Was halte ich von Denkmaschinen? Nun, es kommt gewiss darauf an, um welche Person es sich handelt.‹ (in Brockman S. 529)
Der Physiker Sean Carroll gibt folgendes Bonmot zum Besten: ›Wenn ich nach meinen Gedanken über Denkmaschinen gefragt werde, kann ich einfach nur antworten: ›He, das sind meine Freunde, von denen Sie sprechen.‹ Wir sind alle Denkmaschinen, und die Unterscheidung zwischen verschiedenen Arten von Maschinen verschwindet allmählich.‹ (ebenda S. 90)
Und der Neurowissenschaftler Sam Harris assistiert: ›Wir wissen bereits, dass bloße Materie eine allgemeine Intelligenz erwerben kann – die Fähigkeit, neue Begriffe zu ler-

nen und sie in unvertrauten Kontexten anzuwenden –, weil die 1200 ccm salziger Hafergrütze in unserem Kopf es fertiggebracht hat. Es gibt keinen Grund zu glauben, dass ein hinreichend hochentwickelter digitaler Computer nicht dasselbe tun könnte.‹ (ebenda S. 479)
[...] Wieder einmal lernen wir eine Definition des Menschen kennen, die im Gewand des Realismus daherkommt: er soll also ein Bioroboter sein. Was denn sonst? fragen uns fast schon mitleidig die neuen Realisten. Der Unterschied zwischen Mensch und Maschine, werden wir belehrt, bestehe hauptsächlich darin, dass die Bausteine, aus denen der Mensch zusammengesetzt sei, der auf Kohlenstoffen basierenden organischen Chemie zuzurechnen seien, während die wichtigsten Bestandteile technischer Intelligenz Silizium oder seltene Erden sind. Wobei denjenigen, die von der Überlegenheit der kohlestoffbasierten Intelligenz überzeugt sind, von dem am MIT lehrenden Physiker Max Tegmark ›Chauvinismus‹ vorgeworfen wird.[149] Natürlich entstehen die zwei Arten von Intelligenz nicht am selben Ort; der Philosoph Steve Fuller bringt es auf seinen Begriff: ›Der einzige wirkliche Unterschied ist der Schmelztiegel der Schöpfung: ein Schoß gegenüber einer Fabrik.‹ (Brockman, S. 400)
Der Baumeister der einen Sorte von Bewusstseinsmaschinen ist dann natürlich die Evolution, die den weiblichen Schoß hervorgebracht hat, den Fuller so charmant mit einem Schmelztiegel gleichsetzt. Die Exemplare der anderen Sorte werden hingegen in Fabriken zusammengelötet. Aber diese Evolution, fügen die Vertreter der synthetischen Biologie hinzu, wird bald von den Biotechni-

kern kassiert. […] Wir trauen der modernen Technik immer mehr zu und halten immer weniger vom in die Jahre gekommenen Adam, von der grau gewordenen Eva. Während ein Teil unserer Intellektuellen darüber klagt, dass der Mensch im Anthropozän die Erde zerstöre und es sogar das Beste für Gaia wäre, wenn er wieder verschwände, geht ein anderer Teil davon aus, dass diese Erde sich längst auf neue, transhumane Bewohner einstellen darf. Die Art und Weise, wie heute über unseresgleichen gesprochen wird, unterscheidet sich krass von der, die in der Tora, bei Sophokles oder Hesse zu hören war. Er sei, hören wir, nicht etwa göttlichen Ursprungs, nicht ungeheurer als alles andere und schon gar nicht unberechenbar – sondern ein Bioroboter. […]
Kollege Roboter. Bruder Roboter. Lebenspartner Roboter. In der Phantasie sind diese Kollegen, Brüder und Lebenspartner dem Menschen bald sogar überlegen.«[150]

Wenn sich die reichsten Unternehmen der Welt, die unser Verhalten mit Alexas oder Echos sanfter Stimme beeinflussen, weil ihre Profite nur sprudeln, solange es ihnen gelingt, uns wie Teile eines Maschinenparks, wie »Bohrhämmer« zu steuern, mit den Wissenschaftlern, Technikern oder Philosophen verbünden, die davon überzeugt sind, dass der Mensch wirklich nichts anderes als ein Bioroboter ist, dann erlischt das Licht der Aufklärung. Und die, die es zum Erlöschen bringen, sind ausgerechnet diejenigen, die von sich behaupten, ganz im Geiste der Aufklärung das Wissen der Menschheit zu verwalten.

Theodor Wiesengrund Adorno erfand im letzten Jahrhundert die prägnante Formel von der *Dialektik der Aufklärung* – und Herbert Marcuse machte für dieses Umschlagen der Aufklärung die »Kulturindustrie« verantwortlich. Gegenüber der großflächigen Zivilisationszerstörung, die von den Überwachungskapitalisten betrieben wird, erscheinen die damals angeprangerten Hollywoodfilme geradezu wie Zeugnisse eines humanistischen Zeitalters.

Irgendwann werden die Menschen merken, dass sie wie Maschinen behandelt werden, die einen später, die anderen früher. Maschinen haben keinen freien Willen. Sie folgen den Steuerbefehlen ihrer Programme. Das macht sie nicht unglücklich, weil Maschinen nicht leiden können. Aber der Mensch kann leiden. Was wird passieren, wenn er das Gefühl bekommt, nur noch zu funktionieren, wenn er mühsam nach den letzten Resten einer eigenen Identität in sich zu suchen beginnt?

Auf einer Veranstaltung im Gemeindesaal der Leipziger Propsteigemeinde, die der Autor selbst besuchte (am 13.11.2018), sagte der Magdeburger Bischof Feige, dass Menschen, die nicht frei über ihr Schicksal entscheiden können, zu hassen beginnen.

Die Datenkapitalisten meinen, sie seien in der Lage, das Verhalten der Menschheit zu steuern. Ein schrecklicher Irrtum. Zwar ist es einigen von ihnen gelungen, durch ihre Algorithmen letztlich das Kaufverhalten so vieler Menschen zu beeinflussen, dass sie zu den reichsten Konzernen der Welt wurden – aber dabei entstehen immer mehr Kollateralschäden der übelsten Sorte: Wahlen werden manipuliert, Rassisten gelangen an die Macht, Populisten bekommen Zulauf, Filterblasen blähen sich auf, Hass ist ein großes Thema geworden, Teenager vereinsamen und und und …

Menschenbilder im Unterricht

Hirnforscher sind davon überzeugt, dass es das Gehirn, dass es die neuronalen Prozesse sind, die alle Formen menschlichen Geistes generieren.[151] Und wenn sie etwas Wesentliches *übersehen* haben? Biologen erklären uns, was unter Leben verstanden werden muss. Aber was rechtfertigt die Überzeugung, dass die heute gültigen biologischen Kriterien dem Phänomen *vollständig* gerecht werden? Entscheiden wirklich die Physiker die Frage, ob es eine *Ewigkeit* gibt?[152] Wie oft glaubten Wissenschaftler, sie seien drauf und dran, so gut wie alle Rätsel dieser Welt gelöst zu haben – und wie fundamental haben sie sich dabei geirrt! Bei allem Respekt vor den großartigen Resultaten unserer Wissenschaft scheint es mir mehr als angebracht, die Vorläufigkeit jeder menschlichen Erkenntnis nicht aus dem Blick zu verlieren.

Wenn der Geist nichts anderes ist als der Datenfluss, der vom Biocomputer Gehirn generiert wird, indem dieser den Dateninput gemäß evolutionär vorgeprägter und biographisch ausdifferenzierter Algorithmen verarbeitet, dann ist die Rede von einem Heiligen Geist, dann sind die Berichte von mystischen Begegnungen, dann ist letztlich auch die Auferstehungshoffnung, dann sind alle im engeren Sinne religiösen Phänomene nichts als Hervorbringungen dieser Algorithmen. Eine weitere Wirklichkeit, der solche Phänomene entsprechen und von deren Existenz Gläubige überzeugt sind, ist dann nichts als eine Phantasmagorie, die der aufgeklärte Mensch nachsichtig oder spöttisch beiseiteschiebt.

Natürlich kann es nicht darum gehen, atheistisch getönten wissenschaftlichen Theorien über den Geist, die Zeit oder das Leben eine christliche Naturwissenschaft entgegenzustellen, die umgekehrt »beweist«, dass »Gott (oder die Bibel) immer Recht hat«. Aber allein deshalb, weil verkürzte Menschen- und Wirklichkeitsbilder in aller Regel politische oder ethische Konsequenzen haben, die mal für kleinere, mal für größere Teile der Zeitgenossen viel Elend bedeuten – ja, bisweilen sogar millionenfachen Massenmord im Gefolge haben können –, sollte der Christ Distanz zu allen Welterklärungsmodellen wahren. Die Kirche war immer dann stark, wenn es ihr gelang, diese Distanz aufrecht zu erhalten. Leider hat sie sich allzu oft auf Wirklichkeitsmodelle eingelassen, die sich im Nachhinein als falsch erwiesen – aber in der Zeit, in der man an sie glaubte, unermesslichen Schaden anrichteten. Schrecklich, dass Protestanten Christus arisieren wollten und dadurch mit verantwortlich wurden für die Vernichtung von Millionen Juden. Peinlich, dass vor etlichen Jahrzehnten viele Theologen Darwin zu einer Art Kirchenvater machen wollten – inzwischen spricht man unter Biologen vom Post-Darwinismus. Und heute? Die Abtretung der Verantwortung für unser aller Leben an Algorithmen könnte der umfassendste Angriff nicht nur auf das christliche, sondern auch auf das humanistische Menschenbild seit Stalin und Hitler werden.

Zu neuen Definitionen vom Menschen Distanz zu wahren gelingt durch Ideologiekritik. Darunter verstehe ich einerseits die Befragung wissenschaftlicher Hypothesen auf nicht genannte oder bisher übersehene Prämissen, die Suche nach Widersprüchen in den fraglichen Theorien und die Skepsis, ob der gegenwärtige Stand des Wissens nicht wesentliche Aspekte eines Phänomens ausblendet, andererseits die Beschäftigung mit der wichtigen Frage, ob einer Theorie erkenntnisleitende Interessen von Einzelnen oder von Machteliten zugrunde liegen, ob mit ihr also der politische Diskurs manipuliert wird, und mit welchen Schäden wer bzw. welche Menschengruppen rechnen müssten, wenn sie sich durchsetzt.

Die Kirche tut gut daran, ideologiekritisch nach den Bruchlinien heutiger Theorien über den Geist bzw. das Bewusstsein zu suchen, statt ihre Energie an Spielereien wie segnende Roboter (wie während des Kirchentags in Wittenberg) zu verschwenden.

Um unseren Söhnen und Töchtern den Rücken zu stärken, damit sie sich in ein paar Jahren nicht wie Teile eines Maschinenparks, wie digital gesteuerte Bohrhämmer, wie Funkstationen im Internet der Dinge fühlen, kann man durchaus etwas tun: Natürlich müssen wir ihnen als Allererstes sagen, dass sie keine Maschinen sind. Nur ein Mensch, der glaubt, dass er sein Schicksal selbst in die Hand nehmen kann, nur ein Mensch, der sich also nicht für restlos determiniert hält, wird die Kraft haben, die analoge wie die digitale Zukunft aktiv zu gestalten.

Wenn ich Kultusminister wäre, würde ich sofort verfügen, dass an allen Schulen in mehreren Fächern und Jahrgangsstufen intensiv und ohne Zeitdruck immer wieder über die verschiedenen Aspekte der Frage gesprochen werden muss, ob der Mensch eine Maschine ist. Diese Frage zielt geradewegs ins Herz unserer Werteordnung. Sie treibt Künstler, Philosophen, Filmemacher und kritische Wissenschaftler schon seit langem um. Sie ist die zeitgemäße Variante der Frage, wer wir sind.

Diese Frage als zentrales *inhaltliches* Thema im Digitalpapier der KMK aufzunehmen, scheint keiner der 16 Kultusminister für wichtig befunden zu haben. Etwa 60 Kompetenzen werden dort definiert, die ein Schüler bis zu seinem Schulabschluss erwerben sollte – aber die weltanschaulichen Aspekte des digitalen Wandels mit Schülern zu erörtern ist nicht vorgesehen. Dabei wäre das eine besonders nachhaltige Vorbereitung auf eine digital geprägte Zukunft und hätte deshalb in das Strategiepapier aufgenommen werden müssen.

Man bilde sich nicht ein, diese Frage sei leicht zu beantworten. Im Gegenteil! Zwar sagt uns unser *Gefühl*, dass der Mensch keine Maschine ist. Aber ein aufgeklärter Unterricht muss schon mehr bieten, als die Schüler Gefühle artikulieren zu lassen. Klarheit schaffen nicht Gefühle, Klarheit schafft der Verstand.

Man stelle sich vor, die zahlreichen Didaktiker würden sich auf ihren Lehrstühlen endlich wieder solchen stark vernachlässigten inhaltlichen Fragen und deren Aufarbeitung zuwenden, statt immer weiter die Kompetenz als Leitbegriff des Bildungsbetriebs auszudifferenzieren: Wie könnte da Schule wieder spannend werden, weil in ihr die Themen zur Sprache kommen, die der Generation der Jungen und Mädchen von heute wirklich unter den Nägeln brennen! Denn sonst würden sie ja wohl kaum bei Netflix die vielen Science-Fiction-Filme streamen, in denen diese Auflösung der Grenze zwischen Mensch und Maschine variiert wird.

Qualitätssicherung, Risiken, Nebenwirkungen

Beiseitegeschobene Erfahrungen

In bescheidenem Umfang werden digitale Medien bereits an der Schule genutzt, sodass man schon ungefähr weiß, was schiefgehen kann und was für neue Probleme diese Medien aufwerfen. All das könnte man ermitteln, indem man sich ganz direkt an die Lehrer wendet. Aber deren Erfahrungen werden ignoriert. Das ist fahrlässig. Die folgende Liste erhebt wahrlich nicht den Anspruch auf Vollständigkeit, zeigt aber sofort, dass die Durchsetzung unseres Schulalltags mit digitalen Medien nicht nur Freude bereitet:

- Keine Technik ohne Pannen. In der Schule, wo viele Geräte jeweils von mehreren Personen gemeinsam genutzt werden, häufen sich solche Pannen, vor allem, wenn die unterschiedlichen Nutzer mit unterschiedlichen Eingabegeräten arbeiten. Das führt zu Leerlauf im Unterricht und somit zu Zeitverlust.
- Frustrierend sind Stunden, in denen einige Schüler zu Anfang feststellen, dass der Akku ihres Tablets nicht aufgeladen ist, Programme nicht überspielt wurden und die Schüler am Ende ihr Tablet nicht einmal ausstellen können, weil gerade Updates geladen werden. Das kann dann schnell mal die Pause kosten!

- Roberto Simanowski beklagt die »Einsamkeit der Lehrer im Seminarraum [...], wenn sich die Studierenden am Bildschirm ihres Laptops oder Handys unter dem Vorwand, einen Begriff oder Fakt nachschauen zu müssen, in ihre sozialen Netzwerke verabschieden.«[153] Junge Leute ertragen es heute einfach nicht mehr, sich längere Zeit aus den Social Media auszuklinken. Wenn das sogar für Studenten gilt – wie viel mehr für pubertierende Jugendliche.
- Seit Schüler (und nicht nur die, wie die Analyse der Doktorarbeiten einiger prominenter Politiker gezeigt hat) mit dem Copy-and-Paste-Verfahren Hausarbeiten zusammenmontieren können, opfern verantwortungsvolle Lehrer einen nicht unerheblichen Teil ihrer Arbeitszeit, um zu recherchieren, was die eigentliche Leistung des Schülers ist. Die Frage, was eine geistige Leistung ist, ist im digitalen Zeitalter neu zu verhandeln.
- Die Erfahrung lehrt darüber hinaus, dass auch Eltern und gegebenenfalls nette Freunde wesentlich Anteil an der Ausarbeitung von komplexen Aufgaben haben, die nicht ausschließlich zwischen den Wänden des Schulhauses bearbeitet werden können. Das macht heute schon die Bewertung zu einer delikaten Angelegenheit. Es kommt schon vor, dass man Ärger mit einer Mutter oder einem Vater bekommt, weil sich diese ungerecht benotet fühlen.
- Des Weiteren stellt sich die Frage, ob die äußerlich akkurate Präsentation eines Themas nicht manchmal verdeckt, dass Schülerinnen und Schüler das, was sie stolz mit Powerpoint vorführen, gar nicht verstanden haben.

- Der Lernbegleiter, der gar nicht in der Lage ist, die Themenbereiche, die ihm von seinen Schülern präsentiert werden, alle selbst zu überblicken, verliert zunehmend die Möglichkeit, professioneller Ratgeber zu sein und die Leistung der Schülerinnen und Schüler jenseits formaler Kriterien kompetent zu bewerten. Ein echtes Problem, weil es im Grunde genommen begrüßenswert ist, dass sich Schülerinnen und Schüler Themen zuwenden, bei denen der Horizont der Schule überschritten wird.
- Stoffgebiete, die den Schüler wegen ihrer Komplexität überfordern, wenn er sie selbst erarbeiten muss, werden tendenziell immer seltener in den Unterricht eingebracht. Das weiß jeder Lehrer. Traditionell war es eine seiner zentralen Aufgaben, diese Bereiche altersgerecht zu erschließen. Da die Lernbegleiter der Zukunft diese Aufgabe nicht mehr haben, wird der geistige Horizont, den Schulabgänger überblicken, in Zukunft enger sein. So wird es wahrscheinlicher, dass Schüler die Filterblasen gar nicht mehr erkennen, die sie gegenüber der Vielfalt unserer Welt abschotten.

Evaluierungen sind ernüchternd

Deutschland erlebt gerade einen rücksichtslosen Eingriff in sein Bildungssystem. Das wird daran erkennbar, dass viele wissenschaftliche Untersuchungen ignoriert werden, die nachweisen, dass der Einsatz von digitaler Technik in der Schule keine positiven Auswirkungen hat – egal ob sie in unserem oder in andern Ländern durchgeführt wurden, egal ob es sich um einfache Studien oder Metastudien handelt, also Studien, die viele Einzelstudien zusammenfassen, um einen Gesamttrend zu ermitteln.

Von einem besonders unangenehmen Beispiel solcher Ignoranz berichtet das *Bündnis für humane Bildung*: Die beiden Wissenschaftler J. Kahnert und M. Endberg führten 2014 eine Studie über die *Fachliche Nutzung digitaler Medien im Mathematikunterricht der Grundschul*e durch. Darin kamen sie zu dem Ergebnis, dass

> »Grundschülerinnen und Grundschüler in Deutschland, in deren Unterricht mindestens einmal wöchentlich Computer eingesetzt wurden, in den Domänen Mathematik und Naturwissenschaften statistisch signifikant *niedrigere* Kompetenzen aufwiesen als jene Grundschulkinder, die seltener als einmal pro Woche Computer im Unterricht nutzten«.[154]

Auf diese Untersuchung bezogen sich 13 Wissenschaftler, die ein Gutachten erstellten, das unter dem Titel *Bildung 2030 – Veränderte Welt. Fragen an die Bildungspolitik* veröffentlicht wurde. Allerdings kehrten sie das Ergebnis der Studie ins Gegenteil um, behaupteten nämlich, dass

> »Grundschülerinnen und Grundschüler in Deutschland, in deren Unterricht mindestens einmal wöchentlich Computer eingesetzt wurden, in den Domänen Mathematik und Naturwissenschaften statistisch signifikant *höhere* Kompetenzen aufwiesen als jene Grundschulkinder, die

seltener als einmal pro Woche Computer im Unterricht nutzten«.

Man sieht: zweimal derselbe Satz, bloß dass das Wort »niedrigere« gegen »höhere« ausgetauscht wurde.

Diese auf den Kopf gestellte Version des Gutachtens wurde von der Vereinigung der Bayerischen Wirtschaft (vbw) veröffentlicht und fand große mediale Beachtung. So weit so schlecht. Noch schlimmer kam es allerdings, als die 13 Wissenschaftler und die vbw auf den Irrtum aufmerksam gemacht wurden: Sie ließen kühl verbreiten, die gegensätzliche Aussage ändere nichts an den Herausforderungen für die Bildungswelt, die das Gutachten beschreibe. Das *Bündnis für humane Bildung* kommentiert: »Das heißt auf gut deutsch: Was immer sogar selbst in Auftrag gegebene Studien ergeben – die Digitalisierung von Schule und Unterricht bleibt das Ziel der Wirtschaftsverbände und der ihnen zuarbeitenden Wissenschaftler.«[155]

Auf den folgenden Seiten möchte ich eine Reihe kritischer Studien zum Gebrauch digitaler Medien durch Jugendliche bzw. im Unterricht vorstellen:

I. Studien, die pauschal belegen, dass der Computereinsatz beim Lernen nichts nützt bzw. sinnlos ist:
Die Wissenschaftler Thomas Fuchs und Ludger Wößmann werteten 2004 die Daten der PISA-Studie daraufhin aus, welche Auswirkungen es hat, wenn Schüler *zuhause* Zugang zu einem Computer haben. Wie viele Eltern

längst wissen, führt das »zunächst einmal dazu, dass die Kinder – vor allem die Jungen – ihre Zeit zunehmend mit Computerspielen zubringen. Dies hält sie vom Lernen ab und wirkt sich negativ auf den Schulerfolg aus.«[156]

Dann wollten die beiden wissen, was passiert, wenn Computer im Schulunterricht zum Einsatz kommen. Dabei zeigte sich, dass einerseits

> »diejenigen Schülerinnen und Schüler, die nie einen Computer gebrauchen, geringfügig schlechtere Leistungen aufweisen als diejenigen, die den Computer *einige Male pro Jahr bis einige Male pro* Monat benutzen. [...] Auf der anderen Seite sind die Leistungen im Lesen und Rechnen von denjenigen, die den Computer *mehrmals wöchentlich* einsetzen, deutlich schlechter. Und das Gleiche zeigt sich auch für den Internetgebrauch in der Schule.«[157]

Da dies eine alte Studie ist, muss man davon ausgehen, dass sich die Situation inzwischen deutlich verschlechtert hat, einfach weil Jugendliche heute sehr viel mehr Zeit mit digitalen Medien zubringen. Der Sozialpsychologe Adam Alter nennt Zahlen:

> »Ein durchschnittliches Schulkind im Alter zwischen acht und 18 Jahren verbringt heute ein Drittel seiner Zeit mit Schlafen, ein Drittel in der Schule und ein Drittel mit elektronischen Medien wie Smartphones oder Tablets, Fernseher oder Laptops. Es kommuniziert mit anderen länger über Displays als von Angesicht zu Angesicht. Seit der Jahrtausendwende ist der Anteil der bildschirmfreien

> Spielzeit um 20 Prozent zurückgegangen, im selben Zeitraum ist die Spielzeit am Bildschirm um denselben Betrag gestiegen.«[158]

Ironisch kommentiert er den wachsenden Medienkonsum: »Wenn die heutige Millennium-Generation erwachsen wird, wird es nicht unwahrscheinlich sein, dass ihre Gurkengehirne bereits sauer eingelegt sein werden.«[159] Wenn sogar der Lehrer demnächst das Internet empfiehlt, was für Chancen haben dann noch Ermahnungen der Eltern, das Daddeln einzustellen?

Eine Untersuchung, die eindrucksvoll vorführt, wie kontraproduktiv die teure Ausstattung aller Schüler mit Computern ist, wurde in Birmingham/Alabama durchgeführt. Die Stadt schaffte ab 2008 etwa 15 000 Computer für ihre Schüler an. Es reichte nicht gleich für alle – aber das war wohl auch besser so:

> »Eine mittlerweile vorliegende Evaluation des Programms fällt miserabel aus, und so wundert es nicht, dass es zwischenzeitlich abgebrochen und eingestellt wurde! Nur ein Fünftel der Schüler nutzte den Computer in der Schule täglich, etwa ein Drittel der Schüler dagegen nie. Mehr als die Hälfte der Computer waren nach 19 Monaten kaputt, die beteiligten Lehrer waren frustriert über mangelhafte Hardware, fehlende Software und völlig unzureichende technische sowie pädagogische Unterstützung.«[160]

Dass wissenschaftliche Untersuchungen im Grunde genommen umsonst gemacht werden, weil ihre Ergebnisse ignoriert werden, zeigt der Umgang mit einer 2016 veröffentlichten Studie der Hamburger Universität besonders deutlich, bei der über drei Jahre lang 1300 Hamburger Schüler beobachtet wurden, die ihre eigenen Mobilgeräte (Smartphones und Tablets) in den Unterricht mitbrachten.[161] Die Auswertung der Daten zeigte, dass das Projekt »bei den Schülerinnen und Schülern weder zu einer messbar höheren Leistungsmotivation, noch zu einer stärkeren Identifikation mit der Schule«[162] geführt hat. Weder hätten sie anschließend besser mit Quellen umgehen können, noch hätten sie eine höhere Informationskompetenz erreicht.[163]

Spätestens hier hätte die Hamburger Bildungsbehörde die Konsequenz ziehen müssen, dass der flächendeckende Einsatz digitaler Endgeräte in den Schulen der Hansestadt reine Geldverschwendung ist. Passiert ist aber das Gegenteil. Der Hamburger Schulsenator Ties Rabe setzte das Projekt fort. Offenbar genügte es ihm, dass Digitaltechnik im Unterricht nicht schadet. Selbst die Sanierung der Schultoiletten, die in vielen deutschen Schulen bekanntlich in einem beklagenswerten Zustand sind, wäre sinnvoller gewesen.[164]

Dass dies kein Ausrutscher ist, bekräftigen die Absender des *Offenen Briefes an die Kultusminister* mit der Vorstellung einer weiteren Studie, die von keiner kleineren Organisation als der OECD in Auftrag gegeben wurde. Wenn es darum geht, Lernerfolge in ökonomischem Sinne zu optimieren, ist die OECD sicherlich ein höchst unverdächtiger Kritiker.

Andreas Schleicher ist Bildungsdirektor der OECD. Damit ist er so etwas wie der ranghöchste Politiker weltweit, der qua Amt etwas über Bildungsfragen zu sagen hat. Dieser Mann hat in einem Interview mit einer australischen Zeitung kurz und klar ein Résumé bezüglich des Einsatzes digitaler Medien in der Schule gezogen: »Wir müssen es als Realität betrachten, dass Technologie in unseren Schulen mehr schadet als nützt«.[165]

2015 wurde der OECD-Bericht *Students, Computers and Learning: Making the Connection*[166] veröffentlicht, der eigentlich den Nutzen von Digitaltechnik belegen sollte. Tatsächlich aber zeigt er auf, wie Andreas Schleicher in seinem Vorwort ausführt, dass es »keine nennenswerten Verbesserungen in der Schülerleistung in Lesen, Mathematik oder Wissenschaft in den Ländern [gibt], die stark in IKT (Informations- und Kommunikationstechnologie) für Bildung investiert hatten.«[167] Auch sei »die Technologie wenig hilfreich beim Ausgleich der Fähigkeiten zwischen fortgeschrittenen und zurückgebliebenen Schülern.«[168]

Speziell zum Leseverhalten gibt es eine aktuelle und ziemlich eindeutige Stellungnahme, die *Stavanger Erklärung*.[169] In dem norwegischen Hafenstädtchen kamen im Oktober 2018 fast 200 auf den Gebieten des Lesens, des Publizierens und der Lese- und Schreibfähigkeit tätige Wissenschaftler aus ganz Europa zusammen und verabschiedeten eine Erklärung, in der es heißt:

> »Eine Metastudie von vierundfünfzig Studien mit zusammen mehr als 170 000 Teilnehmern zeigt, dass das Verständnis langer Informationstexte beim Lesen auf Papier besser ist als beim Bildschirmlesen, insbesondere wenn die Leser unter Zeitdruck stehen. Bei narrativen Texten wur-

den keine Unterschiede festgestellt. Entgegen den Erwartungen zum Verhalten von ›digital natives‹ hat diese Unterlegenheit des Bildschirms gegenüber dem Papier in den vergangenen Jahren eher noch zu- als abgenommen, und zwar unabhängig vom Alter und von Vorerfahrungen mit digitalen Umgebungen.«[170]

Mögen die Schülerinnen und Schüler ihre Fantasy-Romane also auf ihren diversen Gadgets lesen, die als Lernmaterial dienenden Texte werden im Unterricht besser weiterhin in Papierform ausgegeben.

Zwar sind Einzelstudien schon aufschlussreich, aber erst *Metastudien* machen das ganze Ausmaß der Überschätzung digitaler Medien für den Lernerfolg deutlich. Der australische Bildungsforscher John Hattie hat immer wieder derartige Metastudien durchgeführt – und auch da sind die Ergebnisse eindeutig. Es »konnte belegt werden, dass allein das Ausstatten von Schulen mit Computern, Tablets, Smartboards und weiteren medialen Neuheiten das Lernen von Kindern und Jugendlichen nicht revolutioniert.«[171] Kurz sei der Maßstab erläutert, den Hattie an die vielen Einzelstudien anlegte: Wenn Schüler irgendwelchen Lernkonzepten oder Techniken ausgesetzt werden, dann wird sich nahezu immer *irgendein* Effekt einstellen. Die Frage ist daher nicht, ob sich *irgendein* Effekt einstellt, was in 95 Prozent aller untersuchten Modelle der Fall ist, sondern »ob dieser Einfluss auch wirklich bedeutsam ist. In diesem Sinn wird nach der sogenannten Effektstärke d gefragt, die ab 0,4 interessant wird, weil damit der durchschnittliche Effekt markiert ist«.[172]

Ich füge aus seiner Liste eine Auswahl ein, die für solche Lerntechniken und Konzepte, die etwas mit Digitalisierung zu tun haben, die Effektstärke nennt. Referenzwert ist jeweils die durchschnittliche Effektstärke von 0,4. Genannt werden die aktuellsten Werte aus Hatties Studien:

Webbasiertes Lernen: Effektstärke 0,18
Visuelle und audiovisuelle Medien: Effektstärke 0,22
Nutzung von Taschenrechnern: Effektstärke 0,27
Computerunterstützung: Effektstärke 0,37

»Dies sind alles Werte, die unter der durchschnittlichen Effektstärke von d = 0,4 liegen – für viele ein enttäuschendes Ergebnis und ein Anlass, das, was nach Meinung vieler unkritischer Befürworter der Digitalisierung nicht sein darf, nicht zur Kenntnis zu nehmen«, schreibt Klaus Zierer, der die Studie in einem Aufsatz vorstellt.[173]

Um nicht missverstanden zu werden: Dieses Ergebnis sagt nicht, dass es falsch ist, in der Schule Taschenrechner oder Computer einzusetzen. Sie erdet allerdings den Optimismus der Digitalexperten, die uns fälschlich versprechen, dass das Lernen mit solchen technischen Mitteln besonders erfolgreich sei.

Hatties Konsequenz aus seiner Metastudie ist bekannt. Er plädiert dafür, lehrerbezogene Maßnahmen ins Zentrum der Schulentwicklung zu rücken, statt hauptsächlich in die technische Ausstattung der Schule zu investieren. Der inzwischen unterzeichnete Digitalpakt setzt die Prioritäten genau andersherum.

II. Studien, die nach Gründen für diese negativen Ergebnisse suchen:

Die bisher vorgestellten Studien gehen nicht auf die Gründe ein, warum digitale Medien oft ungeeignet sind, den Kindern und Jugendlichen zu helfen, ihre Lernleistungen zu verbessern, sondern diese unter Umständen sogar verschlechtern. Einige dieser Gründe liegen auf der Hand, andere erläutert uns die Wissenschaft.

Auf der Hand liegt es, dass digitale Medien ungeheure Zeitfresser sind. Den Schülern fehlt diese Zeit schlicht zum Lernen. Außerdem werden die weniger disziplinierten unter ihnen gerade die wachen Stunden mit Surfen, Simsen, Gaming und WhatsApp-Nachrichten vergeuden – und deshalb bleiben zum Lernen nur noch die Stunden übrig, in denen die Konzentration nachlässt.

Etwas tiefer gehen die Wissenschaftler, die untersucht haben, was es für Folgen hat, wenn Schüler nach intensiven Lernphasen zur »Entspannung« oder als persönliche Belohnung den Computer anwerfen und ihre Lieblingsspiele starten. Was dann im Hirn passiert, ist so ziemlich das Gegenteil von dem, was sich ereignet, wenn man sich in der Zeit körperlich betätigt. Im einen Fall werden die zarten synaptischen Verstärkungen und Verbindungen, als welche das Lernen im Hirn manifest wird, in ihrer Bildung behindert, im anderen Fall befördert. Besonders schlecht ist es, wenn der Schüler zwischen Lernen und Schlafen in seine Spielwelten abgleitet. Lernen kann nur der gut, der seinen grauen Zellen die notwendigen Ruhepausen gönnt – heute absolut keine Selbstverständlichkeit mehr.

Sollte Lernen im Web tatsächlich einen immer größeren Anteil am Unterrichtsgeschehen bekommen, dann wird sich dieser unheilvolle Trend noch verstärken – schon allein wegen des Imagegewinns, den das Internet damit bekommt.

Ein Aspekt, den besonders Gerald Lembke und Ingo Leipner in ihrem Buch *Die Lüge der digitalen Bildung* herausgestellt haben, ist der Irrtum, dass man nicht früh genug anfangen könne, Kinder an digitale Geräte zu gewöhnen. Das Gegenteil ist der Fall! Seit den Zeiten von Jean Piaget wissen wir recht gut, dass sich die Reifung des menschlichen Wesens phasenweise vollzieht. Was ein Zweijähriger noch nicht verstehen kann, das bewältigt ein Fünfjähriger spielend. Wird vorschulische und schulische Bildung an diesen Phasen ausgerichtet, sind die Chancen groß, dass sich schöne Lernerfolge einstellen. Macht man aber den Fehler, Kinder mit Lernsituationen oder Lernaufgaben zu konfrontieren, die sie überfordern, weil sie die dafür nötigen mentalen Voraussetzungen noch gar nicht haben, so kann das nur zu Scheinerfolgen führen.[174] Ins Gedächtnis graben sich diese Lernprozesse gerade nicht ein oder nur sehr schwach.

Entscheidend ist also, dass Heranwachsende auf jeder Entwicklungsstufe mit genau solchen Anforderungen bzw. Aufgaben konfrontiert werden, die dieser Stufe entsprechen, weil sie auch nur dann den Teil ihres Wesens, ihres Gehirns, ihrer Motorik entwickeln können, der in dem Alter »dran« ist. Wer sich nicht daran hält, der verbaut den Kindern den langsamen Ausbau all der vielen verschiedenen Seiten, die in jedem jungen Menschen schlummern. Genau das dürfte der Fall sein, wenn Kinder zu früh mit Tablets konfrontiert werden. Schlimm genug, dass sie zuhause oft mit derartigen Geräten zu viel Zeit verbringen – und damit wichtige Potentiale, die eigentlich in ihnen stecken, verkümmern lassen. Jetzt soll diese eher kontraproduktive Beschäftigung zeitlich ausgedehnt werden, zu Lasten von Lernaufgaben und -Methoden, die altersgerecht sind.

Jüngeren Menschen entspricht allemal die vielseitige Erfahrung, das Lernen mit Kopf, Herz und Hand, um es mit Pestalozzi zu sagen. Das Anfassen und Hantieren mit Dingen ist viel wertvoller als das reine Betrachten. Kinder lernen weltweit das Zählen mit Hilfe ihrer Finger aus Fleisch und Blut, sonst wären Zahlen einfach zu abstrakt. Drei oder acht Finger kann man sehen, anfassen, bewegen, knicken, wodurch die Abstraktion gemindert wird.

Der wahrscheinlich wichtigste Anwendungsfall betrifft die Frage, ob Lernende, die den Stoff am Laptop eingeben, sich diesen genauso gut merken können wie diejenigen, die dafür Papier und Schreibwerkzeuge nutzen. Auch hier ist das Ergebnis eindeutig – und zwar bis ins Alter von Studenten hinein. Und das aus zwei Gründen: Einerseits führt das Niederschreiben der Buchstaben bzw. Wörter dazu, dass die Hand eine Bewegung ausführt, die über die optische Vergegenwärtigung hinaus auch haptisch an der Aneignung des zu lernenden Sachverhaltes beteiligt ist. Darauf deuten Studien hin, die Manfred Spitzer in seinem Buch *Digitale Demenz* zusammenfassend vorstellt.[175] Das Schreiben führt dazu, dass in den Hirnregionen, die die Motorik steuern, die Aktivität zunimmt, was man durch fMRT-Aufzeichnungen nachweisen kann. Lernt man hingegen Buchstaben durch Benutzung einer Tastatur, fehlt eine entsprechende Aktivitätszunahme.

> »Daraus lässt sich schließen, dass nur das Formen von Buchstaben mit einem Stift motorische Gedächtnisspuren anlegt, die bei der Wahrnehmung von Buchstaben aktiviert werden und das Erkennen des Buchstabens in seinem visuellen Erscheinungsbild erleichtern. Diese für das Lesen förderliche zusätzliche motorische Gedächtnisspur wird bei der Eingabe über die Tastatur nicht angelegt, da die Tippbewegungen in keiner Beziehung zur Buchstabenform stehen.«[176]

Die tastende Hand darf heute oft nur noch wischen und tippen, während der Besitzer dieser Hand stundenlang vor den Geräten mit den kleinen Bildschirmen sitzt, auf die der weite Horizont zusammengeschrumpft ist. Zu wenig, um unser Gehirn zu trainieren. Aber natürlich: Bequem ist das, viel bequemer, als wenn man Erfahrungen selbst machen muss. Und das ist die Verführung, der gerade Kinder und junge Menschen nur schwer widerstehen können.

Der zweite Grund, warum Mitschreiben dem Scannen oder Eintippen überlegen ist, geht aus einer Studie hervor, die Pam A. Mueller und Daniel M. Oppenheimer 2014 unter dem Titel *The Pen Is Mightier Than The Keyboard* veröffentlichten[177]. Sie verglichen die Erinnerungsleistung von Studierenden, die ihre Mitschriften mit Papier und Bleistift machten, mit denen, die dafür ihren Laptop nutzten, also genau so ein Gerät, das in einer digitalisierten

Schule zum täglichen Handwerkszeug werden soll. Der Vergleich führte zu einem eindeutigen Ergebnis: Die mit der Hand schreibenden Studenten waren den Studenten, die einen Laptop benutzten, überlegen, und zwar sowohl bei der einfachen Erinnerung an das Notierte als auch bei komplexen Transferleistungen. »Ein Grund dafür wird in der stärkeren kognitiven Durchdringung und Strukturierung des Gehörten gesehen, die bei Studierenden, die mit Papier und Bleistift arbeiten, dazu führt, dass sie wesentlich weniger Wörter niederschreiben.«[178]

Im Multimediazeitalter neigen viele Lernspezialisten dazu, alles Schwierige jederzeit sofort zu veranschaulichen. So nett das gemeint sein mag und so sinnvoll es oft erscheint, so darf es doch nicht zur Grundregel werden, denn sonst wird gerade das, was die kognitiven Fähigkeiten des Erwachsenen günstigstenfalls auszeichnet, nicht trainiert: sich einen abstrakten Zusammenhang mühsam selbst zu erschließen.

Auch die Schüler, die von ihren Anlagen her eher im Handwerk ihr Glück finden könnten, verschlechtern ihre beruflichen Chancen durch die intensive Smartphone-Nutzung ganz erheblich. Denn gerade die Ausbildung handwerklicher Fertigkeiten wird offenbar durch die Reduktion der Fingerfertigkeit aufs Wischen auf den und Antippen der Touchscreens stark beeinträchtigt.

Eine Kollegin erzählte mir folgendes beunruhigendes Beispiel: Seit langer Zeit unterrichtet sie immer wieder Oberschulklassen der Jahrgangsstufe sechs (in Sachsen heißen die Mittelschulen Oberschulen, es handelt sich also nicht um Gymnasialklassen). In einem Lehrwerk dieser

Altersgruppe wird vorgeschlagen, mit den Schülern das Modell eines Ellenbogen-Scharniergelenks zu basteln, was die Kollegin schon oft gewinnbringend durchexerzierte. Die illustrierte Bastelanleitung schlägt vor, dass der Schüler im Wesentlichen aus Pappe, einer Briefklammer und Gummiringen ein solches Modell herstellen soll. Dazu werden zwei Pappstreifen ausgeschnitten. Am Ende des einen ist leicht versetzt eine runde Scheibe vorgesehen, die dem Gelenkkopf entspricht. (Versetzt deshalb, damit das Gelenk nicht überdehnt werden kann.) Der andere Streifen endet passgenau mit einer Scheibe, die der Gelenkpfanne entspricht. Das Ganze bildet also Ober- und Unterarm sowie die beiden Gelenkseiten ab. Eine Brief- oder Flachkopfklammer verbindet die beiden Pappstücke, sodass sich die Gelenkbewegung imitieren lässt. An diesen Pappstreifen werden oben und unten die Gummibänder angebracht, die den Muskeln entsprechen. Wenn man ihre Länge genau justiert, dann kann man schön zeigen, dass sich beim Beugen wie beim Strecken jeweils das eine Gummiband entspannt und das andere strafft. Modellhaft wird erarbeitet, wie Scharniergelenke durch Muskeln bewegt werden – der Biologe spricht vom Gegenspielerprinzip.

Die Kollegin teilte nicht nur das Material aus, sondern auch die Bastelanleitung, auf der die Form und die Maße der beiden Pappstücke zu sehen waren. Die Stellen, an denen die Gummis eingezogen werden müssen, waren markiert. In einem Begleittext wurden die Arbeitsschritte erläutert. Außerdem stellte sie im Klassenzimmer ein fertiges Modell aus, an dem man studieren konnte, was das Ergebnis der Bastelei sein sollte.

Die im Schnitt zwölfjährigen Schüler früherer Jahrgänge waren dieser Aufgabe meist durchaus gewachsen. Es machte ihnen Spaß, im vorgegebenen Zeitrahmen so ein Modell zu erstellen. Nicht so im Jahr 2018. Da gelang dies kaum einem der Schüler: Die meisten scheiterten schon bei der Übertragung des Schablonenvorbildes auf ihre Pappe. Das Zusammenfügen der beiden Pappstücke entpuppte sich als eine schwer lösbare Aufgabe, weil etliche Schüler die Mitte der beiden Kreise für Gelenkpfanne und -kopf nicht fanden. Kaum einem gelang es von sich aus, die Stellen richtig zu bestimmen bzw. von der Skizze im Buch abzulesen, an denen die Gummis eingezogen werden sollten. Einige konnten nicht einmal die Gummis sicher verknoten. Und der Zeitrahmen wurde gesprengt: Statt einer Schulstunde benötigten die Schüler mehr als zwei.

Die Klasse gilt als unauffällig. Sie hat weder eine ungewöhnlich heterogene Zusammensetzung noch weist sie besonders viele verhaltensauffällige Schüler oder Schüler aus sozialen Brennpunkten auf. Was also ist passiert?

Es ist sehr wahrscheinlich, dass die Schwierigkeiten, nach Bastelanleitung Modelle zu erarbeiten, so zugenommen haben, weil Schüler heute schlicht kaum noch basteln. Was früher selbstverständlich war, dass nämlich Kinder nach Anleitungen mit ihren Händen etwas hergestellt haben, fällt der zeitintensiven Nutzung von Smartphones oder Gameboys usw. zum Opfer.

Aber wenn man das nicht kann, kann man noch viel weniger selbst modellhafte Anleitungen entwickeln, denn dafür muss man sich vorstellen können, wie diese Modelle in der physischen Welt funktionieren. Handwerkliche Fertigkeiten waren früher die Stärke der Mittelschüler, denn moderne Bildungskonzepte förderten diese Seite der nicht-gymnasialen Ausbildung in besonderer Weise. Kann das in Zukunft noch gelingen, wenn Fingerfertigkeiten jenseits des Wischens und Antippens verkümmern? Wenn die Übertragung von zweidimensionalen Skizzen in die Welt realer Materialien zum Problem wird? Könnte hier der wahre Grund dafür zu finden sein, dass sich immer weniger Jugendliche dazu entschließen, Lehrling in einem *Hand*-werksbetrieb zu werden, einfach, weil sie sich keine *hand*-werklichen Tätigkeiten mehr zutrauen?

Sicherheitsbedenken werden verharmlost

Es ist der sichere Umgang mit Schüler- und insbesondere Lerndaten, der sich als die Achillesferse erweisen könnte, an der alle Phantasien von einer digitalen Schule scheitern. Immerhin hat es nicht einmal die NSA geschafft, ihre Daten vor einem Whistleblower zu schützen.

Es ist nicht so, dass seriöse Firmen wie das Hasso-Plattner-Institut das auf die leichte Schulter nehmen. Die Datensicherheit wird vom HPI ernst genommen. Seine Betreiber wissen durchaus, dass ohne diese Sicherheit ihre Cloud nichts wert ist. Ausführlich erläutert das Institut deshalb z. B. auf seiner Homepage, was es alles unternimmt, um sie zu garantieren. Andererseits sind Schülerdaten, kommt man an sie heran, überaus gewinnbringend zu verkaufen – und Lernplattformen generieren enorm viele derartige Daten. Das könnte manchen Hacker dazu verleiten, sich diese Daten zu beschaffen – um sie gewinnbringend zu verkaufen oder Pädophilen zur Verfügung zu stellen, die den Schülerinnen und Schülern nachstellen.

Wenn die Verwaltung aller Schülerdaten von den Schulen konsequent der Cloud übertragen wird, wie es das HPI vorschlägt, verlieren diese und damit letztlich die Schüler im Falle eines Datencrashs entscheidende Informationen, es sei denn, man hat mit sehr ausgeklügelten Sicherungsstrategien vorgesorgt. Während bei einem digitalen Bankencrash Geld vernichtet würde, wären es hier die Informationen, die die Basis sind für die Zulassung bzw. Bewerbung von Schülern auf weiterführende Schulen, auf einen Studienplatz, auf eine Stellenanzeige hin. Es geht also um Informationen, die für die Schüler von existenzieller Bedeutung sind. So ein Crash kann verschiedene Gründe haben: Hackerangriffe, technische Pannen, menschliches Versagen, Geldgier …

Zudem ist offen, was passiert, wenn bei einer immerhin möglichen Insolvenz einer Lernplattform das Unternehmen samt Daten von einem Global Player aufgekauft wird, der sich möglicherweise nicht einmal deutscher/europäischer Gesetzgebung verpflichtet fühlt oder seit Jahren an raffinierten Verschleierungstechniken arbeitet.

Das Leck kann aber nicht nur oben, in der Cloud, auftreten. Denn die Schüler und Lehrkräfte können sich ja z. B. bei der Cloud des HPI mit ihren privaten Endgeräten ins System einloggen. Wer garantiert, dass nicht von dort aus Daten extrahiert werden? Dass jeder Schüler und jeder Lehrer ständig Sicherheitsupdates durchführt, kann man getrost ins Reich der Märchen verweisen.

Und was macht der Staat? Was man jetzt schon beurteilen kann, das ist das Maßnahmenpaket, das die KMK geschnürt hat, um Datenschutz an Schulen zu garantieren. Es ist eher ein Maßnahmenpäckchen. Auch die Kultusminister wissen natürlich, welch hoher Stellenwert dem Datenschutz in der Schule eingeräumt werden muss. Wer allerdings die 56 Seiten ihres Strategiepapiers durchscrollt, ist ernüchtert.

Zunächst einmal soll Datenschutz eine Aufgabe der Lehrer und in ihrem Gefolge der Schüler sein: Lehrende sollten in der Lage sein, »durch ihre Kenntnisse über Urheberrecht, Datenschutz und Datensicherheit sowie Jugendmedienschutz den Unterricht als einen sicheren Raum zu gestalten und die Schülerinnen und Schüler zu befähigen«,[179] entsprechend vorsichtig zu agieren, um es kurz zu sagen. In der Kompetenzliste finden sich unter 4.1. und 4.2. die entsprechenden Kompetenzen, die Schüler dafür am Ende ihrer Schulzeit beherrschen sollten.[180]

Auf S. 33 lesen wir die längste Passage über den Datenschutz. Aber so lang, dass man sie nicht locker zitieren könnte, ist sie nun auch wieder nicht:

> »Der angemessene Schutz persönlicher Daten muss stets sichergestellt werden. Insbesondere bei den technischen Schnittstellen zwischen den Bildungsportalen der Länder und Schulträger und den Angeboten der Anbieter von Bildungsmedien, bei denen personenbezogene Daten über-

> mittelt werden, muss die Sicherheit der hoch sensiblen Nutzer- und Nutzungsdaten und deren datenschutzkonforme Übermittlung gewährleistet werden.«[181]

Sehr richtig! Und wer soll nun was dafür tun? »Wenn du nicht mehr weiter weißt – gründe einen Arbeitskreis!« So auch die KMK – es geht nämlich tatsächlich so weiter:

> »Um eine rechtskonforme Nutzung von digitalen Bildungsmedien sicherzustellen, sollten länderübergreifende Empfehlungen in Zusammenarbeit mit den Datenschutzbeauftragten der Länder erarbeitet und ggf. aufgrund der Weiterentwicklung der digitalen Bildungsmedien aktualisiert werden.«[182]

Behörden können bindende Anweisungen erteilen, sie können Richtlinien erlassen. Oder sie bilden Kommissionen, die Empfehlungen erarbeiten sollen – eine recht niedere Stufe staatlicher Intervention. Irgendwann in einigen Jahren, wenn das Kind längst schon auf dem Brunnenrand spielt, werden also unsere Schulleiter ein Schreiben zugeschickt bekommen, in dem Empfehlungen stehen, wie die Sicherheit des Datengebrauchs in Schulen gewährleistet werden sollte. Im Übrigen gibt es etwa 15 weitere Sätze, in denen stereotyp darauf hingewiesen wird, dass irgendeine geplante Maßnahme den Bestimmungen des Datenschutzes entsprechen muss. Das war es dann aber auch schon.

Haben Sie nun den Eindruck, dass Ihre Kinder gegen Datenmissbrauch gut geschützt sein werden? Oder sind das nur die unvermeidlichen Floskeln, die heute jedes politische Dokument rechtssicher machen sollen?

Wenn die Schüler und die Lehrer die Hauptlast beim Datenschutz zu tragen haben, was traut man ihnen da zu? Wissen die Kultusminister denn nicht, was für Akteure und Geschäftsmodelle sie vor sich haben, wenn sie Digitalfirmen den Zugang zur Schule öffnen?

Natürlich sind auch schon Schülerdaten missbraucht worden. So berichtete der *Australian* davon, dass Werbekunden in Australien und Neuseeland von leitenden Facebook-Angestellten ein 23-seitiges vertrauliches Dokument zugeschickt bekamen, in dem der Datenkonzern darstellt, wie er »psychologische Einsichten« über 6,4 Millionen Schüler, Studenten und berufstätige junge Australier auswerten kann – das dürften angesichts der Bevölkerungszahl der Länder mehr oder weniger alle sein.

> »Eingehend beschreibt man die zahlreichen Möglichkeiten, anhand der immensen Schätze an Verhaltensüberschuss genau den Moment zu eruieren, in dem das Selbstvertrauen eines jungen Menschen einer ›Spritze‹ bedürfe. Man könne, anders gesagt, den Punkt liefern, an dem er besonders empfänglich für eine spezifische Konfiguration von Werbeanreizen sei.«[183]

Die Wissenschaftler, die die großen Datenfirmen genauer analysiert haben, haben begründet, warum all diese Verstöße gegen den Datenschutz keine Ausrutscher sind, sondern systembedingt. Wieder einmal bringt Zuboff es auf den Punkt:

> »Überwachungskapitalisten gegenüber auf den Schutz der Privatsphäre zu pochen oder sich für ein Ende kommerziell motivierter Überwachung im Internet einzusetzen, ist, als würde man von Henry Ford verlangen, jedes Modell T von Hand zu fertigen [...] Derlei Forderungen bedrohen die Adressaten in ihrer Existenz.«[184]

Wenn dem so ist, dann wird man wenig Chancen haben, aus einem ständig den Datenschutz verletzenden Stier wie Facebook ein rechtskonformes Datenlamm zu machen.

Der Informatiker und Rechtswissenschaftler Jonathan Mayer, der die Datenschutzeinstellungen zweier Internetkonzerne (*Verizon* und *Turn*) untersuchte, stellte fest, dass es sich jeweils um Mogelpackungen handelte. »Für den normalen Nutzer«, schrieb er, »gibt es schlicht keinen Schutz.«[185] Fachleute wie ihn zu finden, die versuchen, den Tricks von Verizon oder Turn oder gar von Google oder Facebook auf die Schliche zu kommen, ist gar nicht so einfach: Die Gehälter, die der Staat Informatikern zahlen kann, sind zweifellos weit niedriger als die, die ein Larry Page oder Mark Zuckerberg ihnen bietet. Die Besten der Besten müssen schon sehr viel Charakter beweisen, wenn sie da nicht schwach werden.

Fazit: Die Schulen haben es bei der Suche nach digitalen Partnern mit wirtschaftlich äußerst erfolgreichen Firmen zu tun, die ihrerseits immer häufiger ihr Interesse an dem bisher nur bedingt ins Datengeschäft integrierten Schulmarkt bekunden. Aufgrund vieler Skandale und bekannt gewordener Datenlecks sind allerdings erhebliche Zweifel angebracht, ob die gegebenen Versprechungen bezüglich des Datenschutzes auch wirklich eingehalten werden bzw. ob sie überhaupt eingehalten werden können. Und schließlich haben die Firmen, deren Datenschutzversprechen man eigentlich von unabhängigen Fachleuten kontrollieren müsste, den Arbeitsmarkt von diesen Experten leer geräumt, weil sie ihnen schlicht sehr viel bessere Gehälter zahlen können als der Staat. Das macht auch den Schutz vor Hackern sehr schwierig.

Das sind also die Datenrisiken, die Ihre Kinder mit Hilfe ihrer Lehrer – die im Vergleich zu einem ausgebufften Hacker aber auch nur blutige Laien sind – durch die Ausübung gerade frisch angeeigneter Kompetenzen ausschalten sollen, und in ein paar Jahren dürfen sie damit rechnen, dass ihnen eine staatliche Kommission dafür sogar genauere Empfehlungen zur Verfügung stellt.

Wenn die Schule sonst Kompetenzen einübt, dann in einem geschützten Raum. In dem Fall aber muss dieser Schutz während der Übungsphase bereits durch die Schüler und ihre Lehrer gewährleistet werden. Das ist eine klare Überforderung vor allem für die minderjährigen Schüler.

Gesundheitliche Bedenken kommen zunehmend auf

Facebook wurde 2004 gegründet und brauchte schon ein paar Jahre, bis es zu dem heutigen weltumspannenden Konzern wurde, Google ist nicht sehr viel älter. Mit den meisten anderen Internetfirmen verhält es sich ähnlich. Es ist daher kein Wunder, dass die gesundheitlichen Auswirkungen der Angebote der verschiedensten Dienste dieser Global Player, die inzwischen ein Drittel der Weltbevölkerung als User gewonnen haben[186] (China arbeitet mit eigener Technik), auf so viele Menschen noch nicht sehr lange erforscht werden konnten – zumal eine Studie auch nicht über Nacht entsteht. Von der Konzeption über die Bewilligung bis zum Abschluss vergehen meist Jahre.

Noch viel weniger konnte bisher untersucht werden, ob die verstärkte Nutzung der Digitaltechnik in der *Schule* gesundheitliche Folgen hat – einfach deshalb, weil Klassenzimmer bis heute zumindest in Deutschland häufig digitalfreie Räume sind.

Deshalb muss ich mich hier auf die *allgemeinen* gesundheitlichen Folgen einer zunehmenden Internetnutzung beschränken. Für die liegen allmählich erste Untersuchungsergebnisse vor, die ihnen kein gutes Zeugnis ausstellen. Die Ergebnisse, die ich hier zusammentrage, sind wenige Jahre, manchmal sogar erst wenige Monate alt.

Es ist davon auszugehen, dass die Zeitspanne weiter zunehmen wird, in der sich Jugendliche im Internet bewegen, wenn nun auch noch in der Schule immer häufiger analoge gegen digitale Unterrichtsmethoden ausgetauscht würden. Vor allem – und das wäre vielleicht die wichtigste Veränderung – bekäme die Internetnutzung ein ganz neues Prestige: Wenn es sogar in der Schule ausdrücklich gewollt ist, das Internet zu nutzen, wird die Autorität der Eltern empfindlich geschwächt, wenn diese den privaten Gebrauch limitieren wollen. Wie wollen sie sich gegen die Behauptungen ihrer Kinder durchsetzen, dass das Eintauchen in die Internetwelt doch sogar vom Lehrer erwartet wird? Um entscheiden zu können, ob Kinder tatsächlich schulrelevante Seiten aufrufen oder ganz andere, müsste man seinen Söhnen und Töchtern ständig über die Schultern gucken, und Eltern wissen ganz genau, dass das nicht funktioniert.

Einige problematische Folgen haben sich herumgesprochen: Viele Jugendliche und Kinder verbringen inzwischen mehr Zeit vor den verschiedenen Endgeräten wie Smartphones oder Computern als mit Freunden. Überall kann man beobachten, wie Jugendliche sämtliche Tätigkeiten dauernd unterbrechen, um nachzuschauen, ob neue Nachrichten gekommen sind, wozu sie oft durch zarte elektronische Töne eingeladen werden. Dass das alles nicht gesund ist, darüber muss man wohl nicht diskutieren.

Über andere Aspekte durchaus. Die digitale Schule wirft mindestens folgende gesundheitliche Fragen auf:

1. Wie reagieren die Augen, wenn man zunehmend länger auf sehr nahe Bildschirme blickt?
2. Wie verändert sich das Schlafverhalten, wenn man ständig auf neue Posts in den sozialen Medien wartet?
3. Wie reagiert ein Bioorganismus, wenn er ständig intensiver elektromagnetischer Strahlung ausgesetzt ist?
4. Was für gesundheitliche Konsequenzen hat das veränderte Bewegungsverhalten von Jugendlichen?
5. Wie reagiert die menschliche Psyche auf die permanente Beurteilung durch andere Social-Media-Nutzer?

6. Sind Jugendliche durch eine wachsende Verweildauer in sozialen Netzwerken oder bei anderen Internetangeboten suchtgefährdet?
7. Verlieren Jugendliche, die zu exzessiv in Internetwelten eintauchen, den Draht zu ihren leibhaftigen Altersgenossen, so dass sie zu vereinsamen drohen?

Gehen wir die einzelnen Punkte kurz durch:

zu 1.: Mittlerweile ist die Hälfte der Kinder und Jugendlichen in Deutschland laut einem SWF-Feature kurzsichtig, Tendenz steigend.[187] Dies mag verschiedene Gründe haben, aber einer sticht hervor: Frank Schaeffel vom Forschungsinstitut für Augenheilkunde der Universität Tübingen konnte bereits 1999 zeigen, dass

> »verstärkte Naharbeit das Längenwachstum des Auges fördert, indem das vom Auge wahrgenommene Bild hinter die Netzhaut projiziert und damit unscharf abgebildet wird. Um ein scharfes Bild auf der Netzhaut zu erzeugen, reagiert diese mit der Aussendung von Signalen, die zu einem verstärkten Längenwachstum des Auges führen.«[188]

Genau so eine »Naharbeit« stellt das ständige Starren auf den Touchscreen eines Smartphones oder auch ständige Computerarbeit dar. Während der Blick an die Tafel solche Risiken nicht birgt, ist die häufige Verkürzung des Blickfeldes auf den nahen Bildschirm besonders in der Wachstumsphase nachteilig. Ab einem bestimmten Grad zieht

Kurzsichtigkeit langfristig andere schlimmere Augenleiden verstärkt nach sich.

zu 2.: Ausufernde Smartphone-Nutzung verändert nachweislich das Schlafverhalten von Jugendlichen. Kritisch ist sie insbesondere abends. Der Schlafforscher Hans-Günter Weeß hat in einer Untersuchung festgestellt, dass Kinder und Jugendliche kürzer und schlechter schlafen, wenn sie ihr Handy in der Nacht neben das Bett oder sogar unter das Kopfkissen legen. Den Grund sieht er hauptsächlich in der intensiven Social-Media-Nutzung:

> »Im Internet surfen, E-Mails checken und Nachrichten schreiben erhöhen die geistig-emotionale Aktivität, und Anspannung ist der Feind des Schlafes«. Ständige Erreichbarkeit könne sogar zur Sucht werden. Smartphone-Junkies könnten wie Ärzte oder Feuerwehrleute in eine Art Bereitschaftsmodus fallen. ›Sie stehen unter Grundanspannung und überprüfen mehrmals in der Nacht, ob sie neue Nachrichten bekommen haben. Der Schlaf ist dann viel weniger erholsam.‹«[189]

Wer schlecht geschlafen hat, wird am nächsten Morgen ganz sicher weniger aufnahmefähig sein als ein ausgeschlafener Schüler. Das ist eine Binsenweisheit.

zu 3.: Der Europarat hat sich 2011 mit einem generellen Handy- und WLAN-Verbot an Schulen befasst, konnte sich aber zu keiner verbindlichen Stellungnahme durchringen. »Grundlage dafür war eine Reihe von empirischen

Studien, die Hinweise auf ein gesundheitliches Risiko der Strahlung geben, die durch neue Medien verursacht wird.«[190] Die Befunde sind freilich umstritten. Das heißt andererseits, dass es bis heute keine richtige Entwarnung gibt. Bemerkenswert ist, auf wie wenig Resonanz die Warnung der Weltgesundheitsorganisation stößt, dass Mobilfunkstrahlen als »möglicherweise krebserregend« eingestuft werden müssen. Auch der internationale Appell »Stopp von 5G auf der Erde und im Weltraum«, den bisher rund 27 000 Wissenschaftler, Organisationen und Kritiker unterzeichnet haben, findet hierzulande wenig Resonanz. Der Appell hat folgenden Wortlaut:

> »Wir, die unterzeichnenden Wissenschaftler, Ärzte und Umweltschutzorganisationen aus (vielen) Ländern, sprechen uns dringend für einen sofortigen Stopp des Ausbaus und Einsatzes des 5G Funknetzwerks (Internet der fünften Generation) aus, darin eingeschlossen auch der Einsatz von 5G Sendeanlagen auf Weltraumsatelliten. Der Einsatz von 5G wird eine massiv erhöhte Einwirkung hochfrequenter Strahlung (HF) auf den Menschen zur Folge haben, zusätzlich zu den bereits jetzt genutzten 2G-, 3G- und 4G-Telekommunikations-Netzwerken. Die gesundheitsschädigende Wirkung von Hochfrequenzstrahlung auf Mensch und Umwelt ist bewiesen. Die Anwendung von 5G stellt ein Experiment an der Menschheit und der Umwelt dar, was durch internationales Recht als Verbrechen definiert ist.«[191]

Wenn man bedenkt, welche einschneidenden Folgen eine relativ geringfügige Überschreitung der NO_2-Grenzwerte durch Dieselfahrzeuge hierzulande in manchen Städten hat, staunt man schon über die Sorglosigkeit, mit der über derartige Warnungen hinweggegangen wird.

zu 4. Ein immer größerer Teil der Weltbevölkerung ist übergewichtig, was bekanntlich weder für die Bauchspeicheldrüse noch für die Gelenke des Bewegungsapparates von Vorteil ist, um nur zwei gesundheitliche Konsequenzen zu nennen. Auch für Deutschland wird dieser Trend bestätigt. Nach einer dpa-Meldung gibt es unter den Bundesbürgern immer mehr »Bewegungsmuffel«, wie aus einer Umfrage im Auftrag der DKV (Deutsche Krankenversicherung) hervorgeht. Nur noch 43 Prozent der Befragten erreichten das empfohlene Mindestmaß an körperlicher Aktivität. 2010 lag der Wert noch bei 60 Prozent.[192] Die Abnahme der Menschen, die sich genügend intensiv bewegen, korreliert auffällig mit der Zunahme der Internet- und vor allem Social-Media-Nutzung.

zu 5. Was die psychischen Konsequenzen angeht, reicht das Spektrum von besorgniserregend bis hin zu dramatisch.

Die dpa-Redakteurin Andrea Barthelemy hat in einer Reportage mit dem Titel *Weniger Smartphone-Zeit, glücklichere Jugendliche* über das Thema Medien und Wohlbefinden einiges zusammengetragen.[193] Darin lässt sie die Psychologin Jean Twenge von der San Diego State University in Kalifornien zu Wort kommen, die warnt, dass viele Jugendliche durch Mobbing in sozialen Netzwerken depressiv würden. Denn seit immer mehr Jugendliche sich in diesen Netzwerken bewegen, verschlechtert sich ihre psychische Verfassung deutlich.

Das Team um die Psychologin durchforstete Daten einer jährlichen, repräsentativen US-Langzeituntersuchung (*Monitoring the Future*) über das Wohlbefinden, für die seit 1991 mehr als eine Million Acht-, Zehnt- und Zwölftklässler befragt wurden – es handelt sich also um keine kleine Studie, sondern um eine extrem umfangreiche und damit besonders aussagekräftige. Das Ergebnis: Selbstachtung, Lebenszufriedenheit und das Gefühl, glücklich zu sein, stiegen seit den 90er Jahren bei den Teenagern insgesamt stetig an. Ab 2012 jedoch – dem Jahr, in dem bereits die Hälfte aller US-Teens mit einem Smartphone versorgt war – kehrte sich der Trend abrupt um. Für diesen Knick gibt es eine klare Erklärung, ist Twenge überzeugt: »Der bei Weitem größte Unterschied im Leben von Teenagern 2012 und 2016 war der Anstieg der Zeit, die sie mit sozialen Medien verbrachten – und der daraus folgende Rückgang bei Sozialkontakten von Angesicht zu Angesicht und bei der Schlafdauer.«

Barthelemy fasst zusammen:

> »Jugendliche, die einen größeren Teil ihrer Freizeit mit Sport, Lesen oder Verabredungen verbringen als mit Onlineaktivitäten wie Computerspielen, sozialen Medien oder Videochats mit Freunden, fühlen sich deutlich glücklicher als solche, bei denen das Verhältnis umgekehrt ist.«[194]

Warum soll das nicht auch für die Zeiten gelten, die ein Jugendlicher in der Schule verbringt? Auch da gibt es die Notwendigkeit, auf einen gesunden Mix an verschiedenen Lern- und Aktivitätsformen zu achten und zu verhindern, dass Schüler, die ständig oder häufig ihr Smartphone oder Tablet auf der Bank haben dürfen, immer wieder mal schnell in ihre digitalen sozialen Netze entfleuchen. Die Kultusbehörden, Schulleiter und Lehrer haben also eine große Verantwortung für das Wohlbefinden der ihnen anvertrauten Schüler, wenn sie entscheiden, welchen Umfang digitale Methoden in der Schule haben sollen. Der Umfang ist klar zu reglementieren, die KMK-Idee, dass sie möglichst ständig Zugang zum Internet haben sollen, ist nicht nachvollziehbar. Es muss in der Schule erhebliche internetfreie Zeitkorridore geben.

Es gibt – und das ist traurig – sogar Studien, die einen Anstieg der Suizidrate unter Jugendlichen mit der Verbreitung der Smartphones in Zusammenhang bringen. Für die USA gibt es dazu aktuelle Zahlen. Jedes Jahr begehen dort inzwischen etwa 5 000 Jugendliche Suizid. In der Altersgruppe der zehn bis 24 Jahre alten Amerikaner sind Selbsttötungen gegenwärtig die dritthäufigste Todesursache. Dabei sind die Mädchen besonders gefährdet.[195]

Eine wesentliche Ursache scheint die intensive Nutzung von Social Media zu sein, insbesondere der Like-Button von Facebook, der einer Studie von Holly B. Shakya und Nicholas A. Christakis aus dem Jahr 2017 zufolge das Wohlbefinden nachweislich ungut beeinflusst.[196] Kurz zusammengefasst: Je öfter ein Jugendlicher andere Internetäußerungen beurteilt oder sich im Netz darüber informiert, wie er selbst beurteilt wird, desto schlechter geht es ihm.[197]

Die Fachzeitschrift *Pediatrics* veröffentlicht im Jahr 2018 einen ähnlichen Befund. Sie berichtet, dass sich

> »die Zahl von Kindern und Jugendlichen, die wegen Selbsttötungsversuchen und Gedanken an Suizid stationär behandelt wurden, zwischen den Jahren 2008 und 2015 verdoppelt [hat]. ›Einige Forscher bringen das Phänomen mit den sozialen Medien in Verbindung‹, sagte Gregory Plemmons, der Autor der Untersuchung Hospitalization for Suicide Ideation or Attempt, dem Sender CBS.«[198]

zu 6.: Nahezu alle kommerziell betriebenen Internetfirmen kitzeln systematisch das Dopamin aus seinen Depots im Hirn heraus, nahezu alle wollen den Menschen nach irgendetwas süchtig machen – mindestens danach, möglichst lang auf der gewählten Seite zu bleiben. Wenn wir viel zu oft am Tag unsere E-Mails checken, wenn wir neugierig die allgegenwärtigen Werbeangebote anklicken oder gar die Seiten mit sensationellen Schnäppchen laden (die natürlich immer nur ganz kurz zu dem Preis zu haben sind), kann so ein Verhalten schnell Suchtcharakter annehmen. Besonders aber, wenn junge Nutzer sozialer Netzwerke nach Likes gieren, die ihnen ihre geposteten Selfies oder flotten Sprüche einbringen. Rameet Chawla, der Erfinder einer Trick-App, mit der das Einsammeln von Likes perfektioniert wird, schrieb auf seiner Homepage:

»Es ist das Crack unserer Generation. Die Leute sind süchtig danach. Wir haben Entzugserscheinungen. Die Droge treibt uns vor sich her, ein einziger Schuss führt zu merkwürdigen Reaktionen. Ich spreche von Likes. Ganz unauffällig haben sie sich zur ersten digitalen Droge gemausert, die unsere Kultur beherrscht.«[199]

Chawla ist ein besonders dreister Dealer: Er hat keinerlei Hemmungen, ganz offen über seine Geschäfte im digitalen Drogenhandel zu sprechen.

Wenn ein durchschnittliches amerikanisches Schulkind im Alter zwischen acht und 18 Jahren die Hälfte seiner wachen Zeit mit elektronischen Medien wie Smartphones oder Tablets, Fernseher oder Laptops verbringt,[200] dann ist sein Leben arm geworden, egal was ihm seine verschiedenen Bildschirme vorgaukeln. Die kleinen Buttons, mit denen man Posts liken oder teilen kann, locken Kinder, Jugendliche und kontaktscheue Erwachsene wie der Rattenfänger zu Hameln in das Dunkel digitaler Einsamkeit.

zu 7. Immer häufiger kommt es vor, dass Jugendliche sehr gewandt mit ihren Onlinefreunden kommunizieren können, aber schüchtern und linkisch reagieren, wenn ihnen ein Mensch am Tisch in Natura gegenüber sitzt. Adam Alter zitiert einen Therapeuten, der das Problem umreißt:

»Wie soll man denn lernen, mit anderen zu reden und zu flirten, sich mit ihnen zu verabreden und zusammen im Bett zu landen, wenn man sich nur noch online unter Leute traut? [...] Unsere Jungs [...] erwerben nicht die

> notwendigen Fähigkeiten, um Sexualität und Intimität unter einen Hut zu bringen. Viele wenden sich der Pornografie zu, statt echte Beziehungen einzugehen.«[201]

In der Arte-Serie *Homo Digitalis* wird eine Untersuchung vorgestellt, nach der 70 Prozent der bekanntermaßen besonders technikaffinen Japaner zwischen 14 und 34 Singles sind, und die Hälfte dieser Singles keine sexuellen Erfahrungen hat. Dafür kam es schon vor, dass Japaner ihre virtuelle Freundin geheiratet haben. Noch drastischer sieht es in den USA aus: In den 90er-Jahren hatten die Amerikaner laut den Autoren der Wissenschaftsserie sage und schreibe neun Mal mehr Sex als heute.[202] Vor 50 Jahren erlebte die westliche Welt eine sexuelle Revolution. Diese ist von der digitalen »Revolution« abgelöst worden, die sich ganz nebenbei als sexuelle Konterrevolution entpuppt. Das führt zu interessanten demographischen Überlegungen.

Das sind keine guten Voraussetzungen dafür, die großen Zukunftsaufgaben zu meistern. Fähigkeiten, für deren Entwicklung die Evolution Hunderttausende, ja Millionen von Jahren benötigte, verkümmern im Datenzeitalter in kürzester Zeit. Sie fehlen bei der Entfaltung der Persönlichkeit und schmälern die Chancen für die Entwicklung von selbstbewussten, gebildeten und selbstmotivierten Persönlichkeiten.

Quo vadis?

Die Qual der Berufswahl im digitalen Zeitalter

Wer vor dreihundert Jahren Söhne hatte, musste sich in den seltensten Fällen Gedanken darüber machen, was für einen Beruf diese ergreifen sollten. In geschätzten 99 Prozent war es der des Vaters. Nach den Wünschen der Töchter wurde schon gar nicht gefragt. Waren die Familien wohlhabende Bürger und die Kinder schlau, dann konnte man zu Goethes und Schillers Zeiten als Student im Wesentlichen zwischen drei Fakultäten wählen: Jura, Medizin oder Theologie. Allen drei Fakultäten war in der Regel noch eine vierte, allgemeinbildende Artistenfakultät vorgeschaltet, aus der später die philosophische Fakultät hervorging. Im 19., 20. und 21. Jahrhundert vermehrte sich die Zahl der Studienmöglichkeiten enorm. Im Wintersemester 2018/19 gab es an deutschen Hochschulen 19 559 Studiengänge.[203] Nicht ganz so stürmisch verlief die Entwicklung im Handwerk: 2019 konnte man in Deutschland immerhin unter 326 Ausbildungsberufen wählen.[204] Diese riesige Auswahl stellt die Schüler am Ende ihrer Schulzeit vor eine schwierige Frage: Welche Berufe werden untergehen? Welche haben eine Zukunft? Und von allen Seiten bekommen sie auch noch den Hinweis, dass es in Zukunft äußerst unwahrscheinlich sein wird, sein Leben lang im selben Beruf zu arbeiten.

Dass die Digitalisierung einen maßgeblichen Einfluss auf die Zukunft vieler Berufe haben wird, ist eine Binsenweisheit. Aber welche Berufe sind zukunftssicher? Welche verändern sich so, dass man am Ende gar nicht mehr das zu tun hat, was man sich eigentlich erträumt hat? Sicher weiß das niemand. Aber um wenigstens nicht ganz falsch zu liegen, was die Qualitäten sind, die man in einer sich rapide verändernden Berufslandschaft auf jeden Fall braucht, lassen sich schon Überlegungen anstellen.

Die entscheidende Frage dürfte nämlich sein: Was am Menschen lässt sich nicht so ohne Weiteres durch digitale Technik ersetzen? Was also ist der Faktor, den man regelrecht pflegen und hegen muss, damit sich der Mensch in einer von Algorithmen beherrschten Welt behaupten kann?

Dass die Maschine besser rechnen kann als der Mensch, lässt sich nicht bestreiten. Dass sie bald recht brauchbare Übersetzungen zumindest von nicht-fiktionaler Literatur wird anfertigen können, wohl auch kaum. Der deutsche Kunde wird dann nicht mehr über die absurden Gebrauchsanleitungen technischer Geräte schmunzeln, die in Japan oder Korea gefertigt wurden. Aber die Nachfrage nach Dolmetschern wird zurückgehen.

In dem Maße, in dem Algorithmen entwickelt werden, die die Daten bisher nicht erschlossener Lebensbereiche verarbeiten können, werden immer mehr menschliche Fertigkeiten ersetzbar. Wozu noch einen Anwalt bezahlen, wenn die juristische Beratung die Juristen-App leisten kann? Darf man die computergestützte Analyse von Patientenbefunden ignorieren, wenn erwiesen ist, dass die KI der Computersoftware Watson im Durchschnitt präzisere Diagnosen stellen kann als der Arzt? Welche Abläufe in Fabriken, die in Zeiten der Industrie 1.0 bis 3.0 entwickelt wurden, haben sicher Bestand?

Was also sind die Eigenschaften, die ein junger Mensch mitbringen muss, um die anstehenden rasanten Veränderungen des Arbeitsmarktes einigermaßen schadlos zu überstehen?

Die Antwort, die die Autoren von Bertelsmann wie alle Befürworter des digitalen Wandels geben, ist unüberhörbar: Die junge Generation hat sich mit all ihrer Energie an die laufenden Entwicklungen anzupassen. Man wird noch unabsehbar lange Programmierer brauchen. Man wird Menschen brauchen, die das Internet der Dinge vertreiben, vernetzen, die es warten und schließlich demontieren. All diese Menschen werden durch den Digitalpakt Schule tatsächlich gut bedient.

Aber das wird nicht reichen. Ökonomisch ist der Einsatz einer neuen Technik nur so lange sinnvoll, wie dabei Arbeit gespart werden kann. Deshalb wird in der Summe die Zahl der neuen Stellen im digitalisierbaren Bereich unserer Wirtschaft letztlich kleiner sein als die Zahl der Menschen, die arbeitslos wurden, weil KI ihre Arbeit überflüssig gemacht hat. Dies könnte nur durch expandierende Märkte aufgefangen werden. Bloß: In der globalisierten Wirtschaft gibt es die rückständigen Gesellschaften kaum noch, die man durch seine Überschussprodukte, durch den Abbau der eigenen Halden an modernen Waren und Dienstleistungen beglücken könnte. Das intergalaktische Warenhaus ist noch nicht erfunden, weil die Kunden immer noch nicht auszumachen sind, die dort ein- und ausgehen wollen. Also: Was außer Anpassung wäre den

Schülerinnen und Schülern zu empfehlen? Was sollten sie lernen, welche Seiten ihres Wesens entfalten?

Um diese Frage zu beantworten, lohnt es sich darüber nachzudenken, ob wirklich alles am Menschen ersetzbar ist. Ich glaube das ganz und gar nicht. Auch wenn Maschinen hundert, tausendmal besser als der Mensch Muster erkennen und reproduzieren können – kreativ werden sie dadurch noch lange nicht. Alle Gemälde, die uns in regelmäßigen Abständen gezeigt werden, mit denen bewiesen werden soll, dass der malende Roboter inzwischen auch hier die Nase vorn hat, beweisen das Gegenteil. Auch wenn ein Programm Klavierstücke wie aus Mozarts Feder produzieren kann, so hat doch keine derartige Komposition je die Intensität des *Lacrimosa* aus dem *Requiem* erreicht oder das Feuer der *Arie der Königin der Nacht*. Kein Wunder: Das Programm zehrt einzig aus den vorhandenen Mustern von Mozarts Notensätzen. Aber auch ein Mozart war nicht dann wirklich genial, wenn er für eine Auftragskomposition auf Bewährtes zurückgriff, sondern wenn er an seinen eigenen Maßstäben gemessen Neues schuf. Dieses steckt gerade nicht in den Mustern – weshalb Kompositions-Programme immer nur epigonale Werke schaffen können.

Was bedeutet das für die Vorbereitung auf die digital durchsetzte Berufswelt? Nach wie vor ist derjenige für innovative Unternehmen oder Organisationen eher unentbehrlich, der kreativ arbeiten kann. Kreativität ist das A und O, wenn man einen zukunftssicheren Beruf wählen möchte. Und deshalb besteht eine vernünftige Vorbereitung auf die digital durchsetzte Berufswelt darin, das kreative Potential der jungen Menschen zu hegen und zu pflegen. Leider kommt es im Digitalpapier der Kultusminister so gut wie nicht vor.

Was in den Rucksack gehört

Liebe Eltern, Sie kennen das: Wenn Ihre Kinder zu kürzeren oder längeren Ausflügen aus dem Haus gehen, dann packen Sie ihnen einen Rucksack. Anfangs geht es dabei um Tagesausflüge. Später werden längere Fahrten daraus. Und vielleicht haben Sie auch, wie wir, eine Tochter oder einen Sohn, die oder der nach dem Abitur für eine Weile in andere Länder fahren will. Dann reicht es nicht, einen Rucksack zu füllen. Da müssen Ihre Kinder schon auch fremde Sprachen können, Verhaltensweisen gelernt haben, Dokumente besitzen. Der größte Aufbruch findet statt, wenn sie aus der elterlichen Wohnung ausziehen und ein selbstständiges Leben zu führen beginnen. Für diesen Aufbruch in eine uns fremd gewordene Berufswelt können Sie Ihre Kinder nicht allein ausstatten. Da müssen andere Menschen und Institutionen schon mithelfen – und die Schule ist die wichtigste davon. Da die Welt, in die hinein Ihre Kinder aufbrechen, von digitaler Technik beherrscht wird, verändert sich die Liste der Dinge, die heute in den »Rucksack« gehören.

In diesem Buch habe ich dargestellt, was nach Meinung unserer Kultusminister zu den Dingen gehört, die in einen zeitgemäßen »Rucksack« für den Aufbruch in ein erwachsenes Leben gepackt werden müssen: Es sind nur

Kompetenzen. Und wie Sie gemerkt haben, bin ich der Meinung, dass dies ganz und gar nicht reicht.

Natürlich müssen junge Menschen, wenn sie die Schule verlassen, mit digitaler Technik umgehen können. Etliche der 60 Kompetenzen, die sie laut KMK alle lernen sollen, müssen sie beherrschen, und die Schule muss dafür Zeit, Geld und Kapazitäten einräumen. Aber das darf nicht auf Kosten anderer Unterrichtsaspekte und Rahmenbedingungen gehen, die mindestens genauso wichtig sind.

Wer kritisiert, wie Digitalisierung der Schulen gegenwärtig ins Werk gesetzt wird, der kann sich schlecht davor drücken, Alternativen vorzuschlagen. Dies möchte ich abschließend tun. Dafür habe ich dreizehn Aspekte zum Thema Digitalisierung zusammengetragen, die von einem humanen pädagogischen Konzept, das sich guten europäischen Bildungstraditionen verpflichtet weiß, berücksichtigt werden sollten. Diese dreizehn Punkte entsprechen dem Inhalt des vorliegenden Buches. Linksbündig steht, wovor die Schule sich hüten sollte, eingerückt, was statt dessen geboten ist. Im Anhang zu diesem Buch ist diese Gegenüberstellung als Kopiervorlage abgedruckt.

So eine Liste ist als Orientierung für die politische Debatte gedacht, die den Schulen nach Lage der Dinge nicht erspart bleiben wird. Wenn sie Gelder vom Digitalpakt beantragen wollen, müssen sie pädagogische Konzepte bezüglich der Digitalisierung des Unterrichts beschließen. Es ist nicht verkehrt, die genannten Punkte – ergänzt um solche, die anderen Beteiligten aufgefallen sind, – als Versöhnungsangebot zu verstehen. Wenn sich nämlich eine

Schule bei der Ausarbeitung eines pädagogischen Konzeptes zur Digitalisierung an solchen Punkten orientiert, dann könnte digitale Technik an den Schulen zu einem Segen werden und sich nicht als Fluch erweisen.

Wir brauchen einen *neuen* Digitalpakt Bildung. Ihn dürfen aber nicht nur die Politiker unter sich aushandeln – und die sollten sich auch nicht einseitig von der Digitalwirtschaft beraten lassen. Der Kreis ist weit zu öffnen, der diesen neuen Pakt schließen sollte. Vor allem auf die Eltern kann dabei nicht verzichtet werden. Eltern haben Gestaltungsmacht, viel mehr als Lehrer, die ja immer auch in einem Abhängigkeitsverhältnis von ihren Arbeitgebern stehen. Eltern haben ein Recht auf Mitwirkung in den Schulen. Es gibt Elternbeiräte auf allen Ebenen – angefangen bei den Schulen, dann auf Stadt- und schließlich auf Länderebene. All diese Gremien können das Thema diskutieren, können sich schulintern und ggf. auch öffentlich äußern und Schulleitungen wie Politiker mit ihren eigenen Vorstellungen konfrontieren.

Schließen wir einen neuen Digitalpakt Bildung – alle, wir Eltern und Lehrer und Bürger, die nicht einverstanden sind, dass deutsche Politiker jetzt Veränderungen an der Schule vornehmen wollen, die in anderen Staaten schon wieder zurückgenommen wurden! Die Zerstörung unserer Schulkultur durch überhastete Digitalisierung ist nicht alternativlos! Wenn die Verantwortlichen in Canberra die dortige Digitalisierung abblasen konnten – trotz der Milliarden, die man schon in das unsinnige Projekt gesteckt hatte, dann zeigt das: Es geht auch anders! Warum soll, was in Australien möglich war, nicht auch hier funktionieren?

Wenn Sie der Meinung der vielen Kritiker einer unbedachten Digitalisierung sind, die in diesem Buch zu Wort kamen, dann nehmen Sie diese Pläne nicht widerstandslos hin. All denen, die lautstark eine Öffnung des letzten großen gesellschaftlichen Raumes fordern, der vor digitalen Verwerfungen noch einigermaßen geschützt ist, sollten die zwei Worte entgegenschallen, die Shoshana Zuboff vorgeschlagen hat: »Jetzt reicht's!«

Literaturverzeichnis

Alter, Adam, Unwiderstehlich. Der Aufstieg suchterzeugender Technologien und das Geschäft mit unserer Abhängigkeit, München 2018.

Apfel, Petra, Hollands Digital-Schulen waren ein Flop: Was Deutschland aus den Fehlern lernen kann, focus online vom 10. 10. 2018, online abrufbar unter https://www.focus.de/ perspektiven/14-laender-14-reporter/14-laender-14-reporter-niederlande-alles-digital-warum-schueler-zum-lernen-eben-doch-auch-buecher-brauchen_id_9700513.html (06. 09. 2019).

Arendt, Hannah, Vita Aktiva oder Vom tätigen Leben, München ^{2}1981.

Armbruster, Alexander, Die Menschheit kann erblühen wie nie zuvor – Gespräch mit dem Physiker Max Tegmark, in: FAZ vom 27. 11. 2017.

Ayan, Steve, Die Vorteile des Tagträumens, online abrufbar unter https://www.spektrum.de/news/das-gehirn-beim-tagtraeumen/1401860 (06. 09. 2019).

Bagshaw, Eryk, ›The reality is that technology is doing more harm than good in our schools‹ says education chief, The Sydney Morning Herald, 30. 05. 2016, online abrufbar unter https://www.smh.com.au/education/the-reality-is-that-technology-is-doing-more-harm-than-good-in-our-schools-says-education-chief-20160330-gnu370.html (06. 09. 2019).

Barthelemy, Andrea, Weniger Smartphone-Zeit, glücklichere Jugendliche, www.welt.de vom 28. 01. 2018, online abrufbar unter https://www.welt.de/gesundheit/article172930544/Internet-Co-Weniger-Smartphone-Zeit-gluecklichere-Jugendliche.html (06.09.2019).

Barthes, Roland, Über mich selbst, München 1978.

Barz, Heiner, Montessori & Co, in: Kursbuch 193: 301 Gramm Bildung, Hamburg 2018.

Bildungspolitik (Offener Brief an die Kultusminister_innen der Bundesländer vom 28.06.2017), online abrufbar unter http://www.aufwach-s-en.de/2017/06/ob_kmk_irrweg-der-bildungspolitik/ (06.09.2019).

Böhme, Gottfried, Stein und Zeit, Buchhagen 2012.

Böhme, Gottfried et al., Das Manifest »Der Mensch ist keine Maschine«, 2018, online abrufbar unter https://dermenschistkeinemaschine.wordpress.com/ (06.09.2019).

Böhme, Gottfried, Begleittext zum Manifest »Der Mensch ist keine Maschine«, 2018, online abrufbar unter https://dermenschistkeinemaschine.wordpress.com/der-begleittext-zum-manifest/ (06.09.2019).

Breiter, Andreas et al., IT-Ausstattung an Schulen: Kommunen brauchen Unterstützung für milliardenschwere Daueraufgabe, Gütersloh 2017, online abrufbar unter https://www.bertelsmann-stiftung.de/fileadmin/files/BSt/Publikationen/GrauePublikationen/IB_Impulspapier_IT_Ausstattung_an_Schulen_2017_11_03.pdf (06.09.2019).

Brockman, John, Was sollen wir von künstlicher Intelligenz halten?, Frankfurt am Main 2017.

Bündnis für humane Bildung, DigitalPakt Schule der Kultusminister: Irrweg der Bildungspolitik, online abrufbar unter: http://www.aufwach-s-en.de/wp-content/uploads/2017/06/kmk_offenerbrief_final.pdf (11.10.2019).

COST E-READ, Stavanger Declaration Concerning the Future of Reading, online abrufbar unter http://ereadcost.eu/wp-content/uploads/2019/01/StavangerDeclaration.pdf (06. 09. 2019).

Das Manifest. Elf führende Neurowissenschaftler über Gegenwart und Zukunft der Hirnforschung, in: Gehirn und Geist 6/2004, abrufbar unter http://www.gehirn-und-geist.de/pdf/gug-04-06-s030-pdf/834924?file (15. 10. 2019).

Döpfner, Mathias, Warum wir Google fürchten, in: FAZ vom 16. 04. 2014, online abrufbar unter https://www.faz.net/aktuell/feuilleton/medien/mathias-doepfner-warum-wir-google-fuerchten-12897463.html (06. 09. 2019).

Dräger, Jörg, Müller-Eiselt, Ralph, Die digitale Bildungsrevolution – Der radikale Wandel des Lernens und wie wir ihn gestalten können, München 2015.

Futur iii: Digitaltechnik zwischen Freiheitsversprechen und Totalüberwachung, Falsch zitiert und falsch gemeldet, online abrufbar unter http://futur-iii.de/2017/06/01/falsch-zitiert-und-falsch-gemeldet/ (09. 06. 2019).

Gehlen, Arnold, Moral und Hypermoral, Frankfurt am Main 1969.

Google, Ethische Grundsätze, online abrufbar unter https://stadt-bremerhaven.de/die-7-gebote-google-veroeffentlicht-ethische-grundsaetze-zu-kuenstlicher-intelligenz/ (15. 10. 2019).

Hasso Plattner Institut, Die Schul-Cloud – einfacher Zugang zu digitalen Unterrichtsinhalten, online abrufbar unter https://hpi.de/fileadmin/user_upload/hpi/dokumente/publikationen/projekte/schul-cloud_beschreibung_website.pdf (06. 09. 2019). Und genauer: https://hpi.de/open-campus/hpi-initiativen/schulcloud (15. 10. 2019)

Hattie, John, Lernen sichtbar machen, Baltmannsweiler 2013.
Heidegger, Martin, Nietzsches Wort »Gott ist tot« (1943), in: Ders., Holzwege, Frankfurt am Main [6]1950.
Heil, Christiane, Immer mehr junge Amerikaner suizidgefährdet, in: FAZ vom 18.05.2018.
Holzinger, Heribert, Wer bin ich?, Meine Suche nach Identität, online abrufbar unter https://www.abenteuer-philosophie.com/wer-bin-ich/ (06.09.2019).
Homepage Friedenspreis des deutschen Buchhandels, Jaron Lanier erhält den Friedenspreis des deutschen Buchhandels 2014, abrufbar unter https://www.friedenspreis-des-deutschen-buchhandels.de/445651/?mid=800944 (06.09.2019).
Homo Digitalis, Arte-Serie, online abrufbar in der Arte-Mediathek unter https://www.arte.tv/de/videos/RC-015228/homo-digitalis/ (15.10.2019).
Höttges, Timotheus im Gespräch mit Giovanni di Lorenzo, Der Unterschied zwischen Mensch und Computer wird in Zukunft aufgehoben sein, in: Die Zeit Nr. 1/2016, online abrufbar unter https://www.zeit.de/2016/01/zukunftsvisionen-timotheus-hoettges-roboter-technik (06.09.2019).

Jung, Carl Gustav, Die Beziehung zwischen dem Ich und dem Unbewussten, in: C. G. Jung, Gesammelte Werke, Band 7, 4°, Olten/Freiburg i. Br. 1989.

Kaiser-Jovy, Sebastian, Scheu, Anja, Greier, Klaus, Media use, sports activities, and motor fitness in childhood and adolescence, in: Wiener klinische Wochenschrift, 2017.
Kammerl, Rudolf et al., BYOD – Start in die nächste Generation. Abschlussbericht der wissenschaftlichen Evaluation des Pilotprojekts, Hamburg 2016.
Kandel, Eric, Auf der Suche nach dem Gedächtnis. Die Entstehung einer neuen Wissenschaft des Geistes, München 2007.

Keese, Christoph, Silicon Valley – Was aus dem mächtigsten Tal der Welt auf uns zukommt, München [5]2016.
Kegan, Robert, Die Entwicklungsstufen des Selbst, München 1994.
Koalitionsvertrag, online abrufbar unter https://www.bundesregierung.de/breg-de/themen/koalitionsvertrag-vom-12-maerz-2018-975210 (15.10.2019).
Köller, Olaf, Das surfende Klassenzimmer, in: FAZ vom 22.03.2018, online abrufbar unter https://www.faz.net/aktuell/politik/inland/verbesserungen-in-der-digitalisierung-schulischer-bildung-15505821.html (06.09.2019).
Köppe, Julia, Augen zu und durch, in: Spiegel Online vom 09.11.2016, online abrufbar unter https://www.spiegel.de/gesundheit/diagnose/schlafstoerungen-die-gefahr-von-smartphones-und-handys-a-1120373.html (06.09.2019).
Köpping, Walter, Wissen ist Macht – Macht ist Wissen. Erinnerung an eine große Rede, online abrufbar unter https://library. fes.de/gmh/main/pdf-files/gmh/1972/1972-10-a-640.pdf (15.10.2019).
Kultusministerkonferenz (KMK), Bildung in der digitalen Welt, Beschluss der Kultusministerkonferenz vom 08.12.2016, online abrufbar unter https://www.nibis.de/uploads/1chaplin/Bildung_digitale_Welt_Webversion.pdf (10.10.2019).

Lanier, Jaron, Wem gehört die Zukunft?, Hamburg 2013.
Lembke, Gerald, Leipner, Ingo, Die Lüge der digitalen Bildung. Warum unsere Kinder das Lernen verlernen, München 2015.
Lobo, Sascha, Der eigentliche Skandal liegt im System Facebook, Spiegel Online vom 21.03.2018, online abrufbar unter https://www.spiegel.de/netzwelt/web/cambridge-analytica-der-eigentliche-skandal-liegt-im-system-facebook-kolumne-a-1199122.html (06.09.2019).

Luther, Martin, An die Ratsherren aller Städte deutschen Landes, daß sie christliche Schulen aufrichten und halten sollen. 1524, in: Martin Luther, Ausgewählte Schriften, hg. von Karin Bornkamm und Gerhard Ebeling, Band V, Frankfurt am Main 1982.

Ders., Eine Predigt Martin Luthers, daß man Kinder zur Schule halten solle. 1530, in: Martin Luther, Ausgewählte Schriften, hg. von Karin Bornkamm und Gerhard Ebeling, Band V, Frankfurt am Main 1982.

Mai, Klaus-Rüdiger, Geht der Kirche der Glaube aus?, Leipzig 2018.

Marx, Karl, Engels, Friedrich, Manifest der Kommunistischen Partei, London 1848.

Meinel, Christoph et al., Die HPI Schul-Cloud: Roll-Out einer Cloud-Architektur für Schulen in Deutschland. Technische Berichte des Hasso-Plattner-Instituts für Digital Engineering an der Universität Potsdam 125, online abrufbar unter https://hpi.de/fileadmin/user_upload/hpi/dokumente/publikationen/technische_berichte/tbhpi125.pdf (06. 09. 2019).

Metzinger, Thomas, Der Ego-Tunnel, Original 2009 New York, dt. Berlin 2009.

Montessori-Motto http://montessori.de/lexikon.php (15. 10. 2019).

Moritz, Harald, Elektrosmog. Ursachen, Gesundheitsrisiken, Schutzmaßnahmen, Aachen 2011.

Mueller, Pam A., Oppenheimer, Daniel M., The Pen Is Mightier Than The Keyboard. Advantages of Longhand Over Laptop Note Taking, in: Psychological Science OnlineFirst vom 22. 05. 2014, online abrufbar unter https://cpb-us-w2.wpm ucdn.com/sites.udel.edu/dist/6/132/files/2010/11/Psychological-Science-2014-Mueller-0956797614524581-1u0h0yu.pdf (06. 09. 2019).

Mutter, Joachim, Lass dich nicht vergiften!, München 2013.
Müller-Jung, Joachim, Macht die Hitzewelle auch noch dick?, in: FAZ online, 03.08.2018, online abrufbar unter https://www.faz.net/aktuell/wissen/medizin-ernaehrung/bewegungsmangel-dicke-kinder-und-hitzewelle-15715622.html (06.09.2019).

Nietzsche, Friedrich, Also sprach Zarathustra: Ein Buch für Alle und Keinen, Bern 2019.
Nussbaum, Martha C., Nicht für den Profit! Warum Demokratie Bildung braucht, Überlingen 2012.

OECD, Students, Computers and Learning: Making the Connection, online abrufbar unter https://www.oecd-ilibrary.org/docserver/9789264239555-en.pdf?expires=1567932901&id=id&accname=guest&checksum=0AA3F758AD7ED9725026A8259718EBB9 (06.09.2019).

Prinz, Wolfgang, Selbst im Spiegel, Frankfurt/Main 2013.

Rabe, Thomas, Bildung – die dritte Säule von Bertelsmann, online abrufbar unter https://www.bertelsmann.de/news-und-media/specials/education/artikel/ (06.09.2019).
Rais, Mona, Bildschirmtätigkeit – Harte Arbeit für die Augen, in: Pharmazeutische Zeitung vom 03.09.2007, online abrufbar unter https://www.pharmazeutische-zeitung.de/ausgabe-362007/harte-arbeit-fuer-die-augen/ (06.09.2019).
Rilke, Rainer Maria, Die Aufzeichnungen des Malte Laurids Brigge, 1910. In: Rilke, Rainer Maria, Werke, Band III/1 Prosa, Frankfurt am Main 1980, S. 111f. (Abschnitt 11. September, rue Toullier).

Schiller, Friedrich, Wilhelm Tell, 1804.
Schlegel, Friedrich, Lucinde – Bekenntnisse eines Ungeschickten, Berlin 1799, in: Schlegel, Friedrich, Werke in zwei Bänden, Zweiter Band, Berlin/Weimar 1980.
Schmoll, Heike, FDP fordert weiteren Digitalpakt, in: FAZ vom 13.05.2019.
Shakya, Holly B., Christakis, Nicholas A., Association of Facebook Use With Compromised Well-Being: A Longitudinal Study, in: American Journal of Epidemiology, Volume 185, Issue 3, 1 February 2017, https://academic.oup.com/aje/article/185/3/203/2915143 (16.10.2019) 203–211.
Silberstein, Schlecky, Das Internet muss weg, München 2018.
Simanowski, Roberto, Stumme Medien – Vom Verschwinden der Computer in Bildung und Gesellschaft, Berlin 2018.
Spaemann, Robert, Personen – Versuche über den Unterschied zwischen ›etwas‹ und ›jemand‹, Stuttgart 1996.
Spitzer, Manfred, Digitale Demenz. Wie wir uns und unsere Kinder um den Verstand bringen, München 2012.
Statista: https://de.statista.com/statistik/daten/studie/2854/umfrage/bachelor-und-masterstudiengaenge-in-den-einzelnen-bundeslaendern/ (16.10.2019) und https://de.statista.com/statistik/daten/studie/156901/umfrage/ausbildungsberufe-in-deutschland/ (16.10.2019)
Stavanger Erklärung: Zur Zukunft des Lesens, in: FAZ 22.01.2019, online abrufbar unter https://www.faz.net/aktuell/feuilleton/buecher/themen/stavanger-erklaerung-von-e-read-zur-zukunft-des-lesens-16000793 (06.09.2019).
Stiftung Lesen, Virtual Reality und Lesen, online abrufbar unter https://www.stiftunglesen.de/leseempfehlungen/digitales/vrundlesen/ (06.09.2019).
Stopp von 5G auf der Erde und im Weltraum, Appell gegen den Ausbau der 5G-Netze, online abrufbar unter https://static1.

squarespace.com/static/5b8dbc1b7c9327d89d9428a4/t/5d5700a39b860e0001aad886/1565982890160/Internationaler+Appell+-+Stopp+von+5G+auf+der+Erde+und+im+Weltraum.pdf (06.09.2019).

SWR Kurzsichtigkeit nimmt dramatisch zu, abrufbar unter https://www.swr.de/wissen/kurzsichtigkeit-nimmt-dramatisch-zu/-/id=253126/did=21964320/nid=253126/1tzopiz/index.html (15.10.2019).

Türcke, Christoph, Lehrerdämmerung, München 2016.

Uhls, Yalda T. et al., Five days at outdoor education camp without screens improves preteen skills with nonverbal emotion cues, in: Computers in Human Behavior 39 (2014), 387–392, online abrufbar unter https://www.sciencedirect.com/science/article/pii/S0747563214003227 (06.09.2019).

Wehr, Marco, Die Schnittstelle im Kopf, in: FAZ vom 25.05.2016, online abrufbar unter https://www.faz.net/aktuell/wissen/hype-um-kuenstliche-intelligenz-14249506.html (06.09.2019).

Weil, Simone, Die Einwurzelung – ein Vermächtnis, 1943, dt. München 1956.

Welt vom 02.03.2018: Chinas Superreiche verlieren an Macht und Einfluss.

Wilkens, André, Analog ist das neue Bio, Frankfurt am Main 2017.

Zierer, Klaus, Digitales Lernen. Möglichkeiten und Grenzen einer Digitalisierung im Bildungsbereich, in: Digitale Gesellschaft – Gestaltungsräume. Herausgegeben von der Konrad Adenauer Stiftung, Berlin/Sankt Augustin 2018.

Zuboff, Shoshana, Das Zeitalter des Überwachungskapitalismus, Frankfurt am Main / New York 2018.

Richtlinien für einen besseren Digitalpakt Bildung

Falsch ist es, nach staatlichen Fleischtöpfen zu gieren und überhastet Geld für eine digitale Ausstattung der Schulen zu akquirieren.

> **Richtig** ist es, sich zunächst in der Schule auf ein **pädagogisches Konzept** bezüglich der Integration digitaler Techniken in den Schulalltag zu einigen, das genau festlegt, an welchen Stellen die Schüler von einer digitalen Ausstattung profitieren können und wo nicht – und erst dann Technik zu ordern.

Lähmend ist es, wenn nach der Einführung digitaler Technik der Schulhaushalt langfristig für andere Vorhaben blockiert ist, weil die Kosten für Wartung und Pflege der Gerätschaft aus dem Ruder laufen.

> Die Schule, die **ihre finanzielle Autonomie wahrt**, indem sie sich bei der Anschaffung von Digitaltechnik klug beschränkt, wird ihre Schutzbefohlenen letztlich viel besser auf die digitale Welt vorbereiten.

Fahrlässig ist ein ausufernder Umgang mit digitalen Techniken insbesondere, wenn er die Gesundheit der Schülerinnen und Schüler gefährdet – nach dem Motto: »Es wird schon nichts passieren.«

> **Verantwortungsvoll** ist eine Schule nur dann, wenn sie die gesundheitlichen Risiken digitaler Techniken berücksichtigt und Warnungen nicht leichtfertig in den Wind schlägt. Vor allem ist **der zeitliche Umfang digital geprägten Unterrichts zu limitieren**.

Im Irrtum befindet sich, wer glaubt, ein Unterricht, der so häufig wie möglich auf digitale Techniken zurückgreift, bereite die Schüler besonders gut auf eine digitale Welt vor.

Ganz im Gegenteil ist es wichtig, gerade wenn die Schule sich digitalen Techniken öffnet, **digitalfreie Räume und Zeiten** zu definieren und analoge Unterrichtsformen zu pflegen und weiterzuentwickeln.

Sinnlos und schädlich ist der Einsatz digitaler Techniken, der die kognitive Entwicklung der Kinder nicht berücksichtigt. »Je früher desto besser« ist eine dumme und gefährliche Devise.

Das bedeutet insbesondere, Schülern erst dann Tablets in die Hand zu drücken, wenn sie die dafür nötige **kognitive und emotionale Reife** haben.

Auf juristisch dünnem Eis bewegt sich, wer in der Schule Onlineplattformen einsetzt, bei denen allemal Lerndaten abgefasst werden, deren Verwendung bzw. Weitergabe kaum zuverlässig kontrolliert werden können.

Laut DSGVO, Artikel 8, dürfen Daten von unter 16-Jährigen nicht mehr ohne Einwilligung der Eltern gespeichert werden. **Offlinesoftware** ist sicherer, weil bei ihr die Wahrscheinlichkeit deutlich niedriger ist, dass Lerndaten geklaut und missbraucht werden.

Eine **Gemeinheit** ist es, Lehrern und sogar Schülern die Hauptverantwortung aufzubürden, wenn es um Datenschutz geht.

Entweder der Staat schafft es, brillante Profis zu beauftragen, die den Datenschutz an Schulen gewährleisten können, oder **man schränkt die Internetnutzung rigoros ein**.

Verantwortungslos ist ein Staat, der Datenschutzgesetze beschließt, dann aber nicht konsequent dafür sorgt, dass sie eingehalten werden.

Dagegen können sich Eltern nur wehren, indem sie **Verletzungen des Datenschutzes zur Anzeige bringen**.

Unsozial ist es, als Basisform des Lernens personalisierte Lernprogramme zum Einsatz zu bringen, die die Lernenden gegeneinander isoliert.

Die kleinste Zelle der Schule muss weiterhin die **Schulklasse** bleiben. Neben dem Schulstoff und Kompetenzen lernt der junge Mensch hier **sozialen Umgang**.

Ineffektiv ist eine Schule, die glaubt, dass man an Lehrern sparen kann, indem man sie durch Lernalgorithmen und Lernbegleiter ersetzt.

Lernerfolge hängen von nichts so sehr ab wie **von gut ausgebildeten Lehrern und Lehrerinnen**, weil der Mensch ein soziales Wesen ist.

Borniert ist eine Pädagogik, die sich darauf beschränkt, den Schülern Digitalkompetenzen beizubringen.

Weitsichtig ist der Pädagoge, der gerade die Seite des Menschen besonders fördert, die Maschinen nicht haben: seine **Kreativität**.

Idiotisch ist eine Schule, in der es immer nur darum geht, Kompetenzen zu erwerben, mit denen man möglichst geschickt Karriere machen, Start-ups gründen und clever konsumieren kann.

Human ist eine Schule, die das Ziel hat, junge Menschen darin zu bestärken, **als Bürger, als Zoon Politikon**, eine digital geprägte Gesellschaft zu gestalten und nicht nur die eigenen Interessen zu verfolgen.

Nihilistisch sind unsere Kultusminister, weil sie die weltanschaulich wichtigste Frage unserer Zeit nicht in ihren Digitalpakt aufgenommen haben: Die Frage, ob der Mensch eine Maschine ist.

Unbedingt müssen Schüler genau diese Frage **interdisziplinär durchdenken**, die heute in vielen Filmen, Romanen und Wissenschaftsfeatures einen breiten Raum einnimmt.

Quelle Gottfried Böhme, Der gesteuerte Mensch? Leipzig, Evangelische Verlagsanstalt 2020, Diese Tabelle darf von allen nichtkommerziellen Nutzern, die sich für einen anderen Digitalpakt Bildung einsetzen, genutzt werden.

Ein Lied zum Abschied

Mit einer Umdichtung eines bekannten Songs von Bertolt Brecht möchte ich mich verabschieden. Das Original ist bei ihm eine recht martialische Resolution der Pariser Kommunarden. Im Zeitalter friedlicher Revolutionen und smarter Putsche können wir auf die Gewaltphantasie Brechts verzichten, nicht aber auf die Wucht von Argumenten.

Elterliche Erwägungen 2019

In Erwägung, dass bei der Sanierung
selbst der Schulklos jeder Euro fehlt,
hat für uns die Dí-gi-tá-lisíerung
keinerlei Pri-o-ri-tät.

In Erwägung, dass so kleine Finger
können nicht nur wischen hin und her,
haben wír beschlóssen, dass die júngen Dínger
basteln sollen deutlich mehr.

In Erwägung: es gibt dreiste Leute,
die den Kindern ihre Daten klau'n
mögen dénen, bítten wir, die Ríchter héute
kräftig auf die Finger hau'n.

In Erwägung, dass wir unsre Kinder
viel zu oft allein vorm Bildschirm sehn,
scheint es úns, es wär doch víel gesünder,
geméinsam durch den Tag zu gehn.

In Erwägung, dass sich alles wandelt,
dass KI zur Konkurrenz gerät
setzen wír verstärkt, worum sich's víel mehr hándelt,
auf die Kre-a-ti-vi-tät.

In Erwägung, dass der Mensch ein Mensch ist,
kein Roboter, kein IT-Gerät,
wollen wír, damít man's nícht vergísst, dass
díeser Satz im Lehrplan steht.

In Erwägung, dass da Kinder gähnen
überreizt im digitalen Smog,
haben wír beschlóssen, uns jetzt áufzuléhnen,
denn der Mensch lebt analog.

Anmerkungen

1 Statista nennt für 2019 3,26 Milliarden Nutzer.
Die höchste Schätzung (66 % der Weltbevölkerung) findet sich auf der Seite von W&V: https://www.wuv.de/digital/weltweite_smartphone_verbreitung_steigt_2018_auf_66_prozent.

2 Diese Zahl nennt Wikipedia in seinem Artikel Geschichte des Fernsehens.

3 Shoshana Zuboff, Das Zeitalter des Überwachungskapitalismus, Frankfurt am Main / New York 2018, 278.

4 Bildung in der digitalen Welt, Beschluss der Kultusministerkonferenz vom 08. 12. 2016, https://www.nibis.de/uploads/1chaplin/Bildung_digitale_Welt_Webversion.pdf.

5 Jörg Dräger, Ralph Müller-Eiselt, Die digitale Bildungsrevolution – Der radikale Wandel des Lernens und wie wir ihn gestalten können, München 2015.

6 Thomas Rabe, Bildung – die dritte Säule von Bertelsmann, online abrufbar unter https://www.bertelsmann.de/news-und-media/specials/education/artikel/ (06. 09. 2019).

7 Ebd.

8 Zuboff, Zeitalter (s. Anm. 3).

9 A. a. O., 599.

10 A. a. O., 36 f.

11 Klaus Rüdiger Mai, Geht der Kirche der Glaube aus?, Leipzig 2018, 102.

12 Ebd.

13 Martin Luther, An die Ratsherren aller Städte deutschen Landes, daß sie christliche Schulen aufrichten und halten sollen, 1524, in: Martin Luther, Ausgewählte Schriften, hg. von Karin Bornkamm und Gerhard Ebeling, Band V, Frankfurt am Main 1982, 46.

14 Martin Luther, Eine Predigt Martin Luthers, daß man Kinder zur Schule halten solle, 1530, in: Martin Luther, Ausgewählte Schriften, hg. von Karin Bornkamm und Gerhard Ebeling, Band V, Frankfurt am Main 1982, 114.

15 A. a. O., 138.

16 A. a. O., 133f.

17 A. a. O., 132.

18 A. a. O., 138.

19 Zuboff, Zeitalter (s. Anm. 3), 36f. und 589.

20 Dräger/Müller-Eiselt, Bildungsrevolution (s. Anm. 5), 7.

21 Zahlen aus Gerald Lembke, Ingo Leipner, Die Lüge der digitalen Bildung. Warum unsere Kinder das Lernen verlernen, München 2015, 139.

22 Dieses Zitat und die folgenden Zahlen (gerundet) aus: Andreas Breiter et al., IT-Ausstattung an Schulen: Kommunen brauchen Unterstutzung fur milliardenschwere Daueraufgabe, Gütersloh 2017, 1, online abrufbar unter https://www.bertelsmann-stiftung.de/fileadmin/files/BSt/Publikationen/GrauePublikationen/IB_Impulspapier_IT_Ausstattung_an_Schulen_2017_11_03.pdf (06. 09. 2019).

23 Heike Schmoll, FDP fordert weiteren Digitalpakt, in: FAZ vom 13. 05. 2019.

24 »Letztes Jahr wurden in Australien die [...] Laptops wieder eingesammelt, weil die Schüler/innen alles mögliche damit gemacht haben – nur nicht gelernt.« Bündnis für humane Bildung, DigitalPakt Schule der Kultusminister: Irrweg der Bildungspolitik, online abrufbar unter http://www.aufwach-s-en.de/2017/06/ob_kmk_irrweg-der-bildungspolitik/ (06. 09. 2019). Wenn man bedenkt, dass Australien etwas über 21 Millionen Einwohner hat, dann ist diese Summe in Relation zur Bevölkerungszahl deutlich mehr als das, was hierzulande im Digitalpakt angeboten wird.

[25] Heiner Barz, Montessori & Co, in: Kursbuch 193: 301 Gramm Bildung, Hamburg 2018, 79.

[26] Petra Apfel, Hollands Digital-Schulen waren ein Flop: Was Deutschland aus den Fehlern lernen kann, focus online vom 10. 10. 2018, online abrufbar unter https://www.focus.de/perspektiven/14-laender-14-reporter/14-laender-14-reporter-niederlande-alles-digital-warum-schueler-zum-lernen-eben-doch-auch-buecher-brauchen_id_9700513.html (06. 09. 2019).

[27] André Wilkens, Analog ist das neue Bio, Frankfurt am Main 2017, 126f.

[28] Vgl. Olaf Köller, Das surfende Klassenzimmer, in: FAZ vom 22. 03. 2018, online abrufbar unter https://www.faz.net/aktuell/politik/inland/verbesserungen-in-der-digitalisierung-schulischer-bildung-15505821.html (06. 09. 2019).

[29] Vgl. Dräger/Müller-Eiselt, Bildungsrevolution, 62ff.

[30] Dräger/Müller-Eiselt, Bildungsrevolution (s. Anm. 5), 63.

[31] Lembke/Leipner, Lüge (s. Anm. 21), 126f.

[32] Zit. nach Lembke/Leipner, a. a. O., 129.

[33] Yalda T. Uhls et al., Five days at outdoor education camp without screens improves preteen skills with nonverbal emotion cues, in: Computers in Human Behavior 39 (2014), 387–392, online abrufbar unter https://www.sciencedirect.com/science/article/pii/S0747563214003227 (06. 09. 2019). Vgl. auch Lembke/Leipner, Lüge (s. Anm. 21), 84ff.

[34] Köller, Klassenzimmer (s. Anm. 28).

[35] Virtuelle Klassenreisen mit Google Expeditions. Der Text entstammt einer älteren Version, heute findet man ähnliche Versprechen auf der Homepage von Google Expeditions.

[36] Stiftung Lesen, Virtual Reality und Lesen, online abrufbar unter https://www.stiftunglesen.de/leseempfehlungen/digitales/vrundlesen/ (06. 09. 2019).

[37] Ebd.

[38] Ebd.

[39] Das Friedlaender-Zitat sowie der referierte Bericht aus der New York Times finden sich in: Lembke/Leipner, Lüge (s. Anm. 21), 185.

[40] Der Google-Konkurrent Facebook ist auch nicht uninteressiert. Über Mark Zuckerberg berichtet Roberto Simanowski: »Mit dem gleichen Mangel an Verständnis der Materie schwärmt Zuckerberg von personalisierter Lernsoftware und virtuellen Lernumgebungen in einer Zukunft, die er mitzugestalten verspricht. Können Lehrer, wenn Zuckerberg nun Bildung zu einem weiteren Missionsschwerpunkt seines Unternehmens erklärt, zuversichtlicher sein als Journalisten und Politologen angesichts von Facebooks wachsendem Einfluss im News-Geschäft und im Bereich der politischen Meinungsbildung?« (Roberto Simanowski, Stumme Medien – Vom Verschwinden der Computer in Bildung und Gesellschaft, Berlin 2018, 128).

[41] Vgl. Köller, Klassenzimmer (s. Anm. 28).

[42] Simanowski, Medien (s. Anm. 40), 110.

[43] A. a. O., 110 f.

[44] Dräger/Müller-Eiselt, Bildungsrevolution (s. Anm. 5), 163.

[45] A. a. O., 65.

[46] Ebd.

[47] Zit. nach Dräger/Müller-Eiselt, Bildungsrevolution (s. Anm. 5), 88.

[48] Ich kenne das Geschäftsprinzip der *Peer-2-Peer-University* (P2PU) nicht, weil Dräger und Müller-Eiselt die Universität zwar erwähnen, sie aber nicht genauer vorstellen. An ihm würde sich entscheiden, ob wir es mit Kooperation oder tatsächlich Kollaboration zu tun haben. Da es sich bei der *P2PU* um eine Non-Profit-Organisation handelt, sollte man den Betreibern vielleicht den Tipp geben, das eine gegen das andere

K-Wort auszutauschen. Denn wenn hier tatsächlich keine Daten abgeschöpft werden und kein Profit erzielt wird, sondern Kooperation organisiert wird, handelt es sich im Prinzip um eine gute Sache. Aus Erfahrung wissen wir allerdings, dass solche ursprünglich einmal voll Idealismus gegründete Firmen oft von den großen Datenkonzernen aufgekauft werden. Ab da wäre dann das Wort »Kollaboration« angebracht.

49 Karl Marx, Friedrich Engels, Manifest der Kommunistischen Partei, London 1848, 5.

50 Ebd.

51 Ebd.

52 Robert Spaemann, Personen – Versuche über den Unterschied zwischen ›etwas‹ und ›jemand‹, Stuttgart 1996, 31.

53 A. a. O., 41.

54 Dräger/Müller-Eiselt, Bildungsrevolution (s. Anm. 5), 137.

55 Zit. nach Dräger/Müller-Eiselt, a. a. O., 25.

56 Ein nicht uninteressantes Detail dieser Frage, wem denn nun eigentlich die Daten gehören, die beim Surfen und Klicken anfallen, ist die Idee mancher Politiker (in Österreich ist sie schon umgesetzt), eine Steuer auf diese Daten zu erheben: Tatsächlich scheinen diese Politiker sie für das Eigentum des Staates zu halten. Denn der Bürger soll ja nach wie vor leer ausgehen, obwohl ihm doch angeblich die Daten laut DSGVO gehören.

57 Zit. nach Dräger/Müller-Eiselt, Bildungsrevolution (s. Anm. 5), 26.

58 A. a. O., 25.

59 A. a. O., 144.

60 Ebd.

61 A. a. O., 24.

62 A. a. O., 148.

63 Dräger/Müller-Eiselt, 24.

64 Zitiert nach Zuboff, Zeitalter (s. Anm. 3), 201.

65 Vgl. http://montessori.de/lexikon.php.

66 Robert Kegan, Die Entwicklungsstufen des Selbst, München 1994, zitiert nach Zuboff, S. 520 f.

67 Vgl. Kaiser-Jovy, S.; Scheu, A. & Greier, K. (2017). Media use, sports activities, and motor fitness in childhood and adolescence. Wiener klinische Wochenschrift, 129 (13–14), 464–471.

68 Vgl. Simone Weil, Die Einwurzelung – ein Vermächtnis, 1943, dt. München 1956.

69 Friedrich Nietzsche, Also sprach Zarathustra: Ein Buch für Alle und Keinen, Bern 2019, 23.

70 Carl Gustav Jung, Die Beziehung zwischen dem Ich und dem Unbewussten, in: C. G. Jung, Gesammelte Werke, Band 7, 4°, Olten/Freiburg i. Br. 1989, S. 183.

71 Eric Kandel, Auf der Suche nach dem Gedächtnis. Die Entstehung einer neuen Wissenschaft des Geistes, München 2007, 430.

72 Siehe Metzinger, Thomas, Der Ego-Tunnel, Berlin 2009.

73 Zit. nach Zuboff, Zeitalter (s. Anm. 3), 429, Hervorhebung G.B.

74 A. a. O., 338 f.

75 Ebd.

76 Ebd.

77 Köller, Klassenzimmer (s. Anm. 28).

78 Zit. nach Manfred Spitzer, Digitale Demenz. Wie wir uns und unsere Kinder um den Verstand bringen, München 2012, 211.

79 A. a. O., 211 f.

80 Vgl. Steve Ayan, Die Vorteile des Tagträumens, online abrufbar unter https://www.spektrum.de/news/das-gehirn-beim-tagtraeumen/1401860 (06. 09. 2019).

81 Ebd.

82 Ebd.

83 Ebd.

84 Friedrich Schlegel, Lucinde – Bekenntnisse eines Ungeschickten, 1799 in: Schlegel, Friedrich, Werke in zwei Bänden, Zweiter Band, Berlin/Weimar 1980, S. 33.

85 Ebd.

86 Dräger/Müller-Eiselt, Bildungsrevolution (s. Anm. 5), 76 f.

87 Ebd.

88 A. a. O., 26.

89 A. a. O., 36.

90 Christoph Meinel et al., Die HPI Schul-Cloud: Roll-Out einer Cloud-Architektur für Schulen in Deutschland. Technische Berichte des Hasso-Plattner-Instituts für Digital Engineering an der Universität Potsdam 125, online abrufbar unter https://hpi.de/fileadmin/user_upload/hpi/dokumente/publikationen/technische_berichte/tbhpi125.pdf (06. 09. 2019), 30.

91 Hasso Plattner Institut, Die Schul-Cloud – einfacher Zugang zu digitalen Unterrichtsinhalten, online abrufbar unter https://hpi.de/fileadmin/user_upload/hpi/dokumente/publikationen/projekte/schul-cloud_beschreibung_website.pdf (06. 09. 2019).

92 Christoph Türcke, Lehrerdämmerung, München 2016, 141.

93 Am 5. Februar 1872 in einer Rede in Dresden – nachzulesen z. B. in: Walter Köpping: Wissen ist Macht – Macht ist Wissen. Erinnerung an eine große Rede, online abrufbar unter https://library.fes.de/gmh/main/pdf-files/gmh/1972/1972-10-a-640.pdf (15. 10. 2019).

94 Zit. nach Zuboff, Zeitalter (s. Anm. 3), 81.

95 Zuboff, Zeitalter (s. Anm. 3), 160.

96 Roland Barthes, Über mich selbst, München 1978, 127.

97 Rainer Maria Rilke, Die Aufzeichnungen des Malte Laurids Brigge, in: Rilke, Rainer Maria, Werke, Band III/1 Prosa, Frankfurt am Main 1980, S. 111 f. (Abschnitt 11. September, Rue Toullier).

[98] Heribert Holzinger, Wer bin ich? Meine Suche nach Identität, online abrufbar unter https://www.abenteuer-philosophie.com/wer-bin-ich/ (06. 09. 2019).

[99] Christoph Keese, Silicon Valley – Was aus dem mächtigsten Tal der Welt auf uns zukommt, München ^{5}2016, 273.

[100] Mathias Döpfner, Warum wir Google fürchten, in: FAZ vom 16. 04. 2014, online abrufbar unter https://www.faz.net/aktuell/feuilleton/medien/mathias-doepfner-warum-wir-google-fuerchten-12897463.html (06. 09. 2019).

[101] Homepage des Friedenspreises des Deutschen Buchhandels, Jaron Lanier erhält den Friedenspreis des Deutschen Buchhandels 2014, online abrufbar unter https://www.friedenspreis-des- deutschen-buchhandels.de/445651/?mid=800944 (06. 09. 2019).

[102] Die Auflistung findet sich auf Seite 15 bis 18 des KMK-Strategiepapiers (s. Anm. 4).

[103] Vgl. z. B. Zuboff, Zeitalter (s. Anm. 5), 94.

[104] Vgl. a. a. O., 112.

[105] Jaron Lanier, Wem gehört die Zukunft?, Hamburg 2013.

[106] Kultusministerkonferenz, Bildung (s. Anm. 4), 18.

[107] A. a. O., 15.

[108] A. a. O., 16.

[109] Ebd.

[110] A. a. O., 18.

[111] Ebd.

[112] Vgl. Schlecky Silberstein, Das Internet muss weg, München 2018, 59.

[113] Koalitionsvertrag, Zeile 1946, online abrufbar unter https://www.bundesregierung.de/breg-de/themen/koalitionsvertrag-vom-12-maerz-2018-975210 (15. 10. 2019).

[114] Kultusministerkonferenz, Bildung (s. Anm. 4), 18.

[115] Simanowski, Medien (s. Anmerkung 40), 95. Der Medienwis-

senschaftler bezieht sich mit diesen Sätzen genau auf das hier erörterte Papier der KMK.

116 Z. B. nachzulesen in der »Welt« vom 02.03.2018: Chinas Superreiche verlieren an Macht und Einfluss.

117 Simanowski, Medien (s. Anmerkung 40), 102 f.

118 Martha Nussbaum, Nicht für den Profit! Warum Demokratie Bildung braucht, Überlingen 2012, zitiert nach Simanowski, Medien, S. 103.

119 Simanowski, Medien (s. Anmerkung 40), 95.

120 Hannah Arendt, Vita Aktiva oder Vom tätigen Leben, München ^{2}1981, 79.

121 Siehe z. B. Arnold Gehlen, Moral und Hypermoral, Frankfurt am Main 1969.

122 Kultusministerkonferenz, Bildung (s. Anm. 4), 46.

123 Zuboff, Zeitalter (s. Anm. 3), 506.

124 Ebd.

125 Dieses und die vier folgenden Zitate von Pentland zit. nach Zuboff, a. a. O., 506 f.

126 A. a. O., 507.

127 Ebd.

128 Schiller, Friedrich, Wilhelm Tell, 2. Aufzug, 2. Szene.

129 Arendt, Vita Aktiva (s. Anm. 120), 166.

130 A. a. O., 165, Hervorhebung G.B.

131 A. a. O., 166.

132 Siehe »Grenzenlose Innovation. Niemand ist sicher vor dem ständigen Angriff von unten«, in: Keese, Silicon Valley (s. Anm. 99), 107.

133 A. a. O., 111.

134 Zit. nach Zuboff, Zeitalter (s. Anm. 3), 578.

135 Ebd.

136 Sascha Lobo, Der eigentliche Skandal liegt im System Facebook, Spiegel Online vom 21. 03. 2018, online abrufbar unter https://www.spiegel.de/netzwelt/web/cambridge-analytica-der-eigent-

liche-skandal-liegt-im-system-facebook-kolumne-a-1199122.html (06. 09. 2019). Ähnliche Angaben finden sich auch auf anderen Internetseiten, z. B. bei Wikipedia.

137 Zuboff, Zeitalter (s. Anm. 3), 582.

138 Zuboff hat den Begriff des »Verhaltensüberschusses« entwickelt. Sie meint damit alle Daten, die während der Nutzung einer Internetseite vom Betreiber erhascht werden können – angefangen von den sehr schlichten (was angeklickt wird) bis zu sehr subtilen: welche Mimik des Users das Smartphone-Fotoauge dabei wahrnimmt.

139 Zuboff, Zeitalter (s. Anm. 3), 278.

140 Dieses und die beiden folgenden Zitate sind auf Google-Seiten nicht mehr zu finden, aber z. B. hier: https://stadt-bremerhaven.de/die-7-gebote-google-veroeffentlicht-ethische-grundsaetze-zu-kuenstlicher-intelligenz/ (14. 10. 2019).

141 Martin Heidegger, Nietzsches Wort »Gott ist tot« (1943), in: Ders., Holzwege, Frankfurt am Main [6]1950, 214 ff.

142 Zit. nach Zuboff. Zeitalter (s. Anm. 3), 477 f.

143 Zit. nach Zuboff, a. a. O., 477.

144 Zuboff, Zeitalter (s. Anm. 3), 478.

145 Das Manifest findet sich unter https://dermenschistkeinemaschine.wordpress.com/, der Begleittext unter https://dermenschistkeinemaschine.wordpress.com/der-begleittext-zum-manifest/ (06. 09. 2019).

146 Auf dem rückwärtigen Cover seines Buches Selbst im Spiegel heißt es: »Der Mensch ist eine Maschine, die ihre Lebenswelt kollektiv erfindet.«

147 Vgl. Timotheus Höttges im Gespräch mit Giovanni di Lorenzo, Der Unterschied zwischen Mensch und Computer wird in Zukunft aufgehoben sein, in: Die Zeit Nr. 1/2016, online abrufbar unter https://www.zeit.de/2016/01/zukunftsvisionen-timotheus-hoettges-roboter-technik (06. 09. 2019).

148 Metzinger entfaltet die These, dass subjektives Erleben sich auf Datenströme in seinem Hirn reduzieren ließe, in seinem Buch Der Ego-Tunnel, Original 2009 New York, dt. 2009 Berlin.

149 Max Tegmark verachtet den so genannten »Kohlenstoff-Chauvinismus«, »jene arrogante Haltung, nach der Dinge nicht intelligent sein können, wenn sie nicht irgendwie auf Kohlenstoff basieren« (zit. nach Alexander Armbruster, Die Menschheit kann erblühen wie nie zuvor – Gespräch mit dem Physiker Max Tegmark, in: FAZ vom 27. 11. 2017).

150 Gottfried Böhme, Begleittext zum Manifest (s. Anm. 145).

151 Das sagen z. B. die elf deutschen Hirnforscher, die 2004 das berühmte Manifest in der Zeitschrift Gehirn und Geist veröffentlicht haben.

152 Der Frage gehe ich in meinem Buch Stein und Zeit, Buchhagen 2012, nach.

153 Simanowski, Medien (s. Anm. 40), 134.

154 futur-iii.de/wp-content/uploads/sites/6/2017/06/falschmeldung_pub.pdf. (10. 09. 2019) Hervorhebung G.B. Dieser Quelle sind auch die folgenden Zitate entnommen, die zusammenfassen, wie mit diesem Befund umgegangen wurde.

155 Ebd.

156 Spitzer, Digitale Demenz (s. Anm. 78), 24.

157 Ebd.

158 Adam Alter, Unwiderstehlich. Der Aufstieg suchterzeugender Technologien und das Geschäft mit unserer Abhängigkeit, München 2018, 237.

159 A. a. O., 232.

160 Spitzer, Digitale Demenz (s. Anm. 79), 87.

161 Siehe Rudolf Kammerl et al., BYOD – Start in die nächste Generation. Abschlussbericht der wissenschaftlichen Evaluation des Pilotprojekts, Hamburg 2016.

162 A. a. O., 43.

[163] Ebd.

[164] Genauer in: Bündnis für humane Bildung, DigitalPakt Schule der Kultusminister: Irrweg der Bildungspolitik.

[165] So Andreas Schleicher in Eryk Bagshaw, ›The reality is that technology is doing more harm than good in our schools‹ says education chief, The Sydney Morning Herald, 30. 05. 2016, online abrufbar unter https://www.smh.com.au/education/the-reality-is-that-technology-is-doing-more-harm-than-good-in-our-schools-says-education-chief-20160330-gnu370.html (06. 09. 2019), zit. nach Bündnis für humane Bildung, Digital Pakt Schule (s. Anm. 164).

[166] OECD, Students, Computers and Learning: Making the Connection, 2015, engl. Fassung online abrufbar unter https://www.oecd-ilibrary.org/docserver/9789264239555-en.pdf?expires=1567932901&id=id&accname=guest&checksum=0AA3F758AD7ED9725026A8259718EBB9 (06. 09. 2019).

[167] Andreas Schleicher im Vorwort der eben genannten OECD-Studie (OECD, Students, Computers and Learning …) S. 3.

[168] Ebd.

[169] Siehe COST E-READ, Stavanger Declaration Concerning the Future of Reading, online abrufbar unter http://ereadcost.eu/wp-content/uploads/2019/01/StavangerDeclaration.pdf (06. 09. 2019).

[170] Deutsche Übersetzung der Stavanger Erklärung aus der FAZ, online abrufbar unter https://www.faz.net/aktuell/feuilleton/buecher/themen/stavanger-erklaerung-von-e-read-zur-zukunft-des-lesens-16000793 (06. 09. 2019).

[171] Zit. nach Klaus Zierer, Digitales Lernen. Möglichkeiten und Grenzen einer Digitalisierung im Bildungsbereich, in: Digitale Gesellschaft – Gestaltungsräume. Herausgegeben von der Konrad-Adenauer-Stiftung, Berlin/Sankt Augustin 2018, 42 f. Originalquelle John Hattie, Lernen sichtbar machen, Balt-

mannsweiler 2013. Die entsprechenden Daten finden sich dort in der Reihenfolge auf den Seiten 268f., 270f., 173ff. und 259–268.

172 Zierer, a. a. O., 42f.

173 A. a. O., 43

174 Lembke und Leipner gehen in ihrem Buch gründlich auf die Entwicklungsphasen ein und ziehen auch pädagogische Konsequenzen, vgl. Lembke/Leipner, Lüge (s. Anm. 21).

175 Spitzer, Digitale Demenz, (s. Anm. 78), 181f.

176 A. a. O., 182.

177 Mueller, Pam A. et al., The Pen Is Mightier Than The Keyboard. Advantages of Longhand Over Laptop Note Taking, in: Psychological Science OnlineFirst vom 22.05.2014, online abrufbar unter https://cpb-us-w2.wpmucdn.com/sites.udel.edu/dist/6/132/files/2010/11/Psychological-Science-2014-Mueller-0956797614524581-1u0h0yu.pdf (06. 09. 2019).

178 So Zierer in: Digitales Lernen, a. a. O. (s. Anm. 171), 45.

179 Kultusministerkonferenz, Bildung (s. Anm. 4), 26.

180 A. a. O., 17.

181 A. a. O., 33.

182 Ebd.

183 Zuboff, Zeitalter (s. Anm. 3), 348.

184 A. a. O., 224.

185 Zit. nach Zuboff, a. a. O., 197.

186 Das Internetportal Statista nennt für Anfang 2019 ca. 2,4 Mrd. Nutzer von Facebook. Ähnlich Wikipedia.

187 https://www.swr.de/wissen/kurzsichtigkeit-nimmt-dramatisch-zu/-/id=253126/did=21964320/nid=253126/1tzopiz/index.html (13.10.2019).

188 Mona Rais, Bildschirmtätigkeit – Harte Arbeit für die Augen, in: Pharmazeutische Zeitung vom 03. 09. 2007, online abrufbar unter https://www.pharmazeutische-zeitung.de/ausgabe-362

007/harte-arbeit-fuer-die-augen/ (06. 09. 2019). Informativ sind auch die Internetauftritte von Professor Schaeffel, z. B. im Deutschlandfunk am 5. 10. 2015 in einem Feature von Daniela Siebert: Schädlich für die Augen: auf das Handy starren.

189 Alle Informationen und Zitate aus Julia Köppe, Augen zu und durch, in: Spiegel Online vom 09. 11. 2016, online abrufbar unter https://www.spiegel.de/gesundheit/diagnose/schlafstoerungen-die-gefahr-von-smartphones-und-handys-a-1120373.html (06.09.2019).

190 Zierer, Digitales Lernen, (s. Anm. 171), 51. Zierer verweist auf Studien der Wissenschaftler Joachim Mutter und Harald Moritz, die in der Literaturliste angeführt sind.

191 Der Appell gegen den Ausbau der 5G-Netze findet sich im Internet unter https://static1.squarespace.com/static/5b8dbc1b7c9327d89d9428a4/t/5d5700a39b860e0001aad886/1565982890160/Internationaler+Appell+-+Stopp+von+5G+auf+der+Erde+und+im+Weltraum.pdf (06. 09. 2019).

192 Vgl. Joachim Müller-Jung, Macht die Hitzewelle auch noch dick?, in: FAZ online, 03. 08. 2018, online abrufbar unter https://www.faz.net/aktuell/wissen/medizin-ernaehrung/bewegungsmangel-dicke-kinder-und-hitzewelle-15715622.html (06. 09. 2019).

193 Alle folgenden Zitate und Daten aus dem Artikel von Andrea Barthelemy, Weniger Smartphone-Zeit, glücklichere Jugendliche, in: Welt online, 28. 01. 2018, online abrufbar unter https://www.welt.de/gesundheit/article172930544/Internet-Co-Weniger-Smartphone-Zeit-gluecklichere-Jugendliche.html (06. 09. 2019).

194 Ebd.

195 Vgl. Christiane Heil: Immer mehr junge Amerikaner suizidgefährdet. In: FAZ vom 18. 05. 2018.

196 Siehe Holly B. Shakya, Nicholas A. Christakis, Association of

Facebook Use With Compromised Well-Being: A Longitudinal Study, in: American Journal of Epidemiology, Volume 185, Issue 3, 1 February 2017, online abrufbar unter https://academic.oup.com/aje/article/185/3/203/2915143, (16. 10. 2019), 203–211.

[197] Vgl. Shakya /Cristakis, 203–211, (s. Anm. 196) zit. nach Zuboff, Zeitalter, 532.

[198] Zit. nach Christiane Heil, Immer mehr junge Amerikaner suizidgefährdet (s. Anm. 195).

[199] Zit. nach Alter, Unwiderstehlich (s. Anm. 158), 132.

[200] Vgl. a. a. O., 237.

[201] A. a. O., 232.

[202] bis heute (10. 10. 2019) abrufbar unter https://www.arte.tv/de/videos/RC-015228/homo-digitalis/.

[203] https://de.statista.com/statistik/daten/studie/2854/umfrage/bachelor—und-masterstudiengaenge-in-den-einzelnen-bundeslaendern/ (16. 10. 2019).

[204] https://de.statista.com/statistik/daten/studie/156901/umfrage/ausbildungsberufe-in-deutschland/ (16. 10. 2019).

Zum Autor

Gottfried Böhme, Jahrgang 1951, studierte Philosophie, Germanistik und Wissenschaftliche Politik in Tübingen. Er war über vier Jahrzehnte als Lehrer tätig, bis 1992 in Baden-Württemberg, danach in Leipzig. Immer wieder arbeitete er auch in der Lehrerfortbildung.

Publikationen (Auswahl):
Die Bildungsfeinde. Einheit auf Irrwegen – Schule in Ost und West, Leipzig 1999. *Stein und Zeit*, Buchhagen 2012. Initiator des Internetmanifestes *Der Mensch ist keine Maschine* aus dem Jahr 2018.